山东省应用型人才培养特色名校专业建设项目
国家级特色专业建设点—思想政治教育专业规划教材

新编实用逻辑学教程

孟　伟　唐明贵　主编

东南大学出版社
SOUTHEAST UNIVERSITY PRESS
·南京·

图书在版编目(CIP)数据

新编实用逻辑学教程 / 孟伟,唐明贵主编. —南京:东南大学出版社,2016.12

ISBN 978-7-5641-6915-2

Ⅰ.①新… Ⅱ.①孟… ②唐… Ⅲ.①逻辑学—教材 Ⅳ.①B81

中国版本图书馆 CIP 数据核字(2016)第 322687 号

新编实用逻辑学教程

主　　编	孟　伟　唐明贵
出版发行	东南大学出版社
社　　址	南京市四牌楼 2 号(邮编:210096)
出 版 人	江建中
责任编辑	唐　允
印　　刷	常州市武进第三印刷有限公司印装
开　　本	700 mm × 1000 mm　1/16
印　　张	14.75
字　　数	280 千字
版　　次	2016 年 12 月第 1 版
印　　次	2016 年 12 月第 1 次印刷
书　　号	ISBN 978-7-5641-6915-2
定　　价	35.00 元

*** 东大版图书若有印装质量问题,请直接向营销部调换。电话:025-83791830。**

P前　言
REFACE

新编实用逻辑学教程

逻辑学研究的是人们有效思维的规律和规则，通过保证人们正确思维，以实现个体的有效表达和人际之间的有效交流。可见，逻辑学不仅是一门理论性极强的抽象科学，而且是一门与人们的日常生活息息相关的实用性科学。

☞“救命”的逻辑

西方历史上流传着这样一个哲学家运用逻辑智慧挽救了自己生命的故事。据说从前一个孤岛上有一个奇怪的风俗：凡是漂流到这个岛上的外乡人都要作为祭品被杀掉，但允许被杀的人在临死前说一句话，然后由这个岛上的长老判定这句话是真的还是假的。如果说的是真话，就将这个外乡人在真理之神面前杀掉；如果说的是假话，则将他在错误之神面前杀掉。有一天，一位哲学家漂流到了这个岛上，他说了一句话，使得岛上的人没有办法杀掉他。并且由于这位哲学家使岛民充分认识到他们原来做法的怪诞和荒谬，这个岛还从此废除了那个奇怪的风俗。

假定有这样几个选择：①你们这样做不合乎理性；②我将死在真理之神面前；③你们还讲不讲道德良心；④我将死在错误之神面前；⑤要杀要剐随你们便。我们可以猜一猜：这位哲学家说了哪一句话而避免了被杀的厄运？可以看到，哲学家不会说选项①③⑤这样的话，因为这些话不会挑战孤岛风俗，因而不会发挥作用。如果说选项②的话，那么长老可以任意地判定这句话是真的或者假的，于是结果是把哲学家在真理之神或错误之神面前杀掉。结果当然是哲学家说了④这句话。这句话或者为真或者为假，如果为真，那么按照约定就应该在真理之神面前杀掉他，但真要这样做，意味着该哲学家说了一句假话；如果为假，按照约定应该在错误之神面前杀掉他，然而，若这样做，哲学家说的就是真话，就应该在真理之神面前杀掉他。可见，不管哲学家说的是真话还是假话，其结果都将与岛上的风俗发生矛盾，因此，如果岛民要遵守自己的诺言，那就根本不能杀掉该哲学家。[①]

随着近现代人类社会逐步进入理性的时代，逻辑学也已经不再是传统社会中某些智者的特殊智慧，它已经开始成为一种普遍性的技能和公民能力素养，已经成为现代社会中素养教育的重要知识构成和人们参与现代公共事务的一种必备技能。具体来说，掌握一定的逻辑学知识，不仅能够有效地提升人们的理性思维能力，增强人们表达、推理和论证的能力，而且是人们获取知识的一种有力工具，能够更大程度地推动人们的人际交流能力和个体职业发展。

☞ 逻辑学是准确表达思想的工具

随着社会的进步，人们在工作、学习和生活中更加需要准确的表达和交流。进行有效的表达和交流有两种方式，一是言说，二是写作。逻辑学对于概念、命题和推理规则的研究，目的就是使人们有效地发挥言说和写作的功能，使人们在表达思想的时候做到准确、清楚和明白。吕叔湘、朱德熙两位语言大师在合著《语法修辞讲话》里说："要把我们的思想正确地表达出来，第一件事情是要讲逻辑。"[②]毛泽东在《关心群众生活，注意工作方法》一文中也写道："文章和文件都应当具有这样三种性质：准确性、鲜明性和生动性。准确性属于概念、命题和推理的问题，这些都是逻辑问题。鲜明性和生动性除了逻辑问题外还有辞章问题。"[③]

在日常现实生活的人际交流中，如果我们不讲逻辑，随意表达，很可能就会造成日常生活中不必要的麻烦。例如，有一个笑话就反映了这种情况。一个人在家中请客，应请四人可是实际才到三人。他见交情最厚的那个人还没有来，就不由自主地叹道："唉，该来的不来。"说者无心，听者有意，其中有一位到者就想了："哦，这是说我不该来啊！"随即借口有事离去。主人见走了一人，又禁不住叹说："唉，你看看，不该走的又走了。"剩下的其中一位到者内心嘀咕了："哦，这是说我该走的倒不走啊！"于是他也借口有事离去。剩下的一位见此情景对主人说："作为朋友，我得说你太不会表达了，把人都得罪了吧。"主人委屈地说："我又没说他们。"这位朋友说："哦，那是说我呐，我也走吧。"这个笑话说明，表达不仅是一个修辞的问题，而且是一个逻辑问题，也就是说，应当做到对"该来的"和"不该走的"等概念的明确和清晰的表达，不应因模糊性和随意性的思维而让人们产生误解。

---

① 陈波．逻辑学是什么［M］．北京：北京大学出版社，2007：104.
② 吕叔湘，朱德熙．语法修辞讲话［M］．北京：中国青年出版社，1979：8.
③ 毛泽东．毛泽东选集［M］．北京：人民出版社，2003：12.

同样是在写作上，如果不具备一定的逻辑知识，也很难以准确地表达思想，从而产生歧义，影响思想的交流。例如，某报刊发表了《文章十不》一文，似乎目的是阐述写作应当避免的不当做法。其中这样提到“十不为”：①文不切题；②章不成体；③文不冗长；④话不过满；⑤语不惊人；⑥言不虚伪；⑦句不生造；⑧名不乱点；⑨数不混用；⑩校不疏漏。表面看来这“十不为”似乎很合理，可是仔细推敲就会发现“十不为”存在着逻辑问题，其中①②指的是写文章应当避免的现象；可是后“八不为”则不是应当避免的，而是写文章应当遵循的准则；二者的内涵是不同的。可见，用“文章十不”来作为标题不能准确概括所阐述的内容，或者说作者自身的写作就没有能够做到准确和清晰地表达思想。

☞ 逻辑学是驳斥谬误的工具

诡辩也是现实生活中常见的一种逻辑谬误。诡辩表面上看似乎是正确的推理，可实际上却采取混淆概念、偷换论题或虚构论据等手法，得出颠倒黑白、似是而非的推论。学习逻辑学也有助于我们识别和揭露这些诡辩，有助于有效地反驳它们。

例如，一辆电车上曾发生这样一件事。在拥挤中，一块玻璃被一个人碰碎了。售票员冲那人喊道：“玻璃碎了，要照价赔偿！”那人反问：“为什么要我赔？”售票员说：“损坏人民的财产难道不该赔吗？”那人理直气壮地说：“我是人民的一员，人民的财产有我的一份。我那份不要就行了，还赔什么？”售票员对那人的诡辩竟答不上话来。如果售票员懂得逻辑知识，那么就可以知道这个人实际上犯了“偷换概念”的逻辑错误，即把他作为其中一员的普遍概念的“人民”等同于作为财产拥有者的集合概念的“人民”。懂得必要的逻辑知识可以有效地反驳此人振振有词的诡辩。

再比如下面这段对话。

> 甲：你一连迟到 3 天，领导自然要批评你，难道批评得不对吗？
>
> 乙：当然不对！
>
> 甲：怎么做才对呢？
>
> 乙：他应该表扬我！
>
> 甲：俗话说“再一再二没再三”，你接连迟到，属于屡教不改，凭什么还要表扬你？
>
> 乙：比如你身上有一百个缺点，你能一下子全部改掉吗？俗话说“去病如抽丝”，我第一次迟到 15 分钟，第二次迟到 10 分钟，第三次迟到 5 分

钟，这说明我在不断改正错误，这难道不是在进步吗？所以应该表扬我，而不是批评我！

甲：假如有一个人，他第一次抢劫了一家大银行，盗走了几千万元，第二次打劫了一家中等银行，盗走了百万元，第三次抢劫了一家小规模银行，获赃款几十万元，当局是不是也应该对他这种“进步”之举大加赞赏、重奖鼓励呢？

在这个例子中，甲抓住乙偷换论题的荒谬之处，然后他也偷换论题，通过得出更加荒谬的结论来逼迫对方承认自己论题的荒谬，这在逻辑上是运用了归谬论证法。

☞ 逻辑学是探求知识的工具

一切认识成果归根结底来源于实践，但也有许多知识是通过逻辑推理等间接的理性途径获得的。在现代科学研究中，人们广泛应用了传统逻辑学中的演绎推理。也就是说，通过日常经验和具体科学实验首先确立作为前提的已有知识，然后通过逻辑和数学提供有效的推理规则，从而由前提合理地推出作为新知识的结论。在近现代天文学的发展中，海王星的发现就是首先运用演绎推理的结果。当时的人们通过科学观测发现天王星的公转轨道存在异常，根据牛顿的万有引力定律，科学家推测出这种异常是由于在天王星轨道以外存在的某个未知行星造成的，并且他们初步推算出了这颗行星的位置。后来，天文学家通过改进了的望远镜对准所推算的位置果然发现了一颗太阳系的新行星。近代化学家门捷列夫也首先是运用演绎推理推知在已发现元素外存在钪、镓和锗三种未知元素，后来的科学实验也证实了门捷列夫的推测。我国著名数学家华罗庚曾总结过，近代科学的突飞猛进有两大基础：一个基础是从尽可能少的假定出发，凭逻辑推理来解释尽可能多的问题；另一个基础是通过系统的科学实验找出客观的因果关系。这里所说的两个基础就是演绎和归纳这两种逻辑推理方法。

☞ 逻辑学是职业发展的工具

现代社会中许多职业资格的取得和职业能力的发展都需要人们具备一定的逻辑推理能力。在现代高等教育中，哲学、法律、中文、管理等很多相关专业已经设置了专门的逻辑学课程，目的是为将来的职业选择和发展奠定深厚基础。此外，在我国的公务员职业资格考试、工商管理硕士入学资格考试（MBA）以及工程硕士专业学位入学资格考试（GCT）中，以及在美国的英语水平测试（TOFEL）、研究生入学资格考试（GRE）、工商管理硕士入学资格考试（GMAT）、法学院入学资格考试（LSAT）等考试中都引入了逻辑推理能力的考核。这些考试中逻辑知识的设置强调了逻辑推理思维能力对于未来职业发展的重要性。

美国学者帕特里克·赫尔利（Patrick Hurley）在其《简明逻辑学导论》一书前言中就讲了一个在现代职业选择中重视逻辑思维能力的例子。

> 假设你应聘面试一个职位的时候，面试官问你有什么长处，你回答说："我充满活力、热情洋溢并且愿意加班，并且我具有创造力、勇于革新、具有领导才能等等。"
>
> 面试官问你的短处，你回答说："我的推理能力不太好。"
>
> 面试官很快回应说："这个短处会造成很大的麻烦。"
>
> "为什么？"你问道。
>
> 面试官回答："因为推理技能对于做出好的判断是至关重要的。并且，如果没有好的判断，你的创造力会把你引向不可理喻的方案。你的领导能力会指导我们的员工去做无用功。你的热情会毁掉我们迄今为止已经成就的一切。并且，你的长时间加班甚至会使情况更糟。"
>
> "但是，你难道不认为在你的公司里有某个职位适合我吗？"你问道。
>
> 面试官思考片刻，然后回答说："在城镇的另一边，有我们的一个竞争者。我听说他们正在招收员工。你为什么不到他们那里去申请？"[①]

当然，在人们获取知识和人际交流的过程中，诸如直觉、想象和情感等非理性能力也发挥着重要的作用，但是，这些都不能取代逻辑思维这一理性能力的基础作用。没有理性能力的积累，也不可能有效地发挥这些非理性能力的作用，仅仅靠直觉，不可能产生现代科学知识，仅仅靠情感，也不可能建立成熟的公民社会。现代社会是一个多元化的社会，这很容易使人们一叶障目，很容易使人们在万花筒般的现象中迷失主流理性价值，很容易使人们在情绪化、自我化和随意性中自我满足。正是在这种时代背景下，人们更应当自觉地加强逻辑思维能力的训练，更应当自觉学习逻辑知识。

① ［美］帕特里克·赫尔利．简明逻辑学导论［M］．陈波，宋文淦，熊立文，谷振诣译．北京：世界图书出版公司，2010：6-7.

[illegible]（GCT）[illegible]考试（[illegible]）[illegible]学资格考试（GRE）、工商管理硕士入学考试（GMAT）及法学院入学考试（LSAT）等考试中都引入了逻辑推理能力的考核，[illegible]明了逻辑推理能力对于未来职业发展的重要性。

美国著名[illegible]（Patrick Hanley）[illegible]了一个[illegible]：

[illegible]

[illegible]

[1] [illegible]，[illegible]出版公司，2010。

目　录
CONTENTS

新编实用逻辑学教程

绪　论

第一编　概念

第四编　论证

附　录

绪 论

一、什么是“逻辑”？

汉语中的“逻辑”一词来自于英语中 logic 的音译。从词源学上看，logic 一词则源于希腊语 λσγos（“逻各斯”）。古希腊哲学家赫拉克利特曾经提出过“逻各斯”（中文也译作“道”）思想，主要指主导宇宙人生的“规律”。由于“规律”是理性和思想的对象，而非感性知觉所能把握的表面现象，因此“逻各斯”也就具有思想和理性的内涵。又因为“规律”和“思想”是通过语言和言辞来表达的，因此，“逻各斯”也被指向了语言和言辞。在后来学术思想的发展中，专门研究语言之规律和规则的学问也就随之被称为“逻辑学”（Logic）。由于西方逻辑学的研究涉及概念（名称）和命题的澄清等问题，而我国先秦诸子百家时期的名家也专门讨论了此类问题，因此近代学者曾经将逻辑学称为“名学”“名辩之学”等。近代著名的资产阶级启蒙思想家严复首次将 Logic 音译为“逻辑”一词，此后在一些学者推动下，“逻辑”一词逐渐取代“名学”“辩学”等译名成为逻辑学学科的正式名称。

“逻辑”一词在学术学科领域已经得到了公认，但是在日常语言不同语境中的使用还需要加以辨明。在日常语言的不同语境中，“逻辑”一词的运用体现出不同的含义。“逻辑”一词有时指事物发展的客观规律，例如“经济管理者要注意研究中国特色社会主义经济建设的逻辑”。有时则指思维的规律和规则，这也是“逻辑”一词的学术意义，例如“公务员和教师等从业人员的讲话和文章一定要讲逻辑”。由于日常语言的多义性，“逻辑”一词有时也指某种特殊的观点、思想或者理论（一般含贬义），例如“总有一些人想要曲解历史，顽固地把历史上的侵略行为说成是亲善和友谊，这岂不是地地道道的强盗逻辑？”“逻辑”一词有时还指逻辑学这门研究思维形式和思维规律的科学，例如“法律从业者的职业特点需要他们学习逻辑”。辨明“逻辑”一词在日常语言中的使用，有助于我们更好地理解和应用“逻辑”。

二、逻辑学研究什么？

一般意义上说，逻辑学是一门以语言为中介来研究人类理性思维活动所遵循的逻辑形式、逻辑规律以及逻辑方法的科学，其目的是保证人类思维活动的明确、真实和有效。

☞ 思维是逻辑学研究的根本对象

在西方传统哲学中，一般认为人类的认识形式可以划分为感性认识和理性认识，而理性认识则被视为人与动物区别的根本标志，是人类的本质属性。

感性认识包括感觉、知觉、表象和想象等，它是人类认识的初级阶段。感性认识通过眼、耳、口、鼻、舌、身等感知器官获得，感性认识是直观的、不确定的、强烈的。理性认识包括概念、命题和推理等形式，理性认识是认识的高级阶段。人类大脑等器官通过对感性认识的加工，逐步形成概念（一种抽象的分类）、命题（概念与概念的联结）和推理（命题与命题的联结）等抽象的思维形式。理性思维形式摆脱了感性认识的直观性和感受性，体现出概括性、抽象性、间接性、稳定性等特点。例如：通过思维的抽象功能，我们可以得到“货币”这一概念，它摆脱了历史上存在的贝壳、金银等具体货币器物，概括出了“固定充当一般等价物的商品”这一共有本质属性，并且通过教育等形式使人类得以稳定地继承下来。再比如，人类学家的实地研究证明，世界上有些地区的原始部族尽管可以熟练地认知“那座山脚下的那棵树”等各种具体植物，但是却没有“树”等概括性的概念，更没有“乔木”等更高级的分类，这表明抽象思维是一种更高级的认识形式。此外，在科学研究中，人类很难直接感知微观粒子的存在和光的速度等现象，因为人类的感官是有局限的，但是人类却可以通过抽象思维来把握光的速度和微观粒子的性质，这表明抽象思维的间接性，即可以在已有知识的基础上来认识那些感性认识不能或难以认识的事物。

☞ 语言是逻辑学研究思维的载体

人类的抽象思维主要是通过语言形式来表现的，正所谓语言是思维的物质外壳，反之，思维是语言的内容和载体。因此，“逻辑”对思维规律的研究是通过语言形式这一载体来实现的。一般而言，作为抽象思维形式的概念与语言形式中的语词、短语存在对应关系，而命题则与语句相对应，推理和论证这一思维形式与复句、句群等语言形式存在着对应关系。

尽管逻辑学的研究离不开语言的载体或中介，但它主要通过语言形式而非语言内容来研究思维规律，或者说，逻辑学更为关注的是思维形式而非思维内容。因为，思维和语言内容的真实性涉及对客观事物的反映，是否遵循逻辑规律不能决定思维内容的正确与否，逻辑规律只能决定思维和语言的形式是否有效。

语言和思维并不完全等同，思维是内在的，而语言只是思维的外壳。思维可以无语言而存在（例如言不尽意），语言也可能不表达思维（例如表达疑问和情绪的语言）。因此，逻辑学研究的是思维的逻辑形式，而不是语言的语法形式，研究思维逻辑形式的逻辑学不等于研究语法修辞的语言学。

☞ 逻辑学研究思维的逻辑规律

逻辑规律是人类思维所遵循的基本规律，因此它是逻辑学的重要研究对象。逻辑基本规律主要有同一律、矛盾律、排中律和充足理由律等。其中，同一律要求人们的思维活动在具体时空中要保持同一性，矛盾律要求避免自相矛盾，排中律要求人类思维不能模棱两可，充足理由律则指出了前提与结论应当具有因果关系的要求。这些逻辑规律在最根本的意义上约束着概念、命题、推理和论证等思维形式，其目的是保证人们运用这些思维形式的明确性、真实性和有效性。如果思维形式的运用违背了这些逻辑基本规律的要求，那么人类的思维活动就会出现混乱，既不能确定地表达思想，也不能有效地进行人际交流。

☞ 逻辑学研究思维的逻辑形式

在语言层面上看，人类在日常生活中使用的自然语言是多种多样的，逻辑学的研究对象则是这些自然语言所遵循的一些共同的逻辑形式，也就是某种人工语言。在思维层面看，人类的思维活动是丰富多彩的，逻辑学研究的则是思维的逻辑形式，也就是思维各部分内容之间的联结方式，或者说是思维的结构形式。

命题是一种思维形式。逻辑学不研究命题的表达内容，而是研究命题的逻辑形式。例如：①所有大学生都是学生；②所有金属都是导电体；③所有商品都是用来交换的劳动产品。这三个简单命题的逻辑内容是不同的，但是它们的形式都是“所有 S 都是 P”，后者正是逻辑学的研究对象。再比如，①如果物体发热，那么物体就会膨胀；②如果明天天气好，那么我就去郊游。这两个复合命题的逻辑形式也都可以写作“如果 p，那么 q”。

推理也是一种思维形式。例如,①所有公民都是遵纪守法的人,有的人是公民,所以,有的人是遵纪守法的人;②所有科学都是有价值的,有的理论是科学,所以,有的理论是有价值的。这两个推理的内容虽然不同,但它们却有相同的逻辑形式,即都可以写作"所有M是P,有的S是M,所以,有的S是P"。

任何逻辑形式都由逻辑常项和逻辑变项组成。逻辑常项是指逻辑形式中不随思维内容的变化而变化的部分。例如"所有……都是……""如果……那么……"等,常项决定了逻辑形式的本质特征,也是区分不同种类逻辑形式的主要依据。逻辑变项是指逻辑形式中可变的部分,即用以表示任一具体思想内容的部分,例如上述命题中的S、P、p、q、M等成分。

不同的思维内容可以有相同的逻辑形式,逻辑学重点研究的是思维的逻辑形式,尤其是强调逻辑形式的有效性。例如,如果在一个演绎推理中,前提并不一定是真实的,但是从前提可以形式上有效地推出结论,那么这类演绎推理就是形式上正确的推理,也就是有效的推理。

例如:①所有金属都是导电体,
塑料是金属;
所以,塑料是导电体。

②所有宣传品都是文艺作品,
标语是宣传品;
所以,标语是文艺作品。

这两个推理都是有效的,它们的推理形式都是:所有M是P,所有S是M,所以,所有S是P。不过,例①中的前提在内容上并不是正确的,但这并不影响其演绎推理的有效性,因为它符合逻辑规则,推理形式是正确的,即使前提在科学上并不真实。

逻辑学的形式化在现代数理逻辑中达到了极致。为了克服自然语言的缺陷,现代数理逻辑着力于建立一套公理化系统,即全面替代自然语言的人工语言系统。这一研究大大推进了当代计算机科学等专业领域的发展,但在认识论层面上的哲学抱负是否能够实现却依然存在争议。

☞ 逻辑学研究有效思维的逻辑方法

逻辑方法是保证逻辑形式和逻辑思维有效运行的具体手段。逻辑方法是逻辑学的具体研究对象,也是学习逻辑学的重要内容。例如,在概念方面,逻辑学研究更为清晰和明确地运用概念的逻辑方法,其中涉及概念的下定义、划分、限制、概括等具体方法;在命题方面,逻辑学研究运用命题有效思维的方法,例如命题的换质法、换位法、真值表法等等;在推理方面,逻辑学研究如何有效推理的逻辑方法,例如三段论推理、命题变形推理等方法；在论证方面，逻辑学研究会涉及直接论证和间接论证等各种方法。通过对逻辑方法的学习，我们也就拥有了实现概念明晰、命题正确、推理和论证有效的具体手段。

三、逻辑学的发展历程

逻辑学是一门古老而又年轻的科学。说它古老，是因为早在公元前 5 世纪前后，在古代中国、古代印度和古代希腊就产生了各具特色的逻辑思想；说它年轻，是因为逻辑学在现代社会中仍然充满着活力，其发展和创新依然推动着当代自然科学技术和人文社会科学的进步。

☞ 逻辑学的起源

古代中国、古代印度和古代希腊是逻辑学的三大发源地。这些地方是人类文明的重要摇篮，这些东西方的早期民族具有了较高程度的抽象思维能力，形成了重视论辩的浓厚社会氛围，这些都是当时逻辑思想的推动力。

在古代希腊，民主制度的发展需要公民具有一定的演讲和论辩能力，因此古希腊人非常重视对于论辩术和修辞学的学习和研究。古希腊的智者学派以讲授论辩术和修辞学为谋生职业，而稍后的苏格拉底则善于以辩证法的形式与人讨论问题、追求真知。被马克思誉为“百科全书式学者”的亚里士多德（Aristotle，公元前 384—前 322）则被视为“西方逻辑之父”。亚里士多德的主要逻辑著作是《工具论》，其中阐述了有关概念、命题、推理、论证等逻辑知识。亚里士多德的逻辑学也称词项逻辑，他发明了三段论这一人类首个演绎推理系统，这一沿用发展至今的系统被视为亚里士多德对逻辑学发展的最大贡献。继亚里士多德奠定西方传统逻辑学发展的基础之后，古希腊晚期斯多葛学派中的克吕西普（Chrisippus，约前 280—前 207）等人又研究了假言命题、选言命题、联言命题及其组成的各种复合命题推理形式，推动了传统逻辑中命题逻辑的发展。在欧洲中世纪，由于基督教经院哲学对于论辩的重视，出版了大量系统性的逻辑教科书，这也为西方近现代逻辑学的发展奠定了基础。

在中国先秦诸子百家时代，“正名”成为知识分子讨论的重要主题。儒家的“正名”思想体现为建立君君、臣臣、父父、子子的亲缘等级关系。而当时的名家则将概念和语言的明晰作为“正名”的主要内容，这就产生了具有中国特色的逻辑思想——名辩之学。作为名家代表作的《公孙龙子》中提出了“白马非马”“离坚白”等重要逻辑辩题，讨论了一般与个别之间的关系、概念与所指称对象的关系，展现了概念的内涵与外延的逻辑思想。此外,后期墨家对中国古代逻辑学的发展也做出了重大贡献。墨家开创者墨子以"谈辩"作为人才的重要标准,并在其教学活动中专门设立了"谈辩"一科。后期墨家编辑的《墨经》一书被视为我国古代逻辑学的重要文献,其中提出了"以名举实"(用概念反映事实)、"以辞抒意"(用命题表达思想)、"以说出故"(用推理来说明原因)等系统逻辑思想。

【白马非马】据说,有一次公孙龙骑马过关,关吏说:"马不准过。"公孙龙答道:"我骑的是白马,白马非马。"关吏被他弄糊涂了,于是连人带马一起放过关。《公孙龙子》中一篇《白马论》专门论证了命题"白马非马"。第一,从概念的内涵说,"马者,所以命形也;白者,所以命色也。命色者非命形也。故曰:白马非马。"这就是说,"马"的内涵是一种动物,"白"的内涵是一种颜色,"白马"的内涵是一种动物加一种颜色。三者内涵各不相同,所以白马非马。第二,从概念的外延说,"求马,黄黑马皆可致。求白马,黄黑马不可致。……故黄黑马一也,而可以应有马,而不可以应有白马,是白马之非马审矣。""马者,无去取于色,故黄黑马皆所以应。白马者,有去取于色,黄黑马皆所以色去,故惟白马独可以应耳。无去取非有去取也,故曰:白马非马。"这就是说,"马"的外延包括一切马,不管其颜色如何;"白马"的外延只包括白马,有相应的颜色要求。由于"马"和"白马"的外延不同,所以白马非马。第三,从共相的角度说,"马固有色,故有白马,使马无色,有马如已耳。安取白马?故白者,非马也。白马者,马与白也,白与马也。故曰:白马非马也。"这似乎是在强调,"马"这个共相与"白马"这个共相不同。马的共相,是一切马的本质属性,不包括颜色,仅只是"马作为马"。而"白马"的共相包括颜色。于是,马作为马不同于白马作为白马,所以白马非马。

【坚白之辩】《公孙龙子》中另有一篇《坚白论》,其主要命题是"坚白相离",其论证如下:第一,知识论论证。假设有坚白石存在,问:"坚白石三,可乎?曰:不可。二,可乎?曰:可。何哉?无坚得白,其举也二;无白得坚,其举也二。""视不得其所坚而得其所白者,无坚也;抚不得其所白而得其所坚者,无白也。"这就是说,用眼睛看,只能感知到有一白石,而不能感知到有一坚石;用手摸,只能感知到有一坚石,而不能感知到有一白石。因此,坚、白相离。第二,本体论论证。坚、白二者作为共相,尽管体现在一切坚物和白物身上,但它们本身却是不定所坚的坚,是

> 不定所白的白。即使这个世界中完全没有坚物和白物,坚还是坚,白还是白。坚、白作为共相,独立于坚白石以及一切坚物和白物而存在。这一点的事实根据在于:在这个世界上,有些物坚而不白,有些物白而不坚。所以,坚、白相离。①

古代印度也是逻辑学的重要发源地,我国古代高僧玄奘在印度参与论辩活动的传说,证明古代印度有着产生逻辑思想的佛教论辩的浓厚氛围。古代印度的逻辑理论被称为因明学,其中"因"指原因、理由、根据,"明"指智慧和知识,因明学就是指研究论证、推理及其依据的学说。因明学在公元 5—7 世纪左右发展到接近古希腊亚里士多德三段论的水平,这也被视为古代印度逻辑发展的最高水平。

☞ 现代逻辑的发展

在逻辑学的三大发源地中,只有发源于古代希腊的逻辑学在现代得到了系统性的发展,其中归纳逻辑、演绎逻辑以及各种新的逻辑思想都得到了发展,这些也成为现当代世界范围内逻辑学教学与研究的主流。一般认为,西方现代逻辑学的发展与欧洲中世纪后期和文艺复兴时期自然科学的发展息息相关,主要是指 17 世纪以来逻辑的发展成果。

伴随着近代实验自然科学的兴起和发展, 17 世纪英国的哲学家弗朗西斯·培根(Francis Bacon, 1561—1626)在古代简单枚举归纳法的基础上重点研究了科学归纳法。在《新工具》一书中,培根详细制订了科学归纳的"三表法"即"存在和具有表""差异表""程度表",这奠定了现代归纳逻辑学的基础。此后,为了完善科学归纳法, 19 世纪英国哲学家穆勒(John Stuart Mill, 1806—1873)在《逻辑体系》(我国近代学者严复译为《穆勒名学》)中进一步将培根的三表法发展为探求因果联系的五种归纳方法(求同法、求异法、求同求异并用法、共变法和剩余法)——穆勒五法。至此,由古希腊的演绎逻辑与近代的归纳逻辑构成了今天称之为传统逻辑的基本框架。在 20 世纪,随着概率论和数理统计科学的发展,又出现了卡尔纳普(Rudolf Carnap, 1891—1970)等人提出的统计归纳、概率归纳等新的归纳方法。时至今日,努力使科学归纳更加完善依然是逻辑学发展的重要目标。

随着近代自然科学对于数学的重视程度日益加深,在亚里士多德创立的演绎逻辑的基础上又形成和发展起来"数理逻辑"(符号逻辑)这一新的现代逻辑形式。

---

① 陈波. 逻辑学是什么[M]. 北京:北京大学出版社, 2007: 20—23.

17世纪德国哲学家莱布尼兹（Leibniz，1646—1716）最早提出用数学演算的方法来处理演绎逻辑（“把逻辑加以数学化”），并且主张建立一种不同于自然语言的“通用语言”，由此他被公认为现代数理逻辑的创始人。英国数学家、逻辑学家布尔（George Boole，1815—1864）于1847年建立了“逻辑代数”，布尔代数被看作是数理逻辑的早期形式，标志着莱布尼兹提出的数理逻辑的思想初步成为现实。19世纪末和20世纪初，德国哲学家弗雷格（Gottlob Frege，1848—1925）首次把传统逻辑符号化，并形成了一种结构清楚的逻辑演算系统，他被视为现代逻辑之父。此后，通过罗素（Bertrand Russell，1872—1970）和怀特海（Alfred North Whitehead，1861—1947）、哥德尔（Kurt Gödel，1906—1978）等人的工作，数理逻辑得到逐步完善。数理逻辑在现代哲学、语言学、计算机与人工智能、认知科学等领域已经得到广泛应用。

此外，18—19世纪德国古典哲学家黑格尔（Hegel，1770—1831）等人，在继承传统辩证法思想的基础上，以及在批判旧逻辑中的形式主义和形而上学的基础上，致力于人类辩证思维的形式和规律的研究，提出了第一个思辨逻辑的体系，这也被称为区别于形式逻辑的辩证逻辑理论。19世纪中叶以后，马克思、恩格斯等马克思主义经典作家，他们运用辩证唯物主义的观点和方法来研究逻辑问题，在批判黑格尔辩证逻辑体系中的唯心主义观点的同时，吸取了其中的合理因素，建立了唯物主义的辩证逻辑理论。

西方逻辑学思想在明代时期就传入我国，李之藻（1565—1630）与人合作翻译了一部西方逻辑学教材，中译为《名理探》。在清末学习西方先进文化的理念主导下，严复1905年翻译了西方逻辑学名著《穆勒名学》，并首次将“logic”译为“逻辑”一词。此后逻辑学在中国学术界逐渐立足并取得了许多重要进展。新文化运动时期，胡适发掘了中国古代后期墨家的逻辑思想。新中国成立后，现代哲学家金岳霖出版了《形式逻辑》这一经典著作。改革开放以来，逻辑学本科、硕士和博士研究生都已经招生，逻辑学在我国有了独立的学科地位。这些成就大致反映了西方逻辑学在中国的传播发展。

四、逻辑学的分类

一般认为，按照逻辑学所研究的理性思维的属性可以将逻辑学分为形式逻辑、辩证逻辑和模态逻辑等。其中，辩证逻辑是研究思维的辩证属性或者辩证思维规律的一门逻辑科学，模态逻辑则是研究思维的模态属性或者说可能、必然等模态思维规律的一门逻辑科学，而形式逻辑则是研究思维的形式属性或者思维形式规律的逻辑科学。辩证逻辑也称辩证法，其所研究的是反映对立统一性质的辩证思维规律，例如赫拉克利特说“上升的道路和下降的道路是同一条道路”，这一思维如果就形式逻辑而言就是违背矛盾律的，因为其中表现的是一种自相矛盾的思维，因此形式逻辑更注重研究的是相对明晰的、非此即彼的思维。模态逻辑的研究对象也是一种不确定的思维表达，不过这不是一种对立统一的辩证思维，而是一种反映客观现象的模糊性思维，模态逻辑关注的是这些模糊性思维表达的逻辑规律。

从形式逻辑自身的发展又可以进一步区分传统形式逻辑和现代形式逻辑。传统形式逻辑也可称为普通逻辑，形式逻辑根据所研究思维形式的不同又可以进一步区分为演绎逻辑和归纳逻辑等。例如演绎逻辑研究的是从一般到个别的思维形式；而归纳逻辑则研究从个别到一般的思维形式。现代形式逻辑又称数理逻辑，数理逻辑更注重逻辑与数学的结合，目的是建立一套人工语言或者公理化系统。因此，演绎逻辑和归纳逻辑都可能与数学结合，因此它们也都是现代逻辑的内容。

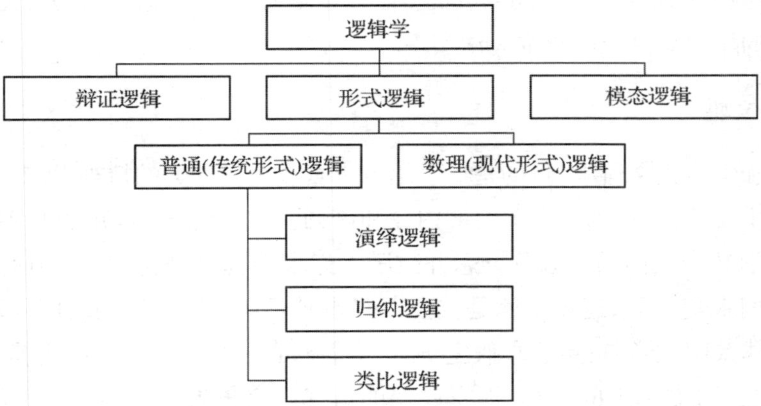

图1　逻辑学的分类

五、逻辑学的性质

作为一门独立学科，逻辑学自身有其典型的一些性质。

☞ 工具性

亚里士多德将自己创立的演绎逻辑看作是“论辩的工具”，其逻辑学著作则被命名为《工具论》；培根将创立的归纳逻辑称为“发现和发明的工具”，其主要逻辑著作被命名为《新工具》。由于逻辑学研究的是思维的规律和规则，而有效的科学思维和日常思维都需要遵守这些规则，因此这种工具性逻辑学也被称为“思维的文法”。

☞ 基础性

由于人类的科学知识都需要借助思维形式,因此,尽管逻辑学本身并不直接提供任何具体的科学知识,但是逻辑学的基本理论和方法却从根本上制约着人类的各种科学认识。可见,从这个意义上说,逻辑学是各门科学建立的基础,或者说"任何科学都是应用逻辑"。1974 年,联合国教科文组织在编制学科分类的时候,将逻辑学与数学、天文学和天体物理学、地球科学和空间科学、物理学、化学、生命科学等并列为七大基础学科。

☞ 全人类性

人类尽管使用着不同的语言,但是都遵循着相同的思维规律,因此逻辑学是无阶级性的、全人类性的。不管人们属于哪一个民族、哪一个阶级,他们都要运用共同的思维结构形式,都要遵守共同的思维规律,否则他们的思维活动就无法进行,相互之间的思想交流也就根本无法实现。

☞ 人文性

研究和学习人文科学,目的是通过培养求真、求善、求美的精神,提升人们自身的人文品质修养,以达到社会关系的内在和谐,促进社会整体文明程度的提升。如果说伦理学教会人们如何区分善恶并鼓励人们求善,美学教会人们如何区分美丑并鼓励人们求美,那么逻辑学就是教会人们如何识别真假并鼓励人们求真。在逻辑学知识体系中,始终贯穿着真假之辨,贯穿着求真的科学信念。在培养人们独立思考的习惯、追求真理的精神、揭露谬误的勇气等完美人格所不可缺少的要素方面,逻辑学的作用是不可替代的。

六、怎样学好逻辑学?

逻辑学的知识并不难掌握,除了勤奋刻苦等精神品质之外,还需要我们适应逻辑学知识的特点,有的放矢,才能更好地掌握逻辑学知识。

☞ 熟悉和掌握各种逻辑形式以及形式化的推理

逻辑学的研究对象是思维的逻辑形式,这些逻辑形式及其推理往往是通过符号化的形式表现的。这就要求我们,学习逻辑知识首先要确立符号化和形式化的观念,熟练掌握各种逻辑知识的符号形式,自觉地训练自己的符号化和形式化推理的能力。

☞ **把握逻辑学知识的关联性，系统地学习逻辑知识**

逻辑学的知识是一个有机的系统，前后知识之间是层层递进、相互关联的。总体来说，概念、命题、推理和论证之间是逐次递进和相互关联的，逻辑教材的知识正是按照这一关联展开叙述的，同时逻辑知识的学习顺序也是从较为简单的概念、命题到复杂的推理和论证。对于初学者来说，只有先掌握概念的逻辑知识，才能更好地理解命题的逻辑知识，也才能更好地学习和掌握推理和论证的逻辑知识。如果没有这种层次性和系统性的学习，不按照逻辑知识的这种脉络来学习，那么我们就很难达到良好的学习效果。

☞ **突出重点，注重逻辑规则和方法的学习**

逻辑学的知识是系统和众多的，其中包括各种逻辑知识的概念、定义、特征、要求、意义以及诸多规律、规则、方法等等。在逻辑学的这些具体知识中，有关概念、命题、推理、论证的逻辑规则和相应的逻辑方法是我们学习的重点，同时也是学习的难点。

☞ **理论联系实际**

逻辑学的一些基本知识需要我们记住，但不能满足于死记硬背，逻辑知识是系统性的，因此我们不仅要“知其然”，而且要“知其所以然”。进一步说，要真正理解这些知识，更需要做到理论联系实际，需要做到逻辑知识的活学活用。只有能够合理地应用所学的逻辑知识，才谈得上学好了逻辑学。要做到理论联系实际，不仅需要必要的练习，而且需要自觉地在日常生活中运用，争取使逻辑思维能力的运用在实际工作中成为常态。

【思考题】

一、如何理解“逻辑”和“逻辑学”？

二、你如何看待逻辑学在东西方的发源？

三、怎样才能学好逻辑学？

【练习题】

一、请指出下列语句中“逻辑”一词的含义。

1.“捣蛋，失败，再捣蛋，再失败，直至灭亡——这是帝国主义和世界上一切反动派对待人民事业的逻辑。”

2.“贫穷才是社会主义”，这是什么逻辑？

3. 良好的言语表达和文章写作首先要讲逻辑。

4. 普及逻辑是提高公民文化素质的一个重要方面。

5. 任何脱离现实生活逻辑的文学作品都没有持久的生命力。

6.“社会主义不能搞市场经济”，这一逻辑不能成立。

二、请写出下列语言表述的逻辑形式。

1. 所有商品都是用来交换的劳动产品。

2. 如果物体发热，那么物体就会膨胀。

3. 所有公民都是遵纪守法的人，有的人是公民，所以，有的人是遵纪守法的人。

三、请举例说明下列逻辑形式。

1. 有的 S 不是 P。

2. 当且仅当 p，才 q。

3. p 并且 q，所以，p。

4. 所有 P 是 M，所有 S 不是 M，所以，所有 S 不是 P。

第一编 概念

【学习导引】

概念是最基本的思维形式，是构成命题乃至推理的最基本元素。本编主要讲述有关概念的基本知识以及如何明确概念思维形式的逻辑方法。其中重点内容有：概念的内涵与外延、概念的种类、概念外延之间的各种关系、概念的概括与限制、概念外延的划分、下定义等等。概念的逻辑知识是逻辑学的基础，学好概念的逻辑知识是学好逻辑学的基础。

【概念概述】

☞ 什么是概念

概念是人类理性认识的初级形式，也是形成命题和推理等更为复杂思维形式的基本元素，人们基于此将概念称为思维的细胞。从人类思维活动来看，离开概念，就没有命题和推理，就不能进行任何有效思维活动。从人类科学认识发展的角度看，任何一门科学理论也都是由许多特有概念组成的理论体系，例如，政治经济学等理论体系就是由商品、价值、货币、资本、利润等概念构成的。因此，概念是人们认识自然与社会的重要思维手段。

概念是反映不同事物所具有的共同属性的一种认识形式，是对事物本质属性的一种认识形式，概念也被称为一种基本的认识分类（categorization）形式。概括说，所谓概念就是反映事物共有属性和本质属性的思维形式。例如，白色的概念既是对众多事物共有的白色属性的一种概括，同时也是对不同于黑色等其他颜色的白色本质的一种认识分类。概念及其语言表达在逻辑上也被称为词项(term),与之相关的逻辑知识也被称为词项逻辑。

☞ 概念的形成

概念的形成过程是一个由感性认识飞跃到理性认识、从现象深入到本质、从感性具体到思维抽象的过程。在这个过程中,人们一步一步地抽象掉对象的具体和感性的属性,通过不同的层级,直达反映本质的概念。毛泽东曾经形象地说:“小孩子已经学会了一些概念。狗,是个大概念。黑狗、黄狗是小些的概念。他家里的那条黄狗,就是具体的。人,这个概念已经舍掉了许多东西,舍掉了男人、女人的区别,大人、小孩的区别,中国人、外国人的区别……只剩下了区别于其他动物的特点。谁见过‘人’? 只能见到张三、李四。‘房子’的概念谁也看不见,只看到具体的房子,天津的洋楼,北京的四合院。”可见,抽象的概念是从更为具体的概念演变而来的,人的概念性认识也正是从具体到抽象、从感性到理性的过程。当然,随着人们认识程度的深入,对对象的概念性认识也在不断深入。例如,人们在科学上对“原子”这个概念的认识就是不断深入的,从古代德谟克利特无重量的实体到伊壁鸠鲁的有重量的实体,从近代不可再分的最小物质单位到现代的一种可再分的物质结构,原子的概念都在不断发展变化。

☞ 概念与语词的关系

概念和语词是既有联系又有区别的关系。第一,概念和语词是相互联系的。语词是概念的载体,概念只有借助于语词才能表达;概念是语词的思想内容,只有表达一定概念的语词才有含义。名词、动词、形容词、代词、数词、量词等实词都表达确定的概念,如“山”“河”“湖”“海”等名词,“大”“小”“短”“长”等形容词,“吹”“拉”“弹”“唱”等动词,以及“一”“十”“百”“千”等数词。虚词则一般不表达概念,如“啊”“呀”等表达情绪的感叹词,“的”等助词,“和”“与”“并且”“或者”等联结词。这些虚词自身没有含义,不表达概念,但是它们在命题中发挥着联结主谓项的功能,因此也具有逻辑意义。第二,概念和语词也是相互区别的。概念和语词最重要的区别在于,概念是组成思维的最小单位,它是反映对象本质属性的思维形式,因此概念是逻辑学的研究对象;而语词是语言的最小单位,它由特定的形状和声音构成,体现了不同民族等人群的言说,具有约定俗成的性质,因而语词是语言学的研究对象。此外,概念和语词之间也不存在着一一对应的关系。如前所述,语词并非都表达概念,同样概念的形成也并不绝对依赖语词。有些非言语的形式也可以实现概念的表达和交流。同时，不同的语词可以表达同一个概念，如“书”这个概念，汉语用“书”这个词来表达，而英语则用“book”一词来表达；同一个语词也可以表达不同的概念，如“红”这个语词，既可以指颜色概念，也可以在“她成了一位网络红人”等语句中指某人或某物的广泛流行。

第一章 概念的一般逻辑知识

概念的一般逻辑知识主要指通过概念的性质、概念的种类、概念之间的关系等了解概念这一思维形式的基础知识。

第一节 概念的性质

概念的内涵和概念的外延是所有概念的两个最基本性质，一般概念都具有内涵和外延这两个性质。

一、概念的内涵与外延

概念的内涵（intension）就是通常说的概念的含义，即概念所反映的事物的共有属性和本质属性。概念的外延（extension）也称为概念的适用范围，或者说是概念所反映的对象的范围，即概念所反映的具有这些共有属性和本质属性的事物的范围。例如“社会科学”这一概念，其内涵是“研究各种社会现象及其发展规律的科学”；其外延则是具有这一内涵的对象范围，例如经济学、政治学、法学、伦理学、历史学、社会学、教育学、管理学、人类学、民俗学、新闻传播学等，它们都具有“研究各种社会现象及其发展规律的科学”这一属性。

概念的内涵与外延是一般概念都具有的相互关联的两个性质。内涵是概念的“质”的方面的属性，而外延则是概念的“量”的方面的属性。一方面，内涵规定着外延，因为只有具有相同本质属性的事物才是这一概念所反映的事物范围；另一方面，外延也限制着内涵，因为只有从概念反映的事物中才能概括出它们的本质属性或者说这一概念的内涵。

概念的内涵与外延具有确定性,也就是说在一定的条件下概念的内涵与外延是相对确定不变的。同时,概念的内涵与外延也具有变化性,即随着事物本身的发展以及人们认识能力的提高,概念的内涵与外延也会相应地变化。例如"太阳系的行星"这一概念的外延就随着认识的深入而变化:天王星、海王星和冥王星一度随着科学发现成为这一概念的外延,近年来,科学界随着认识的深入又将冥王星排除出这一概念的外延。

二、概念内涵与外延间的反变关系

在逻辑学中,一般把属性相同的客观事物叫做一"类",而把从属于"类"的每个具体事物叫做"分子",一个"类"中所包含的小类又称"子类"。我们常常将反映"子类"外延的概念称为"种概念",而反映"子类"所从属的"类"的外延的概念则称为"属概念"。属概念与种概念的内涵与外延是不同的。属概念的内涵少于种概念的内涵,而属概念的外延则大于种概念的外延。例如,"词典"和"汉语词典"这两个就是具有属种关系的概念,"词典"是"汉语词典"的属概念,而"汉语词典"则是"词典"的种概念。"词典"概念的内涵是指收集词汇、按一定顺序排列并加以解释以供人们查找和参考的工具书,其外延可以包括汉语词典、英语词典、法语词典等等。而"汉语词典"除了具有"词典"的一般内涵之外,还要多出"汉语"词汇的内涵,显然"汉语词典"的内涵大于"词典"的内涵。同样,"词典"反映的对象范围除了包括"汉语词典"之外,还包括英语词典、法语词典等等,可见,"词典"概念的外延要大于"汉语词典"概念的外延。

具有属种关系的概念,它们的内涵和外延之间存在着一种反变关系。也就是说,就具有属种关系的概念来说,当一个概念转化为与之具有属种关系的另一个概念的时候,如果这个概念的内涵变大,那么这个概念的外延也就相对变小,反之亦然。例如,"白马"和"马"是具有属种关系的概念,其中"白马"是种概念,"马"是属概念。当"马"变化为与之具有属种关系的"白马"概念时,其内涵变大,"白马"概念的外延相应也就比"马"概念的外延变小。

第二节 概念的种类

从不同的分类标准出发,概念自身也存在着各种各样的类型或种类。为了更准确地认识概念,逻辑学一般根据概念内涵和外延的不同对概念进行相应的分类。

一、单独概念、普遍概念与空概念

从概念的外延出发，根据概念外延所反映对象的数量范围的不同，可把概念分为单独概念、普遍概念和空概念。

单独概念指的是其外延只反映某一个特定事物的概念。单独概念的外延在数量上只有一个，例如，“中国”“北京”“长城”“鲁迅”等都是单独概念，具有此类本质属性的对象都是独一无二的。从语言上看，单独概念一般用专有名词来表达，例如“泰山”。此外，语言中的一些限制性的词组或者说摹状词，即用一些特定时间、地点等加以限制的词组，或者用最高级形容词等修饰的词组，它们也表达单独概念，例如“十八世纪法国启蒙运动”“世界最高峰”等。

普遍概念指的是其外延反映某一类事物的概念。这种概念反映的外延在数量上由两个或两个以上分子所组成，或者说是由许多分子组成的“类”。例如，“中国”是一个单独概念，其外延独一无二，而“国家”则是一个普遍概念，其外延是包含着中国、美国、埃及等众多分子组成的“类”，因此从外延的数量看，“国家”就是一个不同于“中国”的普遍概念。从语言上看，一般的普通名词、动词和形容词等都可以表达普遍概念。

有的观点主张存在空概念，也就是指一种在现实世界中找不到外延对象的概念，例如“上帝”“大于 3 而小于 4 的自然数”“圆的方”“当今的法国国王”等等。不过，也有观点在对是否存在空概念的理解上更为谨慎，主张概念总是有外延对象的，即使其外延不真实存在，但也可能在特定语言环境中存在。例如，上帝不真实存在，但是却可以在《圣经》等语境中存在；此外，孙悟空不真实存在，但是却可以在《西游记》等语境中存在。例如，当我们说“电影《大话西游》中的孙悟空与小说《西游记》中的孙悟空都已经深入人心”时，两个“孙悟空”在这个语境中都是有外延对象的，因而不能因其虚构而将其绝对理解为空概念。

二、集合概念和非集合概念

根据概念所反映的对象是否为一个集合体，或者说其外延在性质上是否为一个集合体，可以把概念划分为集合概念和非集合概念。集合概念是指其外延为一个集合体的概念，而非集合概念则与之相反。

什么是集合体？简单地说，集合体就是由许多分子所组成的一个有机整体。我们可以通过“类”与集合体的对比来深入了解集合体。表面看来，类和集合体都是由许多个体组成的整体，但实质上两者有着重要的区别。最根本的区别在于：

组成类的所有个体,它们都具有所属类的属性;而集合体与组成它的个体之间则是整体与部分的关系,部分不具有整体的属性,组成集合体的个体不具有集合体的属性。例如,概念“中国共产党”的外延是一个由众多党员组成的集合体,因此它是一个集合概念,原因在于组成这个集合体的分子即各位党员并不具备中国共产党的概念属性。与之相比,“共产党”的外延是一个由许多共产党组成的“类”,因此它是一个普遍概念,原因在于组成共产党概念的中国共产党、法国共产党等个体分子都具有“共产党”这个概念的属性。同样的分析也适用于“共产党员”这个普遍概念,因为每一个党员个体也都具有共产党员这一概念的属性。其他的集合概念还有“中国工人阶级”“森林”“词汇”等,这些概念的外延都具有集合体的典型特征。

更为具体地分析概念外延反映的情况,集合概念有时也表达为普遍概念和单独概念。例如,“森林”“丛书”等概念从外延性质上看一般表达的是集合概念,但是如果“森林”概念的外延强调的是大兴安岭森林、小兴安岭森林等个体成分,此时的“森林”概念也可以看做是普遍概念。此外,当集合概念所反映的对象是独一无二的时候,如“中国工人阶级”“中国共产党”等,从外延性质上看它们是集合概念,但是从外延数量上考虑它们也可以被视为单独概念。

一般来说,当我们判断一个集合概念是集合还是普遍概念的时候,更合理的方式是依据概念所处的语境。例如,“森林种类有很多,例如热带雨林、阔叶林和针叶林等等”,这句话中的“森林”就是一个普遍概念,因为它表达的是种类意义上的外延。而在“森林对于水土保持意义重大,因此我们不能滥砍滥伐”这句话中,“森林”概念表达的就是一个集合体。再比如,“群众是真正的英雄”语句中的“群众”表达集合概念,而在“我是一个普通群众”语句中,“群众”则表达普遍概念。可见,尽管诸如“森林”“群众”等语词在不同语句中是同一的,但它们是在不同的语言环境中,因此所表达的概念也是不同的。

与集合概念不同,非集合概念的外延反映的是非集合体。一般来说,如果我们确定一个概念的外延不是集合体,那么也就相应确定了这个概念是非集合概念。例如,“中国共产党党员”“工人”“汽车”“书籍”等概念一般都被视为普遍概念,原因在于它们的外延都是“类”,而不是一个集合体,因此也被视为非集合概念。

三、正概念和负概念

根据概念的外延性质或者概念外延所反映的对象是否具有某种属性,我们可以把概念划分为正概念和负概念。

正概念与负概念是相对而言的。正概念就是反映事物具有某种属性的概念，例如“党员”“金属”“善”“有性繁殖”等概念都反映事物具有某种属性，因而它们都是正概念。与之相对，负概念则是反映事物不具有某种属性的概念，例如“非党员”“非金属”“不善”“无性繁殖”等都是负概念。

从语言形式上看，一般用带有“非”“不”“无”等否定意义的词或词组来表达负概念。例如，“不美”是“美”的负概念，而“丑”就不是负概念，它也是正概念，因为“丑”也表达事物具有某种属性。但是，带有“非”“不”“无”等字样的词或词组也并非都是负概念，关键在于此类概念是否表达某种属性，例如“不管部长”“无产者”等虽然带有“不”“无”等语词，但是它们都是正概念而非负概念。

由于正概念与负概念是相对而言的，因此确定与某个正概念相对应的负概念时，一定要注意它们的论域。在具体思维过程中，正负概念的确定总是相对于一个特定范围，这个相对的范围在逻辑学上叫做论域。正负概念的确定一般要保证二者的外延之和等于它们所邻近的属概念外延，或者说等于它们的论域。例如，“大学生”这一概念的负概念，我们不能确定为“小学生”，因为“大学生”与“小学生”概念的外延之和并不等于其邻近的属概念“学生”的外延，其属概念的外延中还包括“中学生”等等。只有将“大学生”的负概念确定为“非大学生”，二者的外延之和才等于邻近属概念“学生”的外延。

我们要注意，在确定概念种类的时候，基于不同的标准，一个概念可能同时被划分为几种概念。例如，“非正义战争”这个概念，它既是普遍概念、非集合概念，也是负概念。具体来说，当我们确定一个概念的种类时，一方面要考虑各种概念划分的依据，另一方面要考虑这个概念运用的语境，只有全面仔细地考察才能准确地界定概念的种类。

第三节 概念间的关系

由于概念反映着各种客观世界中的事物，因此概念之间也存在着各种各样的关系。在逻辑学上，由于概念具有内涵和外延两个方面的性质，因此概念之间的关系主要立足这两个方面来加以考察。概念内涵之间的关系涉及各门自然科学的知识，这一点超出逻辑学的范围，因此逻辑学主要着眼外延方面来考察概念间的关系。概念外延之间大体存在着两种类型的关系：相容关系和不相容关系。相容关系可以进一步划分为全同关系、真包含关系、真包含于关系和交叉关系，不相容关系也称全异关系,可以划分为矛盾关系和反对关系。

一、相容关系

概念间的相容关系,是指两个概念的外延至少有一部分是相同或者重合的。两个概念之间的相容关系主要有四种形式。

☞ 全同关系

全同关系是指两个概念的外延全部都相同或者重合的一种关系。即S与P两个概念,S的全部外延都是P的外延,P的全部外延都是S的外延,则S与P这两个概念之间的关系就是全同关系。例如,“三角形”与“三边形”,“鲁迅”与“《阿Q正传》的作者”,它们之间的关系就是全同关系。全同关系的概念外延相同,而内涵却不同。“三角形”的内涵侧重反映这种几何图形有三个角的属性,而“三边形”则侧重反映这种几何图形有三条边的属性。“鲁迅”的内涵反映了鲁迅这个人的所有属性,而“《阿Q正传》的作者”则侧重于反映鲁迅是创作《阿Q正传》的人。

全同关系的概念与同一概念不同。全同概念是两个概念,同一概念则是一个概念,是“同物异名”,即用不同语词表达同一个概念。例如,“大夫”和“医生”,“杜鹃花”和“映山红”,它们是同一概念,其外延与内涵完全一样,不是具有全同关系的概念。在语言表达中,全同关系概念的变换使用可以起到很好的修辞作用。例如,“活着一分钟,就要奋斗六十秒”,“损坏两个,赔你一双”,这些具有全同关系概念的交替使用增强了语言的表现力。

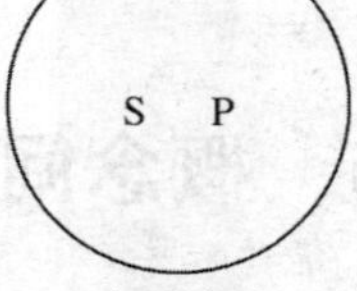

全同关系

图1.1 全同关系的欧拉图图示

☞ 真包含关系

真包含关系是指一个概念的部分外延与另一个概念的全部外延重合的关系。即S与P两个概念,S的外延大,P的外延小,并且S的部分外延与P的全部外延相同,S的外延包含了P的全部外延,S对于P的关系就是真包含关系。例如,

"学生"和"大学生"这两个概念中,"学生"概念的部分外延与"大学生"概念的全部外延重合,所以,"学生"概念就真包含"大学生"概念。例如,"劳动者"和"体力劳动者"、"生物"和"微生物"等概念之间就是前者真包含后者的关系。

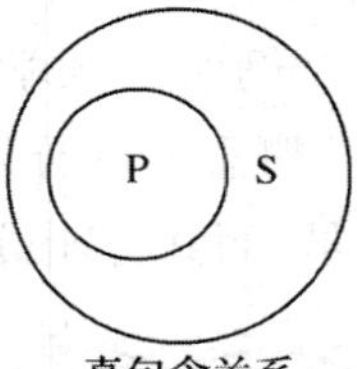

真包含关系
(S真包含P)

图 1.2 真包含关系的欧拉图图示

☞ 真包含于关系

真包含于关系是指一个概念的全部外延与另一个概念的部分外延重合的关系。即 S 与 P 两个概念,S 的外延小,P 的外延大,S 的全部外延包含在 P 的外延之内,S 对于 P 的关系就是真包含于关系。例如,在"大学生"和"学生"这两个概念间,"大学生"概念的全部外延都包含在"学生"概念的外延之中,所以,"大学生"就真包含于"学生"。同样,"脑力劳动者"也真包含于"劳动者","微生物"则真包含于"生物",等等。

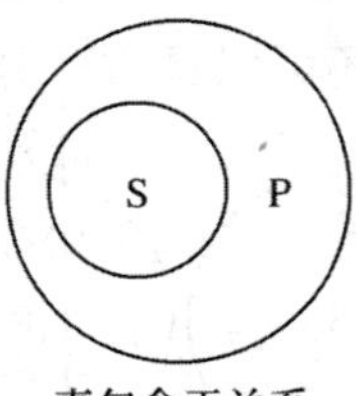

真包含于关系
(S真包含于P)

图 1.3 真包含于关系的欧拉图图示

传统逻辑把真包含关系和真包含于关系也统称为属种关系。具有属种关系的概念称为属种概念,其中外延大的概念称为属概念,外延小的概念称为种概念。真包含关系和真包含于关系都是属概念和种概念之间的关系,但这是两种不同的关系。属种概念之间的关系不同于整体和部分的关系,种概念是属概念所反映的一类事物中的一部分对象,种概念具有属概念的本质属性,而在整体和部分关系中,部分却不具有整体的性质。

☞ 交叉关系

交叉关系是指一个概念的部分外延与另一个概念的部分外延重合的关系。即S与P两个概念，S只有一部分外延与P相同，并且P也只有一部分外延与S相同，则S与P的关系就是交叉关系。例如，“大学生”和“共青团员”这两个概念之间的关系就是交叉关系。“大学生”概念的部分外延与“共青团员”概念的部分外延重合，即大学生中有些是共青团员，而共青团员中有些则是大学生。

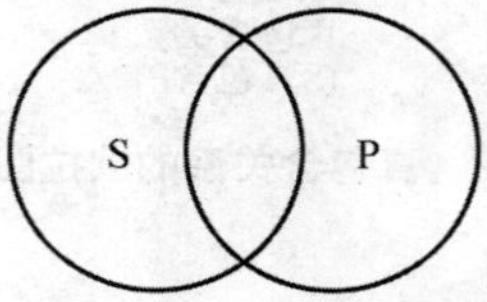

交叉关系

图 1.4　交叉关系的欧拉图图示

二、不相容关系

不相容关系也叫全异关系，是指两个概念的全部外延都不相同。即S和P两个概念，S的全部外延都异于P的外延，P的全部外延也不与S的外延相同，S和P之间的关系就是不相容关系。例如，“学生”和“教师”、“文明行为”与“不文明行为”、“支持者”与“反对者”等，这三对概念之间的关系就是不相容关系，它们之间的外延都不重合。不相容关系还可以具体可分为矛盾关系与反对关系。

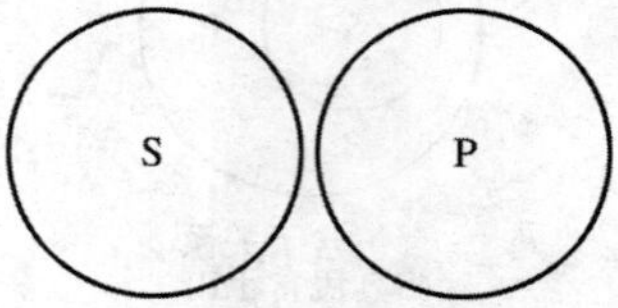

全异关系

图 1.5　全异关系的欧拉图图示

☞ 矛盾关系

如果同一属概念下的两个种概念的外延是互相排斥的，同时两个种概念外延之和等于属概念的全部外延，那么这两个种概念之间的关系就是矛盾关系。即两个不相容关系的概念S、P同时真包含于概念Q，而且S和P的外延之和等于Q的全部外延，则S与P之间就是矛盾关系。例如，“文明行为”和“不文明行为”这两个概念就是矛盾关系，因为它们的外延相互排斥，没有重合之处，并且它们的外延之和等于相邻近的属概念“行为”的外延。“正确”与“不正确”、“有害”与“无害”、“等于”与“不等于”、“生”与“死”、“战争”与“和平”、“完整”与“残缺”、“真理”与“谬误”等正概念与负概念之间都表达矛盾关系。

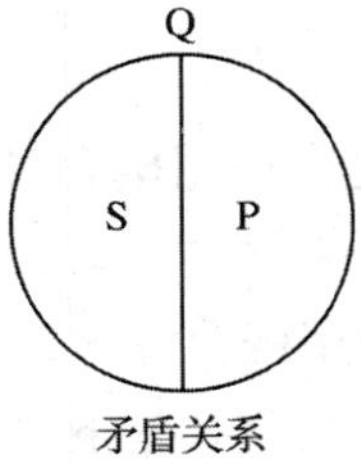

图 1.6 矛盾关系的欧拉图图示

☞ 反对关系

如果同一属概念下的两个种概念的外延是相互排斥的，同时两个种概念外延之和小于属概念的全部外延，那么这两个种概念之间的关系就被称为反对关系。即两个不相容关系概念 S、P 同时真包含于概念 Q，而且 S 和 P 的外延之和小于 Q 的外延，则 S 与 P 之间就是反对关系。例如，“支持者”与“反对者”、“无产阶级”和“资产阶级”等概念之间就具有反对关系，它们的外延既是相互排斥的，其外延之和又小于它们邻近的属概念的外延。反对关系的概念的特点不是非此即彼，而是两个概念之间还有其他中间概念，例如“支持者”与“反对者”之间还有“中立者”，而“无产阶级”和“资产阶级”之间还有“农民阶级”等等。

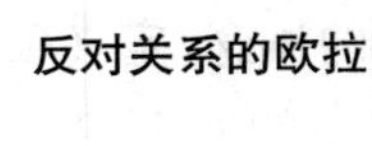

图 1.7 反对关系的欧拉图图示

第二章 明确概念的逻辑方法

学习概念的逻辑知识,目的是在使用概念时做到明晰和准确。要做到明晰和准确地使用概念,就需要掌握一些逻辑方法。由于概念的内涵与外延是概念的两个基本属性,因此明晰和准确地使用概念意味着概念的内涵与外延的明晰和准确。从内涵看,明确使用概念的逻辑方法主要是下定义;从外延看,明确使用概念的逻辑方法则有概念的限制与概括、概念的划分等等。

第一节 下定义

下定义或者说定义是明确概念内涵的一种重要逻辑方法。下定义不仅是明确概念内涵的重要逻辑手段,而且是人们总结和巩固认识成果的一种重要手段。下定义在人们的工作、学习和科学研究中都发挥着重要作用。

一、什么是下定义

下定义是揭示概念内涵的一种逻辑方法,就是用简明扼要的语句把概念的内涵或者所反映的事物的本质属性高度概括地揭示出来。例如,“货币”概念的定义就是“商品交换中固定充当一般等价物的特殊商品”,“生产关系”概念的定义则是“人们在物质资料的生产过程中结成的社会关系”。通过这两个定义,“货币”和“生产关系”的概念内涵得到了明确,其本质属性也得到了揭示。

从结构上看,定义一般由被定义项、定义项和定义联项三个部分组成。被定义项就是通过定义来揭示其内涵的概念,定义项就是用来揭示被定义项内涵的概念。被定义项和定义项是组成定义的两个主要部分,通过定义联项,这两个部分联结组成定义。定义联项在汉语中常用“……是……”“……即……”“所谓……就是……”来表示。例如,前面关于货币概念的定义中,“货币”是被定义项,“商品交换中固定充当一般等价物的特殊商品”是定义项,“是”则充当定义联项。如果用公式来表达，定义的一般形式是：Ds 就是 Dp。其中，“Ds” 表示被定义项，“Dp” 表示定义项，“就是” 表示定义联项。

二、下定义的方法

给一个具体概念作出科学定义，首先需要我们掌握与被定义概念相关的具体科学知识，了解被定义概念的内涵，了解概念所反映的对象的本质属性。在此基础上，还需要运用逻辑学提供的下定义的方法和规则，将被定义项和定义项结合起来，才能合理地给概念作出明确的定义。

☞ 属加种差方法

在实际思维活动中，最常用的一种下定义的方法是“属加种差”的方法，即通过揭示被定义概念邻近的属概念，结合与之相关的种概念的差别来揭示被定义概念。“属加种差” 的定义方法是古希腊哲学家亚里士多德明确概括出来的，所以又被称为古典定义，这种定义方法至今仍在日常生活和科学研究中被广泛应用。

“属加种差” 的定义方法可以用公式表示为：被定义概念＝邻近的属概念＋种差。其具体步骤为：第一步是找出被定义项的邻近的属概念；第二步是找出种差，即被定义概念与其邻近属概念所包含的其他种概念之间的本质差别，从而确定定义项；第三步是按照“……就是……” 的结构形式将被定义项与定义项结合起来。例如，“数学是研究现实世界的空间形式和数量关系的科学”，这是给数学下的“属加种差” 定义。“数学” 邻近的属概念是“科学”，“科学” 这个属概念包含数学、物理学、化学、天文学、地质学等作为种概念的科学形式，数学与其他种概念之间的本质差别或者说种差是“研究现实世界的空间形式和数量关系”，而不是研究物理性质变化或者化学性质变化等等。

“属加种差” 的定义方法要求揭示被定义概念的邻近属概念。在给一个概念下定义时，选择外延较广的哪一个概念作为属概念，取决于所要解决的实际问题。例如，生物、动物、脊椎动物、哺乳动物、灵长目动物等都是“人” 这个概念的属概念，而“人是能制造和使用生产工具的动物” 这个定义则选择“动物” 作为邻近的属，原因是这个定义的目的是把人和其他动物区别开来。

定义中的种差是被定义概念反映的对象与包含在同一属概念中的其他种概念之间的属性差别，对种差的确定从根本上取决于人们的认识水平。例如，对于“人” 这个概念下定义时所确定的种差，就是随着人的认识水平而逐渐深入的。

【柏拉图关于人的定义】据说，柏拉图的学生曾经问他“人是什么？”这个问题，柏拉图对学生说：“人依靠两条腿走路，依我之见，人是两腿直立的动物。”有一个学生抓来一只鸡问柏拉图：“请问老师，这是人吗？”柏拉图连忙修正自己刚才的说法：“人是没有羽毛的两腿直立的动物。”又有一个学生找来了一只拔光了羽毛的鸡，问他：“这只没有羽毛的鸡，难道是您说的人吗？”学生们大笑了起来，并风趣地把那只没有羽毛的鸡称作“柏拉图的人”。可见，柏拉图试图确定人的种差，但是限于历史条件和认识水平，没有正确回答“人是什么”的问题。后来，亚里士多德进一步将人定义为“政治的动物”，当然，这也没有从根本上揭示人的本质。基于现代生物进化论的发展，人们提出了“人是能制造和使用生产工具的动物”这一定义，显然这一“种差”更能反映人的本质属性。

此外，由于事物的特有属性或本质属性是多方面的，因此人们也可以立足不同的科学领域来揭示被定义概念的特有属性或本质属性，从而来确定种差。例如，从化学的角度来看，水可以被定义为由两个氢原子和一个氧原子化合而成的化合物；而从物理学的角度来看，水可以被定义为具有一个大气压下摄氏零度结冰、100℃沸腾并且比重为1的无色无嗅无味的液体。可见，这两个定义依赖的种差是不同的，因而定义也就随之产生区别。

“属加种差”的定义是给概念下定义的一种最常用方法，但这种方法的局限性在于，诸如单独概念和哲学范畴就不适用于这种下定义方法。由于单独概念的对象是一个单独的事物，因此其与其他个体事物之间的种差很多，因此更适用于语词定义方法。此外，哲学上的范畴本身是一个外延最大的类，一般很难确定属概念，因此它也不适用于“属加种差”方法。例如，物质和意识、偶然性和必然性等等范畴，它们更多是相互之间的一种界定。

☞ 语词定义方法

除了“属加种差”的方法之外，还可以直接通过语词来对某一概念下定义，这种方法也就是语词定义的方法。语词定义的方法有说明性的语词定义和规定性的语词定义两种方法。

说明性的语词定义就是通过语词来说明某一概念含义的方法。例如，“驹就是小马，犊就是小牛”，“乌托邦是一个希腊词，按照希腊文的意思，‘乌’是没有，‘托邦’是地方。乌托邦就是一个没有的地方，也就是一种空想、虚构和童话”，“‘道’，是中国古代哲学的通用语，它的意义是‘道路’或‘道理’，可作‘法则’或‘规律’解说”，这些都是通过语词解释来说明“驹”“犊”“乌托邦”“道”等概念含义的方法。一般来说,词典上的语词解释就应用了这种说明性语词定义的方法。

规定性的语词定义不是客观说明某个概念的意义,而是更多表现为主观地赋予、规定某个概念的内涵,这种方法体现出一种主观意志、要求和约定,在政治、法律和道德等规范性领域中最为常见。例如,"坚持四项基本原则,就是坚持社会主义道路,坚持中国共产党的领导,坚持无产阶级专政,坚持马列主义、毛泽东思想。"再如,《婚姻法司法解释(一)》中规定:"婚姻法第二十一条规定的'不能独立生活的子女',是指尚在校接受高中及其以下学历教育,或者丧失或未完全丧失劳动能力等非因主观原因而无法维持正常生活的成年子女。"还有爱因斯坦提出的质能转换公式"$E = mc^2$",对其中的符号意义做了如下规定:"E"表示能量,"m"表示质量,"c"表示光速。这些规定性的语词定义体现的是一种主观意志、要求和约定,因此一般没有真假之分。

三、定义的种类

在属加种差方法的运用中,基于种差的不同可以区分出不同种类的定义。由于属加种差的定义是揭示概念所反映的对象的客观属性,因此传统逻辑将它们也称为真实定义或实质定义。

如果种差是被定义概念所反映的对象的性质,那么这种定义就可以叫做"性质定义"。例如,"世界观就是人们对世界的总的看法和根本观点""火箭就是利用反冲力推进的飞行装置",等等。如果种差是被定义概念所反映的对象产生或形成的情况,那么这种定义就叫做"发生定义"。例如,"圆就是在平面上绕一定点作等距离运动形成的封闭曲线""痢疾是由于杆状菌或阿米巴菌在肠内寄生而产生的疾病",等等。如果种差是被定义概念所反映的对象的功能作用,那么这种定义就叫做"功用定义"。例如,"温度计是测量温度的仪器""缝纫机是做针线活的机器",等等。如果种差是被定义概念所反映的对象与另一对象之间的关系,那么这种定义就叫做"关系定义"。例如,"偶数就是能被 2 整除的数"等等。

语词定义依据定义方式的不同可区分为说明性的语词定义和规定性的语词定义。

四、定义的规则

要想给某一概念正确地下一个定义,需要遵守一些逻辑规则。

规则 1:定义必须相应相称。

所谓定义相应相称,是指定义项与被定义项在外延上必须相等,二者具有全同关系。如果违反这条规则,就会犯“定义过宽”或“定义过窄”的逻辑错误。

“定义过宽”就是定义项的外延大于被定义项的外延。例如,“思想是客观事物在人脑中的反映”,这个定义就犯了“定义过宽”的逻辑错误,因为,思想虽然都是客观事物在人脑中的反映,但人脑对客观事物的反映并不都是思想,如感觉、知觉、表象等虽然是客观事物在人脑中的反映,但它们却不是思想。

“定义过窄”就是定义项的外延小于被定义项的外延。例如,“商品是通过货币进行交换的产品”,这个定义就犯了“定义过窄”的逻辑错误,因为,尽管凡通过货币进行交换的产品都是商品,但不是所有的商品都是通过货币来交换的产品。除了通过货币进行交换的之外,还有直接以物易物的商品。

规则 2:定义项不得直接或间接地包含被定义项。

如果一个定义的定义项需要用被定义项来说明,即定义项直接或间接地包含了被定义项,那么就不能真正地揭示被定义概念的内涵。违反这条规则,就会出现“同语反复”或“循环定义”的逻辑错误。

“同语反复”就是一个定义的定义项直接包含了被定义项。例如,“机会主义者就是主张机会主义的人”“老年人即年纪老的人”,这些定义就犯了“同语反复”的逻辑错误,它不能真正揭示“机会主义者”和“老年人”等概念的内涵或本质属性。

“循环定义”就是一个定义的定义项间接包含了被定义项,定义项还需要被定义项来说明。例如,“形而上学是与辩证法相对立的宇宙观”“辩证法是与形而上学相对立的宇宙观”,这两个定义中的“辩证法”与“形而上学”需要相互说明,它们都没有揭示出各自的内涵或本质属性,因而犯了“循环定义”的逻辑错误。

规则 3:定义一般不应当是否定的。

下定义的目的是揭示被定义概念所反映事物的本质属性,如果运用否定形式只能说明被定义概念所反映事物不是什么,而不能说明此概念的内涵是什么,因此达不到下定义的目的。例如,“唯物主义不是唯心主义”“商品不是生产者用来自己消费的产品”,这两个定义分别用否定形式揭示被定义项“唯物主义”和“商品”的内涵,都没有明确指出二者各自的本质属性是什么,因此起不到定义的作用。此外,如果定义形式是肯定的,而定义项由负概念构成,也达不到下定义的目的。例如,“健康就是没有疾病”“虚词就是非实词”等,它们都是肯定形式的定义,但其定义项却是由负概念构成的,因此仍然没有揭示出被定义项“健康”和“虚词”的内涵,这些定义都有问题。

规则 4:定义必须清楚确切。

下定义的目的是揭示被定义项的内涵,因此定义项必须明确,定义项中不得包括含混的概念或语词,不得用比喻或借代等修辞手法。违反这条规则,就会犯“定义含混”的逻辑错误。

例如,近代德国哲学家杜林给“生命”下定义,主张生命是“通过塑造出来的模式化而进行的新陈代谢”。恩格斯指出,杜林的这一定义不仅读者无法理解,就连杜林自己也说不清楚,因此是毫无意义的。此外,比喻和借代等修辞手法可以让语言表达更加丰富和生动,但它们不宜用于下定义,不能直接揭示概念的内涵。例如,“儿童是祖国的花朵”“数学是科学的皇后”“骆驼是沙漠之舟”等,这些表达虽然很形象,但是它们都没有直接揭示出被定义项“儿童”“数学”和“骆驼”的真正内涵。

【示例】一位新闻系教授为刚入学的新生讲授“新闻学概论”。他首先向同学们提了这样一个问题:“什么是新闻?”在他看来,弄清这个问题对于大家今后从事新闻工作意义重大。同学们纷纷举手,要求发言。

同学 A 说:“新闻就是关于东南西北各地所发生事情的报道。因为在英语中,‘新闻’是用 news 来表达的,而 news 是由 north(北)、east(东)west(西)south(南)4 个词取其第一个字母缩写而成的。”

同学 B 说:“我认为,新闻就是关于离奇、非同一般的、出乎意料的事件的报道。因为狗咬人不是新闻,人咬狗才是新闻。”

同学 C 说:“新闻就是关于多数人感兴趣而带有刺激性的事件的报道。例如伊拉克战争、911 事件等等,就是新闻。”

同学 D 说:“新闻,顾名思义,就是新近的听闻,或者是听到的新鲜事。”

同学 E 接着说:“对呀! 新闻新闻,关键在于一个‘新’字嘛,所以,新闻不是对过去发生事情的报道。因为新闻不同于历史。关于过去发生的事情的报道,不是新闻,而是历史。”

同学 F 说:“你们的说法太抽象,依我之见,新闻就是传播筒、开心果。因为新闻能把各地的新鲜事传播开来,让大家开心。”

同学们七嘴八舌,莫衷一是。见此情景,新闻系教授总结说:“大家的发言很好,每一个同学都对‘新闻’下了一个定义,也都有一定的道理,但是也存在一定的局限性。什么是新闻呢? 我认为,新闻就是报社、电台、电视台等媒体机构对新近发生的政治事件或社会事件所作的报道。”

结合概念定义的逻辑规则,分析为什么这位教授认为同学们给出的关于“新闻”的定义都存在一定的局限性呢？第一，同学A的定义不符合规则1，犯了“定义过宽”的逻辑错误；第二，同学B和同学C同样不符合规则1，犯了“定义过窄”的逻辑错误；第三，同学D的定义不符合规则2，犯了“循环定义”的错误；第四，同学E的定义不符合规则3，用了否定的形式；第五，同学F的定义不符合规则4，用了比喻等修辞手法。

五、定义的作用

定义是揭示概念内涵的逻辑方法，清晰地为概念下定义在人们的思维和认识过程中发挥着重要的作用。

☞ 好的定义能够概括和巩固人们的认识成果

在人们认识事物的过程中，当人们对事物的特有属性和本质特征有了一些基本的认识之后，往往要通过定义来加以概括。例如，什么是原子？“原子是组成单质和化合物分子的最小微粒，它是由带正电荷的原子核和绕核运动着的与核电荷数相等的电子所组成的”。这一定义就概括和巩固了人们对原子这一事物的认识成果。

☞ 好的定义可以帮助理解事物之间的区别

定义能够界定概念和概念、事物和事物的界限，增强人们的认识能力。例如，为了更好地理解运动，好的定义就可以推动我们对于不同物理运动形式及其概念的区别。“物体只在重力的作用下，从静止开始下落的运动，叫自由落体运动”“将物体以某一初速度沿着竖直方向向上抛出去，物体所作的运动叫作竖直上抛运动”“当运动物体所受外力的方向跟它的速度方向不在同一直线上时，物体所作的运动叫作曲线运动”。这些关于运动的定义很好地区分了运动及其概念表达。

☞ 好的定义有助于人们传播知识

人们在传播知识的时候，往往是通过概念的定义。例如，通过人们对于“生命”“纳米”“遗传”“克隆”等概念的定义，人们就可以通过学习和教育等活动来清晰地传播这些知识，或者进一步将这些知识一代一代传承下去。

第二节　概念的限制与概括

为了准确使用概念，根据概念内涵和外延之间的反变关系，可以对概念进行限制和概括。具体说，可以通过增加概念的内涵以及相应概念外延的缩小来实现概念的限制，或者通过缩小概念的内涵以及相应概念外延的扩大来实现概念的概括。正确进行概念的限制和概括，对于我们准确思维、明确表达和深入认识事物都是非常必要的。

一、概念的限制

概念的限制是从属概念过渡到种概念的一种逻辑方法。这种方法通过增加属概念的内涵，缩小属概念的外延，从而由外延较大的属概念推演到它所包含的外延较小的种概念。例如，"教师"→"大学教师"→"大学数学教师"→"北京大学数学教师"，这些概念的变化过程反映出概念的内涵是在逐渐增加，而概念的外延则在逐渐缩小，整体表现为从属概念向种概念的过渡。

概念的限制是在具有属种关系的概念之间进行的，不具有属种关系的概念之间，不能进行概念的限制。例如，"工厂"这个概念可以限制为"化肥厂"，但不能把"工厂"概念限制为"车间"，因为"工厂"和"化肥厂"两个概念之间具有属种关系，而"工厂"和"车间"之间则不是属种关系，而是整体和部分的关系。

对一个外延较大的概念，可以进行一次限制，也可以进行连续限制。对某一个概念增加一次内涵，从而缩小一次外延的限制，称为一次限制。例如，"国家"限制为"社会主义国家"。连续限制是对某一个概念进行一次限制以后，对新得出的概念再进行相继而起的限制。例如，"现代化"→"社会主义现代化"→"中国社会主义现代化"这个概念序列变化就是连续限制。对概念进行连续限制，究竟要限制到哪一步，必须根据实际思维的需要。此外，在连续限制时，只能最终限制到单独概念，因为概念的限制是在属概念和种概念之间进行的，单独概念只反映某一个特定事物，它是外延最小的种概念，不可能再进行限制了。

概念的合理限制有助于人们对事物进行从一般过渡到特殊的认识，使认识更加具体化，从而增强语言和思维的表现能力。例如，毛泽东在《中国革命战争的战略问题》这部重要著作中有一段论述："我们现在是从事战争，我们的战争是革命战争，我们的革命战争是在中国这个半殖民地半封建的国度里进行的。因此，我们不但要研究一般战争的规律，还要研究特殊革命战争的规律，还要研究更加特殊的中国革命战争的规律。”这段话中对概念限制的运用,使得我们对“战争”“战争规律”的认识更加具体化了。

二、概念的概括

概念的概括是从种概念过渡到属概念的一种逻辑方法。这种方法是通过减少种概念的内涵,扩大种概念的外延,从而由外延较小的种概念推演到一个外延较大的属概念。例如,“大学数学教师”→“大学教师”→“教师”,这个概念序列中概念的内涵在逐渐缩小,而概念的外延则逐渐增加,从而由种概念逐次向属概念过渡。

概念的概括也是在具有属种关系的概念之间进行的,不具有属种关系的概念之间也不能进行概括。例如,从“省人民代表大会”到“全国人民代表大会”,这就不是一种概念的概括,因为二者之间不具有种和属的关系。

概念的概括也分为一次概括和连续概括两种形式。例如,“中国特色社会主义”→“社会主义”,这是一次概括;而“中国特色社会主义”→“社会主义”→“社会形态”则是连续概括的过程。概念的概括虽然可以连续进行,但并不是无止境的,而是有一定限度的。在实际运用中,概念概括到哪一步,也要看实际需要。此外,连续概括只能概括到哲学范畴,因为哲学范畴在一定领域内是最高的属概念,它的外延最大,已经无法再进行概括了。

概念的合理概括有助于人们思维的重点由特殊转向一般,以便更深刻地认识事物的本质。当我们对事物的认识不满足于认识它的特殊性,而要认识它的普遍性时,这就需要运用到概括的方法,从而把对特殊对象的认识合理扩大到更一般的范围中。例如,毛泽东的《纪念白求恩》一文中有这样一段话:“一个外国人,毫无利己的动机,把中国人民的解放事业当作他自己的事业,这是什么精神?这是国际主义的精神,这是共产主义的精神,每一个中国共产党员都要学习这种精神。”其中,从“把中国人民的解放事业当作他自己的事业”的精神到“国际主义精神”和“共产主义精神”,这种概念的概括不断地提升白求恩精神的普遍本质,也不断地加深了我们对白求恩精神的更深刻认识。

第三节　划分

划分是明确概念外延的一种重要逻辑方法。通过划分来明确概念的外延,可以使人们更加明确一个概念能够适用于哪些对象,进而扩展和加深人们对事物的认识。

一、什么是划分

划分是通过把一个概念所反映的对象分为若干个小类,或者说把一个属概念分为若干个种概念,来揭示这个概念外延的逻辑方法。由于概念所反映事物的范围不同,为了使我们对各种各样、千差万别客观事物的认识更加清晰,不致产生逻辑上的混乱,往往需要通过划分来明确概念的外延,依据概念所反映事物具有的不同属性将其外延分成不同的类。例如,我们为了更加清楚地认识"人"这一概念的外延,就可以依据人的肤色将其划分为黄种人、白种人、黑种人、棕种人等,或者依据人的居住地,将其划分为亚洲人、欧洲人、非洲人等,或者依据国籍,将其划分为中国人、美国人、日本人等。

在日常应用中,当我们既要明确概念的内涵,又要明确概念的外延时,可以将定义与划分这两种逻辑方法结合起来使用。例如,《中华人民共和国刑事诉讼法》第42条规定:"证明案件真实情况的一切事实,都是证据。证据有下列七种:(一)物证、书证;(二)证人证言;(三)被害人陈述;(四)犯罪嫌疑人、被告人供述和辩解;(五)鉴定结论;(六)勘验、检查笔录;(七)视听资料。以上证据必须经过查证属实,才能作为定案的根据。"可见,这段话中同时采用定义和划分这两种逻辑方法来明确"刑事诉讼中的证据"这一概念。

从结构上看,划分主要包括三个要素:母项、子项和划分的根据。被划分的概念叫"母项",从母项划分出的概念叫"子项"。将一个母项划分为若干个子项,必须以一定的属性作为标准,划分所依据的标准,也就是划分的根据。同一个概念可以有不同的划分根据,如"人"这个概念,可按性别划分为"男人""女人",也可按文化程度划分为"研究生""大学生"等,还可按年龄划分为"儿童""青年""老年"等。划分根据的选择一般要根据实际需要。

划分不是分解,两者不能混同。分解是在思维中把一个对象分成几个部分,各个部分的属性与被分解对象的属性是不同的,反映部分的概念与反映整体的概念之间也不是属种关系。例如,把"中国"分为"山东省""河北省""北京市""上海市""西藏自治区"等,这些省、市、自治区都是中国的一部分,它们都不具有"中国"的属性,因此这属于分解。而划分则是把属概念分成若干种概念,把一个大类分成几个小类,小类都具有大类的属性。例如"中国"这个概念可以按照时间划分为"旧中国"和"新中国",可以按照人们的视角划分为"美国人眼中的中国""法国人眼中的中国"等等,这些小类都具有属概念"中国"的性质。

二、划分的种类

根据不同的标准，我们可以对划分做出如下一些分类。

☞ 科学划分（科学分类）和一般划分

科学划分是根据对象的本质属性所作的划分。例如，化学元素周期表根据核外电子层数将元素划分为七个周期，这就是依据对象本质属性所作的一种科学划分。一般划分是根据对象的非本质属性所作的划分。例如，可以根据所属籍贯的不同，将中国人划分为山东人、河北人、山西人等。

科学划分是根据对象的本质属性进行的，一般划分是根据对象的非本质属性进行的，因此科学划分的要求更为严格，更具科学认识价值。此外，科学划分是由长期的实践要求决定的，所以科学划分的结果也更加稳定，能够在长时期内发挥作用；而一般划分是由日常生活的实践需要决定的，当这一实践过程完成后这种划分一般会失去意义。

☞ 一次划分和连续划分

一次划分是只包括母项和子项两个层次的划分。例如，树可以划分为针叶树和阔叶树；三角形可以划分为锐角三角形、直角三角形和钝角三角形。这些划分都只包括母项和子项两个层次，因此它们都是一次划分。一次划分是明确属概念外延的一种常用方法。

连续划分是包括母项和子项三个或者更多层次的划分。连续划分可以从被划分的母项开始，划分为它包含的子项，再将划分出的子项划分为它们包含的更小的子项，这样连续划分下去，直到满足认识或实践的要求为止。例如，哲学可以划分为唯物主义和唯心主义；而唯物主义进一步可以划分为朴素唯物主义、形而上学唯物主义、辩证唯物主义三种历史形态；唯心主义可以划分为主观唯心主义和客观唯心主义两种形式。

☞ 多分法和二分法

多分法是将母项一次划分为三个以上子项的划分。例如，将人种划分为黄种人、白种人、黑种人等等。多分法划分在科学研究和日常生活中的应用很普遍。多分法的特点在于，通过划分得到的种概念都是正概念，其结果不仅可以明确属概念的外延，还有助于明确概念的内涵。多分法的局限性在于，当属概念的种概念无限多的时候，就很难完全进行这种划分了。

二分法是以对象有无某种属性为根据，将一个属概念划分为一个正概念和一个负概念的方法；或者说，将一个母项划分为两个子项，一个子项具有某种属性，另一个子项不具有某种属性的方法。例如，将战争划分为正义战争和非正义战争，将人的行为划分为合法行为和非法行为。二分法的特点在于，将一个属概念划分为正负两个矛盾概念，可以使人们更加鲜明地对比这两类对象；其缺点在于，这一方法不能明确揭示出负概念所反映对象的属性。

三、划分的规则

要做到正确合理的划分，从而准确地反映概念的外延，除了需要掌握各门科学的具体知识之外，还必须遵守相应的划分逻辑规则。

规则 1：划分必须相应相称。

划分必须相应相称，是指划分出的子项外延之和必须等于母项的外延。如果违反这条规则，就会犯“多出子项”或“划分不全”的逻辑错误。例如，将直系亲属概念划分为父母、子女、爱人、兄弟姐妹等，这就犯了“多出子项”的逻辑错误。因为它多出了兄弟姐妹；而将直系亲属划分为父母、子女，这又犯了“划分不全”的逻辑错误，因为直系亲属还包含配偶。

规则 2：划分根据必须同一。

所谓划分根据必须同一，就是指在每一次划分时必须按照同一根据进行，不能同时采取两个以上的划分根据。如果违反这条规则，就要犯“划分根据不同一”的逻辑错误。例如，中国的高等学校有很多，可以划分为北京的高校、综合性大学、工科大学、师范类高校等等。这个划分的结果是混乱的，原因在于其犯了“划分根据不同一”的逻辑错误。这种划分的结果显示出，子项之间还存在着外延交叉的现象，因此“划分根据不同一”这种错误也被称为“子项相容”。正确的划分应是这样：中国的高等学校有很多，按地域可以分为北京高校、南京高校、上海高校等等；按培养目标可以分为师范类高校和非师范类高校；按学科专业设置可以分为综合性大学、专业性大学等等。只有每次划分的根据保持同一，划分出的子项才是外延清楚明确的。

规则 3：划分后的子项应互不相容。

各子项之间是不相容关系，就是指子项外延之间是互相排斥的，不存在子项外延任何部分的重合。如果违反这条规则，就犯了“子项相容”的逻辑错误。例如，把阶级划分为工人阶级、农民阶级、剥削阶级、资产阶级，这就犯了“子项相容”的逻辑错误,因为资产阶级和剥削阶级的外延之间是相容的。由于规则 2、3 之间是紧密相关的,因此违反规则 2,也就违反了规则 3,反之亦然。

规则 4:划分应按照属种层次进行,不能越级。

划分是把一个属概念分成几个并列的种概念,如果需要连续划分,可以由划分出的种概念,再划分为次一级的种概念。连续划分需要逐次进行,否则,就会犯"越级划分"的逻辑错误。例如,直接把语词划分为实词、副词、介词、连词、叹词、助词等,这就把属种关系的概念并列在一起,因而犯了"越级划分"的错误。规则 4 也与规则 2 密切相关,"越级划分"归根结底也是由于"划分根据不同一"造成的。

【思考题】

一、如何理解概念的内涵与外延?

二、如何区分集合概念和普遍概念?

三、怎样才能合理地给概念下定义?

四、概念间的关系有哪些?

五、如何理解概念的限制与概括?

六、如何区别划分与分解,怎样正确进行划分?

【练习题】

一、请指出下列各段文字中横线标注语词所表达概念的内涵和外延。

1. 公司是依法设立的,由法定数额的股东所组成的以盈利为目的的企业法人。可以分为有限责任公司和无限责任公司。

2. 纳税人是税法规定的直接负有纳税义务的单位和个人。纳税人包括法人和自然人。

3. 社会群体是人们通过某种社会关系联结起来进行共同活动和情感交流的集体。可以分为首属群体和次属群体。首属群体是个人参与社会生活的基础群体,如家庭、邻里、游戏伙伴群等。次属群体是用来表示与首属群体相对应的各种群体,如学校、军队、政党等。

4. 所谓商业秘密,是指不为公众所知悉,能为权利人带来经济利益,具有实用性并经权利人采取保密措施的技术信息和经营信息。

5. 古迹就是古代遗留下来的建筑物或其他具有研究、纪念意义的地方。

6. 知识产权是个人或者集体对其科学、技术和文化等知识领域内创造的智力成果所享有的专有权，如工业设计、文学艺术、理论著作等专有权。

二、判断下列概念属于单独和普遍、集合和非集合、正和负等哪种类别。

1. 故宫建筑群
2. 政党
3. 作家
4.《雷雨》的作者
5. 非法组织
6. 思维形式
7. 歌曲
8. 不文明
9. 大兴安岭原始森林
10. 北极科学考察队

三、判断下列语句中横线标注的语词表达的是集合概念还是非集合概念。

1. 人民，只有人民，才是创造历史的动力。
2. 人民依法享有民主和自由的权利。
3. 北京人环保意识很强。
4. 北京人是首都的公民，应当维护首都的形象。
5. 老年人经验丰富，老成持重。
6. 青年人都要保持朝气勃勃、奋发向上的精神状态。
7. 我们的干部来自五湖四海。

四、用欧拉图表示下列概念之间的关系。

1. A 体育爱好者　B 学生　C 大学生
2. A 政治学家　B 历史学家　C 文学家　D 学者

五、判断下述定义是否正确并说明原因。

1. 生产关系就是人与人之间的社会关系。
2. 天文学就是研究太阳系的科学。
3. “什么是原因？”“原因就是产生结果的现象。”“那么，什么又是结果？”“结果不就是原因产生的现象吗？”
4. 隐私案件是涉及有隐私内容的案件。
5. 模糊就是混沌状态。
6. 集体主义者就是没有自由散漫作风的人。

六、请对下列概念各进行一次限制和概括。

1. 诗歌
2. 自然科学
3. 民族文化
4. 高等学校
5. 国有企业
6. 汽车
7. 教师
8. 概念

七、请指出下面概念的外延划分上存在的逻辑错误。

1. 这个地区自然条件比较复杂，有山区、丘陵、平原，也有牧区、林区和粮区。

2. 我公司生产和销售仍然正常,各项业务没有受到影响。

3. 资产可以分为货币性资产和非流动性资产、无形资产。

4. 鸡、鸭、鹅、兔等家禽在宰杀后4至6小时内烹调,味道较好。

5. 这次歌咏比赛共分四个组:专业组、业余组、青年组和老年组。

6. 德国的观众,文化界、新闻界以及各界知名人士,还有欧洲音乐界的同行们,对中国民乐团在德国的精彩演出,好评如潮。

第二编　命　题

【学习导引】

命题是由概念组成的逻辑形式。命题可以分为简单命题和复合命题等基本类型。简单命题部分主要学习性质命题、模态命题和关系命题等相关命题形式的逻辑知识。复合命题部分主要学习联言命题、选言命题、假言命题和负命题等相关命题的逻辑知识。在简单命题中,性质命题是学习的重要内容。性质命题的相关逻辑知识中,周延性、性质命题的逻辑对当关系等是重点学习内容。在复合命题逻辑知识中,各种复合命题的逻辑性质、负命题的等值命题以及真值表法等逻辑知识则是需要掌握的内容。

【命题概述】

☞ 什么是命题

一般来说,命题(proposition)是通过语句来反映事物状况的思维形式。例如:①所有未经审判的犯罪嫌疑人都不是罪犯;②如果经济条件允许,那么我们可以购买面积较大的住房;③中国的人口多于美国的人口;④今年的物价可能会上升。以上几个例子都是通过语句来反映事物状况的思维形式,只是这些语句反映的事物状况不同,有的是一种性质,有的是一种关系或者是一种可能的趋势等等。

命题是人们认识事物的工具。命题是由概念构成的,人们认识事物,离不开概念,也离不开命题。任何科学理论都需要用命题来总结认识成果,尤其是科学理论中的重要概念的定义、重要基本原理的表述等都离不开命题这个思维工具。在逻辑学中，命题是组成推理的基本要素。概念构成命题，命题则构成推理，命题是联系概念与推理的中间环节。因此，正确理解和运用各种命题形式是正确理解和运用各种推理形式的前提。

☞ 命题的真值是命题的基本性质

命题反映的是事物的状况，一般来说，如果这种状况符合客观实际，那么命题就是真的，反之，命题就是假的。命题的真假称为命题的真值（truth values）或真假值，或者也称命题的逻辑值。由于命题反映的内容是否符合客观实际是一个经验和具体科学研究所要面对的问题，因此，逻辑学对命题真值的考察，主要侧重于命题逻辑形式的角度。具体来说，就是侧重于考察命题之间的真假关系，以此进行相应的推理和有效的思维活动。

☞ 命题的结构

命题在结构上一般由主项、谓项、量项、联项等命题成分组成。不同种类的命题其组成成分不同，相应的称谓亦有所不同。例如，性质命题“所有未经审判的犯罪嫌疑人都不是罪犯”，其中，“未经审判的犯罪嫌疑人”是主项，“罪犯”是谓项，而“不是”则是命题的联项。命题中的“所有”是该命题的量项，表达了主项涉及的外延范围；“不是”也称命题的质或者质项，表达了命题的肯定和否定的性质。再比如，复合命题“如果经济条件允许，那么我们可以购买面积较大的住房”，其中，“如果……那么……”是命题的联项，“经济条件允许”和“我们可以购买面积较大的住房”则是构成整个命题的子命题，逻辑学上称之为支命题。关系命题“中国的人口多于美国的人口”，其中，“中国的人口”和“美国的人口”都是关系者项，而“多于”则是命题的关系项，“中国的人口”概念的外延范围是其量项，由于此命题中“中国的人口”外延只有一个，因此逻辑学上称之为单称量项。模态命题“今年的物价可能会上升”，其中，“可能”一词是该命题的模态性质构成项，其余成分与性质命题是一致的。

☞ 命题与判断

一些逻辑教科书将命题也称为“判断”（judgment），实际上，两者之间既有联系又有区别。一方面，命题和判断的共同之处在于它们都是对事物情况有所断定；另一方面，二者又是有区别的，命题强调的是陈述的客观性，而判断则更注重的是陈述的主观性。例如，性质命题“所有未经审判的犯罪嫌疑人都不是罪犯”，一方面，作为“命题”，它是对这一状况的客观描述，另一方面，作为“判断”，它又是对这一状况的一种主观断定，只是“判断”的主体往往被隐含起来。再如，某律师在法庭辩论中说：“如果被告无民事行为能力，那么他的监护人应承担责任。”在这里，该律师所说的语句是一个客观陈述的条件命题，但是，如果考虑说话主体，那么就可以将其看作是律师做出的一个论断。尽管科学陈述或日常表达都是某种程度的主观论断，都离不开认识的主体，但是，由于逻辑学首先更注重的是一种对事实的客观陈述，而不是这一陈述的主体，因此一般使用命题而非判断这一称谓。

☞ 命题和语句

命题和语句之间既有联系又有区别。一方面，命题和语句之间有着紧密的联系。任何命题的存在都离不开语句，语句是命题的物质外壳和表现形式，同时，命题又是语句所表达的思想内容。此外，命题和语句还存在着大体对应的关系，一般来说，单句表达简单命题，复句则表达复合命题等等。

另一方面，命题和语句之间又存在区别。第一，命题和语句是分属不同学科的研究对象，命题是思维的基本单位，属于逻辑学的研究范畴，而语句是语言的基本单位，属于语言学的研究范畴。命题是一种思维形式，它不可以直接被感知，而语句是思维的物质载体，它有声、有形（文字），可直接被感知。第二，命题和语句也不完全等同。有的语句具有真假值，它表达命题，例如陈述句、反诘疑问句等。而有的语句不具有真假值，它不表达命题，例如疑问句、祈使句、感叹句等语言形式（如“你吃饭了吗？”“禁止烟火！”和“多么崇高的事业啊！”），它们表达的是一种疑问、规范和情感，都不是对客观事物情况的描述，因此都不表达命题。第三，命题和语句之间也不是一一对应的关系。一个命题可以用不同的语句来表达，例如，“我的姑姑是一位工人”在汉语、英语等各种语言中有不同的语言表达式，“所有的鸟都会飞”与“没有鸟不会飞”两个不同语句也表达了相同的命题。另一方面，同一语句也可能表达不同的命题，例如，“我在车上画画”这一语句表达的既可能是在行驶的车上画画，也可能是在车身上作画，这显然是两个不同的命题。

【歧义语句】语言中的单义语句只表达唯一的确定的某个命题，而歧义语句在不同的语言环境中可以表达不同的命题。例如，“穷秀才撰联戏弄土财主”的古代故事就体现了这种歧义语句的妙用。据说一个土财主请当地一位颇有文采的秀才替他写副对联，借以装点门面和祈求吉祥。穷秀才知道这是一位平时为富不仁、欺压乡邻的土财主，因而决定借机捉弄一下他。于是,他挥毫泼墨,写下这样一副对联:“养猪大如山老鼠头头死;酿酒缸缸好造醋坛坛酸。横批:人多病少财富”。财主一看很高兴,“养猪大如山,老鼠头头死:酿酒缸缸好,造醋坛坛酸。横批为:人多,病少,财富”。他重赏了秀才,并把对联贴在大门两侧。第二天,财主听到门外吵吵嚷嚷,出来只听有人念道:“养猪大如山老鼠,头头死;酿酒缸缸好造醋,坛坛酸。横批:人多病,少财富。”财主突然明白了其中真意,气急败坏地令家人把那副对联撕掉了。

☞ 命题的种类

按照不同的标准可以把命题分为不同的种类。按照命题形式中是否包含其他命题,可以将命题分为简单命题和复合命题。按照命题形式中是否包含“必然”“可能”这些模态词,可将命题分为模态命题和非模态命题。按照命题表达的是事物的性质还是关系,可以将命题分为性质命题和关系命题。复合命题是包含其他命题的命题,它由其所包含的其他命题与逻辑联结项构成。按照逻辑联结项的不同,复合命题又可分为联言命题、选言命题、假言命题和负命题。模态命题和关系命题又可以区分为简单的模态命题与关系命题、复合的模态命题与关系命题。本书采用了如下关于命题的分类。

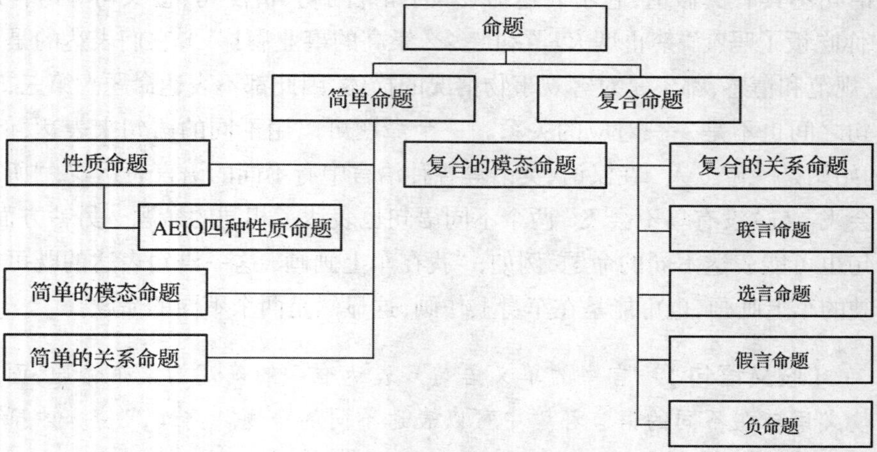

图 2.1　命题的分类

第一章　简单命题

简单命题是自身只有一个命题组成的命题。简单命题包含性质命题、简单的模态命题和关系命题等等类型。

第一节　性质命题

在普通逻辑学中，性质命题是最基本的简单命题，也一般被视为最重要的简单命题。性质命题及其相关逻辑知识是我们学习的重点和难点。

一、性质命题的概念与结构

☞ 性质命题的概念

性质命题又称直言命题，是断定思维对象具有或不具有某种性质的命题。例如：①所有的金属都是导电的；②有些在座的同学不是团员。这两个命题都是性质命题，其中例①断定了“金属”都具有“导电”的性质，例②断定了“有些在座的同学”不具有“团员”的性质。如果用符号形式来表达，这些命题可以写作“所有（有的）S 是（不是）P”。

☞ 性质命题的结构

性质命题的逻辑结构由主项、谓项、联项和量项四个要素构成。性质命题的主项是表示被断定对象的词项或者概念。上述例子中的“金属”“在座的同学”就分别是两个命题的主项，逻辑上一般用大写字母“S”表示。性质命题的谓项是表示被断定对象所具有或不具有性质的词项或者概念。上述例子中的“导电的”“团员”就分别是两个命题的谓项，逻辑上一般用大写字母“P”表示。性质命题的联项是联结主项与谓项的概念，表示主谓项之间肯定或否定的关系，上述例子中的“是”“不是”就分别是两个命题的联项。性质命题的量项表示主项被断定外延的数量,上述例子中的“所有”“有些”分别是两个命题的量项。所有的性质命题都是质和量的统一。

二、性质命题的分类

根据性质命题具有的质和量的不同,可以对性质命题进行分类。第一,根据性质命题的质的不同,可以将性质命题划分为肯定命题和否定命题。肯定命题是断定对象具有某种性质的命题,命题标准联项词是“是”,如“北京是中华人民共和国的首都”;否定命题是判定对象不具有某种性质的命题,其联项词是“不是”,如“成都不是我国的直辖市”。第二,根据性质命题的量的不同,可以将性质命题划分为单称命题、特称命题和全称命题。单称命题是断定某一单个对象具有或不具有某种性质的命题,命题主项的外延只有一个,例如“邓小平是中国改革开放的总设计师”中“邓小平”是单称主项。特称命题是断定一类对象中至少有对象具有或不具有某种性质的命题,特称命题量项的标准表达词是“有的”“有些”等词语,例如“有些天体是绕着太阳运转的”。全称命题是断定一类对象的全部都具有或不具有某种性质的命题,例如“所有公民在法律面前都是平等的”,全称命题量项的标准表达词是“所有”“任何”等词语。在日常语言中,量项有时可以省略。

综合考量命题的质和量的统一,性质命题可以整体划分为六种性质命题。它们分别是:全称肯定命题、全称否定命题、特称肯定命题、特称否定命题、单称肯定命题、单称否定命题。在这六种性质命题中,由于单称命题的主项的外延只有一个对象,而对它的断定实质上就是对主项全部外延的断定,因此逻辑学上往往将单称命题也视为全称命题。这样,上述六种性质命题就可以归并为四种,即全称肯定命题、全称否定命题、特称肯定命题和特称否定命题。逻辑学上习惯使用大写英文字母 A、E、I、O 来表示这四种命题,四种命题的符号表达式也可相应地写作 SAP、SEP、SIP、SOP。

表 2.1 A、E、I、O 四种性质命题

全称肯定命题	A	所有 S 是 P	SAP
全称否定命题	E	所有 S 不是 P	SEP
特称肯定命题	I	有的 S 是 P	SIP
特称否定命题	O	有的 S 不是 P	SOP

辨别和理解性质命题时应当注意以下几点。第一,特称量词“有些”“有的”在

日常语言中的涵义是指“仅仅有些”,在逻辑学上,“有些”“有的”等特称量词则意指至少有一个被断定具有或不具有某种性质的思维对象是存在的,即指“至少有一个存在”。第二,用否定概念充当谓项的肯定命题并不是否定命题。例如,“所有的鱼都是不能在陆地上生活的”,这是一个用否定概念充当谓项的肯定命题;而“所有的鱼都不是能在陆地上生活的”才是一个否定命题。第三,要正确地分析联项不明显的命题。例如,“很多人不懂辩证法”,这个命题可以做出两种不同的正确理解,即“很多人是不懂辩证法的”(肯定命题)和“很多人不是懂辩证法的”(否定命题)。第四,注意各种性质命题的特殊语言表达形式,尤其注意辨别对整个命题的否定。例如“不是所有的青年都没有理想”,这个命题中的“不是”是对整个命题的否定,因此,这不能简单地视为一个否定命题。“没有一个人是可以长生不死的”,该命题也是对整个命题的否定,其命题等同于“所有的人都不是可以长生不死的”。再如“所有青年不都是有理想的”,实质等同于“不是所有的青年是有理想的”,这些也不能简单视为否定命题。

三、性质命题主谓项的周延性

性质命题主谓项的周延性是传统逻辑中一个重要的理论问题。性质命题主谓项的周延性即性质命题主项和谓项的周延性,指的是性质命题中主项或谓项的外延是否被全部断定的情况,如果主项或谓项的外延全部被断定,就叫主项或谓项是周延的,如果主项或谓项的外延没有被全部断定,就叫主项或谓项是不周延的。

☞ 主项的周延情况

在性质命题中,全称命题的主项都是周延的。全称命题的量项是“所有”,这就清楚地表明主项的外延全部都被断定了,因而是周延的。特称命题的主项都是不周延的。因为特称命题的量项都是“有的”,这就清楚地表明主项的外延没有全部被断定,因而是不周延的。

☞ 谓项的周延情况

在性质命题中,否定命题的谓项都是周延的。因为否定命题都表示主项“S”不是任何“P”,它们都表示所有的“P”和“S”皆为互相排斥的情况,这就说明否定命题谓项的外延全部都被断定了,因而是周延的。在性质命题中,肯定命题的谓项都是不周延的。因为肯定命题都只是断定了所有的主项“S”是“P”,即只断定了主项“S”外延全部被断定,而谓项”P”的外延并未予以全部断定,即并没有断定所有的“P”是“S”,因而谓项“P”是不周延的。

☞ **四种性质命题主谓项的周延情况**

整体来看，A、E、I、O 四种性质命题主项和谓项的周延情况可以概括如下。

表 2.2　A、E、I、O 四种性质命题主谓项的周延情况

命题类别	主项	谓项
A	周 延	不周延
E	周 延	周 延
I	不周延	不周延
O	不周延	周 延

四、四种性质命题的真假值情况

命题是由概念联结而成的,因此性质命题的真假值情况可以从概念的联结关系得到判定。由于概念内容之间的关系涉及人们的经验和各门科学研究成果,因此逻辑学不能从概念的内容来判定命题的真假,而是只能着重从概念的形式或者概念外延之间的关系的角度来判定命题的真假值。

性质命题由主项概念和谓项概念联结而成,因此,任一性质命题的真假都由其主项“S”所反映的类对象和谓项“P”所反映的类对象之间的外延关系决定。性质命题的主项、谓项两个概念外延之间的关系主要有五种,即同一关系、真包含于关系、真包含关系、交叉关系和全异关系,因此,性质命题的真假取值可以通过这五种关系得到判定(参见下表)。

表 2.3　A、E、I、O 四种性质命题的真假情况

S与P的关系 / 真假值 / 命题类别					
A	真	真	假	假	假
E	假	假	假	假	真
I	真	真	真	真	假
O	假	假	真	真	真

根据表2.3,可知A、E、I、O四种命题在哪些情形下是真的,在哪些情形下是假的。例如,A命题表示“所有S都是P”,故只有当其主项“S”和谓项“P”的外延关系是全同和真包含于时,A命题才是真的;而当其“S”和“P”的关系是真包含、交叉和全异关系时,A命题就是假的。E命题表示“所有S都不是P”,只有当其“S”和“P”的关系是全异关系时,E命题才是真的;其余情况时,E命题就是假的。I命题表示“有的S是P”,只有当其“S”和“P”的关系是全异关系时,I命题才是假的;而当其余情况时,I命题都是真的。O命题表示“有的S不是P”,只有当其“S”和“P”的关系是真包含、交叉和全异时,O命题才是真的;而当其余关系时,O命题就是假的。

五、性质命题的对当关系

了解A、E、I、O四种命题各自的真假情况是进一步了解性质命题对当关系的基础。性质命题的对当关系,即性质命题之间的真假制约关系。性质命题的对当关系不是指其他任何命题之间的真假关系,而是特指具有相同素材的或者说具有相同主项和谓项的A、E、I、O四种命题之间的真假制约关系。A、E、I、O四种性质命题之间的真假制约关系,即性质命题的对当关系主要有矛盾关系、反对关系、下反对关系和差等关系四种。这几种关系可以根据A、E、I、O真假情况的图表来加以说明。

☞ 命题A与O、E与I之间的真假关系

从图表第一行和第四行、第二行和第三行的真假情况可以清楚地看到,在A与O或者E与I之间,若一个命题真,则另一个命题必假;反之,若一个命题假,则另一个命题必真。这种既不能同真,也不能同假的关系,叫做矛盾关系。

例如,A命题:一切事物都是发展变化的;O命题:有些事物不是发展变化的。当A真时O必假,当A假时O必真;当O真时A必假,当O假时A必真。再比如,E命题:一切事物都不是发展变化的;I命题:有些事物是发展变化的。当E真时I必假,当E假时I必真;当I真时E必假,当I假时E必真。

☞ 命题A与E之间的真假关系

从图表第一行和第二行的真假情况可以清楚地看到,在A与E之间,若一个命题真,则另一个命题必假;若一个命题假,则另一个命题可真可假。这种不能同真,但可以同假的关系,叫做反对关系。

例如，A 命题：某公司所有产品都是合格的；E 命题：某公司所有产品都不是合格的。当 A 真时 E 必假，当 E 真时 A 必假。当 A 假时，有两种可能情况：或者某公司产品都不是合格的，这样 E 是真的；或者某公司产品有一部分合格，一部分不合格，这样 E 是假的。可见，A 假，E 可真可假。当 E 假时，也有两种可能情况：或者某公司产品都合格，这样 A 是真的；或者某公司产品一部分合格，一部分不合格，这样 A 是假的。可见，E 假，A 可真可假。

☞ 命题 I 与 O 之间的真假关系

从图表第三行和第四行的真假情况可以清楚地看到，在 I 与 O 之间，若一个命题假，则另一个命题必真；若一个命题真，则另一个命题可以真，也可以假。这种不能同假，但可以同真的关系，叫做下反对关系。

例如，I 命题：我们村有的人家已经有电视机了；O 命题：我们村有的人家还没有电视机。

如果 I 是真的，那就意味着有两种情况：一种情况是全村都有了电视机；另一种情况是有的人家有电视机，有的人家还没有电视机。那么 O 是真还是假呢？在第一种情况面前 O 是假的，大家全有，说有的还没有岂不是假话？在第二种情况面前当然是真的。可见 I 真，O 真假不定。如果 O 是真的，那也意味着有两种情况：一种是全村都没有电视机；另一种是有的人家没有电视机，有的人家有了电视机。I 在第一种情况面前是假的，在第二种情况面前是真的。可见 O 真，I 真假不定。

如果 I 是假的，那就只能有一种情况，就是“所有的人家都没有电视机”。在这种条件下，O 只能是真的，因为全都没有，说有的人家没有当然不假。可见 I 假，O 必定真。如果 O 是假的，那就只能有一种情况，就是“所有的人家都有电视机”。在这种条件下，I 只能是真话，因为全都有，说有的人家有当然不假。可见 O 假，I 必定真。

☞ 命题 A 与 I、E 与 O 之间的真假关系

从图表第一行和第三行、第二行和第四行的真假情况可以清楚地看到，在 A 与 I 或者 E 与 O 之间，若前者真，则后者必真；若前者假，则后者可以真，也可以假。反之，若后者假，则前者必假；若后者真，则前者可以假，也可以真。这种关系就叫做差等关系。

例如，A 命题：我们村家家户户都有了电视机；I 命题：我们村有的人家有了电视机。E 命题：全村都没有电视机；O 命题：有的人家没有电视机。

在A与I命题之间，如果A是真的，那么I也必然是真的。如果A是假的，那就有两种情况：一种情况是全都没有电视机；一种情况是有的人家有电视机，有的人家没有电视机。对于第一种情况来说I是假的，对于第二种情况来说则是真的。如果I是真的，意味着有两种情况：一种情况是全村都有电视机；另一种情况是有的人家有电视机，有的人家没有电视机。对于第一种情况来说A是真的，对于第二种情况来说则是假的。如果I是假的，也就是所有的人家都没有电视机，那么A便必然是假的。

在E与O命题之间，假如E是真的，全村确实没有一台电视机，那么O就必然是真的。如果E是假的，那就意味着有两种情况：一种情况是全村都有电视机；另一种情况是有的人家没有电视机，有的人家有电视机。对于第一种情况来说O是假的，对于第二种情况来说则是真的。如果O是真的，意味着有两种情况：一种是全村都没有电视机；另一种是有的人家没有电视机，有的人家有电视机。对于第一种情况来说E是真的，对于第二种情况来说则是假的。如果O是假的，那就只有一种可能，就是家家户户都有电视机，因而E就必定是假的。

A、E、I、O四种性质命题之间的对当关系，逻辑上通常用一个图形来直观地刻画，这就是传统的逻辑方阵（图2.1）。

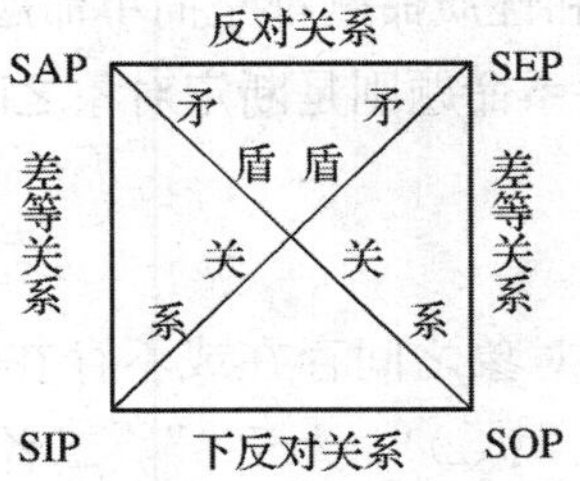

图2.1 表示性质命题逻辑对当关系的逻辑方阵

简要概述逻辑方阵表达的内容：命题A、O之间，E、I之间是矛盾关系，内容是“不能同真、不能同假”；命题A、E之间是反对关系，内容是“不能同真，可以同假”；命题I、O之间是下反对关系，内容是“不能同假，可以同真”；命题A、I和E、O之间是差等关系，内容是“上真下必真，下假上必假，其余情况真假不定”。

【性质命题对当关系的应用示例】已知一个命题的真假情况，就可以运用性质命题的对当关系来判定其他素材相同命题的真假情况。例如，已知“所有机器故障都是需要及时排除的”为真，即A真，就可推导出：①“有些机器故障不是需要及时排除的”为假，即O假。（根据矛盾关系）

②“所有机器故障都不是需要及时排除的”为假，即E假。（根据反对关系）③“有些机器故障是需要及时排除的”为真，即I真。（根据差等关系）

运用性质命题的对当关系，可以通过具有矛盾关系的命题来反驳另一命题。例如，可以用“有的消费者的权益不是微不足道的”来反驳“所有消费者的权益都是微不足道的”，即通过前者真，推出后者假；可以用“所有偶数都不是不能被2整除的数”来反驳“有的偶数是不能被2整除的数”等等。

第二节　关系命题

事物不仅具有各种客观性质，而且与其他事物处于各种客观关系中。如果说性质命题是对事物是否具有某种性质的断定，那么关系命题则是对事物是否具有某种关系的表达。本节主要学习作为简单命题的关系命题。

一、关系命题的概念与结构

我们所研究的关系命题和性质命题都是简单命题，不过，性质命题是断定对象具有或不具有某种性质，而关系命题则是断定对象之间存在或不存在某种关系。

☞ 关系命题的概念

逻辑学上把断定事物或对象之间存在或不存在某种关系的命题叫做关系命题。例如：①“老张认识老王”；②“5大于3”。二者都是关系命题。前者断定了“老张”与“老王”之间存在“认识”的关系；后者则断定了“5”与“3”之间有着“大于”的关系。

关系命题与性质命题不同，一般来说，性质命题断定的是对象的性质，而关系命题断定的则是对象之间的关系。例如：①张三是王五的同学；②张三和王五是同学。例①一般可以看做是性质命题，因为它断定了张三的某种性质，当然，如果将①理解为②所表达的内涵时，①也可以看作是关系命题；而例②则显然是关系命题，它明确表达了“张三”和“王五”之间具有“同学”的关系。

☞ 关系命题的结构

任何一个关系命题都是由三个部分组成的，即关系项、关系者项、量项。关系者项，就是表示关系命题中被断定具有或不具有某种关系的对象的概念，即表示某种关系的承担者的概念，如例①中的“老张”“老王”，例②中的“5”和“3”。关系项就是表示关系命题中被断定的各个相关对象之间存在或不存在的某种关系的概念，如例①中的“认识”，例②中的“大于”。断定关系者项之间具有某种关系的命题叫做肯定关系命题，而断定关系者项之间不具有某种关系的命题则叫做否定关系命题。关系命题的量项是表示关系者项的外延数量的概念，通常用“有些”“所有”等词来表达。

关系命题的符号表达式一般可以写作：a R b，或者 R（a，b），其中 a、b 表示关系者项，R 表示具有某种关系，而 $\bar{R}$（并非 R）表示不具有某种关系。如果包含量词，就可以写作：“所有 a R 所有 b”；“有的 a R 所有 b”等等。

由于关系命题所断定事物之间的“关系”可能存在于两个或多个事物之间，因此，关系命题就存在两项或多项关系命题。如“5 大于 3”是具有两个关系者项的关系命题，但“5 大于 3 大于 2”这个关系命题则断定了三个对象之间的关系。这样、一个三项的关系命题可以写为：a R b R c，或者 R（a，b，c）。

二、关系命题的逻辑性质

逻辑学不研究事物之间的各种复杂的具体关系，而是只研究关系的一般逻辑性质。对称性和传递性一般被视为关系命题的两个重要逻辑性质。

☞ 对称性的逻辑性质

按关系的对称性，关系的逻辑性质可分为对称关系、反对称关系和非对称关系。基于此，对称性关系命题可分为对称关系命题、反对称关系命题和非对称关系命题。

第一，对称关系。所谓对称关系，就是指在特定论域里，对于任意对象 a 和 b，如果 aRb 真，则 bRa 真，这样，我们就称 a 和 b 之间具有对称关系或者说正对称关系。例如：①张三和张四是亲兄弟；② A 和 B 达成了协议。例①中的“亲兄弟”关系，例②中的“协议”关系都是对称关系。即“张三”和“张四”是“亲兄弟”，同样，“张四”和“张三”也是“亲兄弟”；“A”和“B”达成了“协议”，同样，“B”和“A”也达成了“协议”。其他如“邻居”“相同”“相等”“相似”等都是对称关系。

第二，反对称关系。所谓反对称关系，是指在特定论域里，对于任意对象 a 和 b，如果 aRb 真，则 bRa 假，这样，我们就称 a 和 b 是反对称关系。例如，当“苏洵是苏轼的父亲”真时，那么，“苏轼是苏洵的父亲”假。在这里，“是父亲”是反对称关系。

其他如“先于”“后于”“大于”“小于”“剥削”“侵略”等都是反对称的关系。

第三，非对称关系。所谓非对称关系，是指在特定论域里，对于任意对象 a 和 b，如果 aRb 真，则 bRa 不一定真，这样，我们就称 a 和 b 是非对称关系。例如：“老张喜欢老李”。在这里，“喜欢”的关系就既不是对称的，也不是反对称的，因为，当老张喜欢老李时，老李可能喜欢老张，也可能不喜欢老张，因此，“喜欢”关系就是一种非对称的关系。其他如“认识”“佩服”“尊敬”“信任”“帮助”等等都是非对称关系。

☞ **传递性的逻辑性质**

传递性的逻辑性质可以分为传递关系、反传递关系、非传递关系。基于此，传递性的关系命题可分为传递关系命题、反传递关系命题和非传递关系命题。

第一，传递关系。所谓传递关系，是指在特定论域里，对于任意对象 a、b、c，如果 aRb 真并且 bRc 真，则 aRc 一定真，这样，R 是传递关系。例如，甲的年龄大于乙的年龄，乙的年龄大于丙的年龄，因此，甲的年龄也大于丙的年龄。“大于”关系就是一种传递性的关系，其他如“小于”“等于”“晚于”“属于”等等也是传递关系。

第二，反传递关系。所谓反传递关系，是指在特定论域里，对于任意对象 a、b、c，如果 aRb 真并且 bRc 真，则 aRc 一定假，这样，R 是反传递关系。例如，某甲是某乙的父亲，某乙是某丙的父亲，而某甲必然不是某丙的父亲。在此，“是父亲”就是反传递关系，其他如“是儿子”“大两岁”等也是反传递关系。

第三，非传递关系。所谓非传递关系，是指在特定论域里，对于任意对象 a、b、c，如果 aRb 真并且 bRc 也真，则 aRc 不一定真，这样，R 是非传递关系。例如，买家 A 是买家 B 的朋友，买家 B 是买家 C 的朋友，而买家 A 不一定是买家 C 的朋友。在此，“朋友”就是非传递关系，其他如“认识”“尊敬”“近邻”“批评”“战胜”等也是非传递关系。

在日常生活中，正确理解和掌握各种关系的性质，区别不同种类的关系命题及其逻辑特征，有助于我们正确地使用关系命题。

第三节 模态命题

模态命题是指包含必然、可能、必须、允许等模态词的命题，它表达了事物的必然、或然和应然等客观存在状态。根据模态命题所包含模态词的不同以及所表达状态的不同，模态命题可以分为真值模态命题和规范模态命题。模态命题也存在简单和复合命题之分，我们在此主要讨论作为简单命题的模态命题。

一、真值模态命题

☞ 真值模态命题的概念

凡包含着“必然”“可能”等模态词并且可以依据其是否符合客观状态判断其真假的命题，就叫做真值模态命题。例如：①事物必然是运动的；②地球以外的天体可能存在生物。这两个命题都是真值模态命题，其中例①是断定对象具有某种必然存在状态或者必然具有某种性质的命题，它包含的模态词是“必然”，例②是断定对象可能具有某种性质的命题，它包含的模态词是“可能”，这两个命题都具有真假值。

☞ 真值模态命题的分类

根据命题包含模态词的不同，真值模态命题可以分为必然命题和或然命题两类命题。

必然命题是断定事物必然具有或不具有某种性质的命题，它包含的模态词是“必然”。必然命题又分为必然肯定命题和必然否定命题。必然肯定命题，就是断定事物必然具有某种性质的命题。必然否定命题，就是断定事物必然不具有某种性质的命题。

或然命题也叫做可能命题，是断定事物可能具有或不具有某种性质的命题，它包含的模态词是“可能”。或然命题又分为或然肯定命题和或然否定命题。或然肯定命题，就是断定事物可能具有某种性质的命题。或然否定命题，就是断定事物可能不具有某种性质的命题。

概括而言，真值模态命题包括四种，即必然肯定命题、必然否定命题、或然肯定命题和或然否定命题。这四种命题的符号表达式依次为：$\Box P$，$\Box\neg P$，$\Diamond P$，$\Diamond\neg P$，分别读作必然 P，必然非 P，或然 P，或然非 P。

☞ 真值模态命题的真假关系

具有相同主项和谓项的四种真值模态命题之间，也存在着与 A、E、I、O 四种性质命题之间的对当关系同构的真假制约关系，逻辑上将其称为真值模态命题之间的对当关系。这种关系也可以用一个图形直观地刻画出来，这就是所谓的真值模态命题的逻辑方阵。

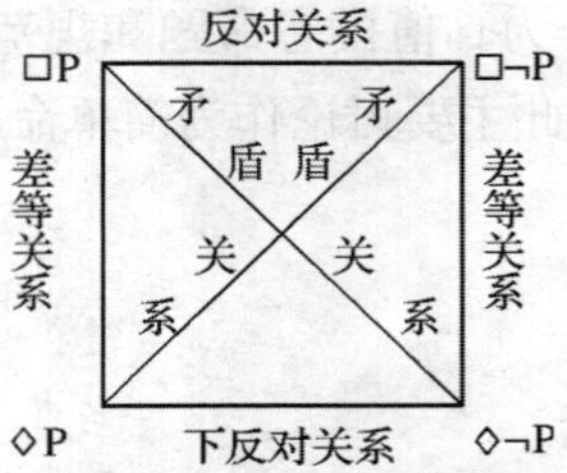

图 2.2 真值模态命题之间的逻辑对当关系

这个逻辑方阵表明了真值模态命题之间的四种真假制约关系，这些真假制约关系是真值模态命题推理的逻辑根据。

第一，矛盾关系。矛盾关系存在于必然肯定命题（□P）与或然否定命题（◇¬P）、必然否定命题（□¬P）与或然肯定命题（◇P）之间。矛盾关系的内涵是，一个命题真，另一个命题必假；一个命题假，另一个命题必真，或者说两个命题之间不能同真，不能同假。

第二，反对关系。反对关系存在于必然肯定命题（□P）与必然否定命题（□¬P）之间。反对关系的内涵是，一个命题真，另一个命题必假，一个命题假，另一个命题可以真也可以假，或者说两种命题之间不能同真，可以同假。

第三，下反对关系。下反对关系存在于或然肯定命题（◇P）与或然否定命题（◇¬P）之间。下反对关系的内涵是，一个命题假，另一个命题必真，一个命题真，另一个命题可以假也可以真，或者说可以同真，不能同假。

第四，差等关系。差等关系存在于必然肯定命题（□P）与或然肯定命题（◇P）、必然否定命题（□¬P）与或然否定命题（◇¬P）之间。差等关系的内涵是，必然命题真，可能命题必真；必然命题假，可能命题可以真也可以假；可能命题假，必然命题必假；可能命题真，必然命题可以假也可以真。

二、规范模态命题

☞ 规范模态命题的概念

规范模态命题就是断定人们的行为规范、表达事物“应然”存在状态的命题，其特征在于它包含“必须”“允许”等规范模态词。例如，①领导干部必须密切联系群众；②允许公民信仰宗教。这两个命题都是规范模态命题，其中例①断定行为一定要怎么样，它包含的模态词是“必须”；例②断定行为可以怎么样，它包含的模态词是“允许”。

☞ 规范模态命题的分类

根据命题包含的不同模态词和表达的不同“应然”状态，规范模态命题可以分为必须命题和允许命题。

必须命题是断定行为必须实施或必须不实施的命题，它包含的典型模态词是“必须”。必须命题又分为必须肯定命题和必须否定命题。必须肯定命题，就是断定行为必须实施的命题，例如“银行开户必须出具本人身份证件”。必须否定命题也称禁止命题，就是断定行为必须不实施的命题，例如“有关国家机密的案件必须不公开审理”，也就等于说“有关国家机密的案件禁止公开审理”。

允许命题是断定行为可以实施或可以不实施的命题，它包含的典型模态词是“可以”。允许命题又分为允许肯定命题和允许否定命题。允许肯定命题就是断定行为允许实施的命题，例如“政府应当允许公民带薪休假”。允许否定命题就是断定行为允许不实施的命题，例如“辩护律师可以不为被告辩护”。

概括而言，规范模态命题主要包括四种，即必须肯定命题、必须否定命题、允许肯定命题和允许否定命题。在法律和道德规范中，四种命题分别表达了积极义务、消极义务、积极允许和消极允许的规范性要求。

☞ 规范模态命题之间的真假关系

规范模态命题不同于真值模态命题，前者断定“应然”状态，因而本身没有真假值，后者断定“必然”“或然”的存在状态，本身有真假值。不过，如同真值模态命题之间存在真假对当关系，规范模态命题之间也存在相对的真假对当关系。当然，规范模态命题之间的真假关系也仅存在于具有相同素材的规范模态命题之间。规范模态命题之间的真假对当关系是规范模态命题推理的逻辑根据。

第一，矛盾关系。矛盾关系存在于必须肯定命题与允许否定命题、必须否定命题与允许肯定命题之间。矛盾关系的内涵是：一个命题真，另一个命题必假；一个命题假，另一个命题必真，即两种命题之间不能同真，不能同假。

第二，反对关系。反对关系存在于必须肯定命题与必须否定命题之间。反对关系的内涵是：一个命题真，另一个命题假，一个命题为假，另一命题可以真也可以假，即两种命题之间不能同真，可以同假。

第三，下反对关系。下反对关系存在于允许肯定命题与允许否定命题之间。下反对关系的内涵是：一个命题假，另一个命题必真：一个命题真，另一个命题可以假也可以真，即可同真，不能同假。

第四,差等关系。差等关系存在于必须肯定命题与允许肯定命题、必须否定命题与允许否定命题之间。差等关系的内涵是:必须命题真,允许命题必真;必须命题假,允许命题可以真也可以假;相反,允许命题假,必须命题必假;允许命题真,必须命题可以假也可以真。

规范模态命题之间的逻辑对当关系可以通过以下逻辑方阵加以表示。

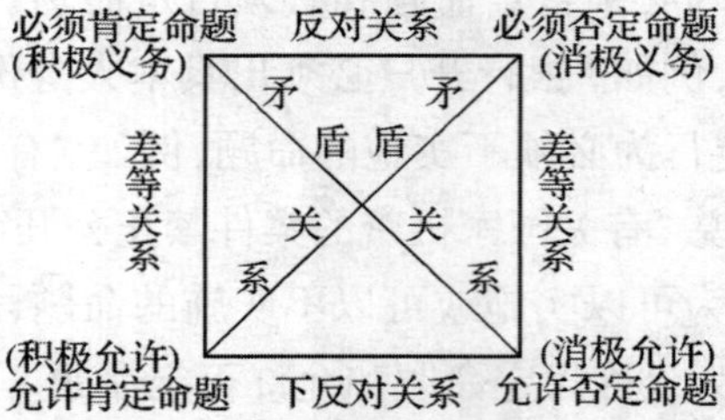

图 2.3 规范模态命题方阵图("道义方阵图")

第二章 复合命题

复合命题与简单命题相对而言,简单命题是由词项构成的单一命题,而复合命题则是由多个简单命题或者命题成分联结而成的复杂命题。复合命题的表现形式相当于语句中的复句。例如,①犯罪嫌疑人张三既有贪污犯罪行为,还有走私犯罪行为;②只有某甲年满 18 岁,某甲才有选举权。这两个复合命题分别由两个命题成分组成,其中例①既断定了"张三有贪污犯罪行为",同时又断定了"张三有走私犯罪行为";例②则断定了"某甲年满 18 岁"和"某甲有选举权"之间存在着某种条件制约关系。

一个复合命题所包含的命题成分,称作该复合命题的支命题。支命题既可以是简单命题,也可以是复合命题。在复合命题中,联结项表明了该复合命题所表示的断定种类,同时也决定着该命题不同的逻辑性质。根据复合命题中联结项的不同,复合命题可以分为联言命题、选言命题、假言命题和负命题等几种。例如,①王五是作案人,并且李四是作案人;②或者王五是作案人或者李四是作案人;③如果王五是作案人,则李四不是作案人。这三个不同类型的复合命题的支命题是一样的,但是,由于复合命题所使用的联结项不同,因此它们的断定就不同,相应命题的种类也就不同。依据联结项的不同，我们将①称为联言命题，②称为选言命题，③则称为假言命题。逻辑学对复合命题的研究，着重考察的就是不同联结项所体现的不同逻辑性质。

由复合命题作支命题而构成的复合命题被称为多重复合命题。多重复合命题可以是联言、选言、假言等形式。例如，“如果我们不具备现代化的科学文化知识，或者不学习先进的企业管理经验，那么，我们就办不好现代化的社会主义大企业”。这个命题就是一个多重复合命题，它总体上是一个充分条件假言命题，而其前件则是一个选言命题，后件是一个简单的性质命题。

第一节　联言命题

一、联言命题的概念与结构

☞ 联言命题的概念

联言命题就是断定两种或两种以上事物情况同时存在的复合命题。例如，①小张思想上进并且业务能力强；②犯罪人作案手段不仅狡猾，而且非常残忍。这两个命题都断定了两种事物情况的同时存在。

☞ 联言命题的结构

组成联言命题的支命题简称联言支。例①就是由“小张思想上进”和“小张业务能力强”这两个支命题构成的。联结支命题的成分是联言命题的联结项，在日常语言中联结项往往体现为不同的联结词，例如“不但……而且”“既……又……”“虽然……但是……”“……并且……”等，其中“并且”被视为联言命题的典型联结项。在日常语言表达中，有时会省略联结项，但在思维形式中不可能省略。

联言命题的一般逻辑形式为：p 并且 q，其中，p、q 表示支命题，“并且”为联结项。联言命题的符号表达式可写作：$p \wedge q$（“$\wedge$”读作“合取”，“$p \wedge q$”读做“p 合取 q”）。

二、联言命题的逻辑性质

联言命题的逻辑性质就是联言命题的真假值，简称联言命题的真值。联言命题的真假值通过联言支真假值得以确定。由于联言命题是断定几种事物情况同时存在的命题,因此对于一个联言命题来说,只要并且只有它的联言支命题都真时,这个联言命题才是真的,在其他情况下,它都是假的。

联言命题与其支命题 p、q 之间的真假关系,可用下面的真值表加以表示:

表 2.4　联言命题的逻辑性质

p	q	p ∧ q
1	1	1
1	0	0
0	1	0
0	0	0

在上述真值表中,“p”和“q”分别代表两个联言支命题,“1”和“0”分别表示“真”和“假”两种取值。第一列是支命题“p”的真值,第二列是支命题“q”的真值,第一列和第二列共同代表了“p”和“q”两个支命题的所有真假排列组合情况,第三列是整个联言命题“p ∧ q”的真值情况。每一行表示“p”和“q”的任一真假组合情况下“p ∧ q”的取值情况,例如,第一行表示,当 p 和 q 同为真时,命题“p ∧ q”是真的。概括而言,上述联言命题真值表说明:只有当一个联言命题的所有支命题都是真的,它才是真的;只要其中有一个支命题是假的,它就假。

第二节　选言命题

选言命题就是断定几种事物情况中至少有一种事物情况存在的复合命题。例如:①他或者是个律师或者是个教师;②一个选民在选举时,要么投赞成票,要么投反对票,要么投弃权票。这两个命题都断定几种事物情况中至少有一种事物情况存在,因此它们都是选言命题。

选言命题的组成命题叫选言支命题,简称选言支。例①中“他是个律师”和“他是个教师”都是选言支命题。选言命题的联结项在日常语言中通常为“或者”“要么……要么……”“可能……也可能……”等语词,其中“或者”是选言命题的典型联结词。日常语言中常会省略联结词或用其他方式表达选言命题,例如

“甲、乙、丙中至少有一人是本案的作案人”，它等同于“或者甲、或者乙、或者丙是本案的作案人”。依据联结项的不同，选言命题一般可分为相容选言命题和不相容选言命题。

一、相容选言命题

☞ 相容选言命题的概念与形式

相容选言命题是断定选言支中至少有一个为真，并且选言支可同为真的选言命题。例如：①本案或者是内部的人作案，或者是外部的人作案；②学习成绩不好，可能是学习方法不正确，也可能是学习态度不认真。二者都是相容选言命题，因为，例①中本案的作案人可能是“内部的人”与“外部的人”联合作案，也就是说，选言支可以同时为真；例②中该同学学习成绩不好，原因“学习方法不正确”与“学习态度不认真”可以同时为真。

相容选言命题的联结词一般使用“或者……或者……”“可能……可能……”等等。相容选言命题的逻辑形式一般表示为：p 或者 q。其符号表达式写作：$p \vee q$（“$\vee$”读做析取；“$p \vee q$”读做“p 析取 q”）。

☞ 相容选言命题的逻辑性质

相容选言命题的逻辑性质也就是相容选言命题的真假情况，即其真值情况。相容选言命题的逻辑性质是，当支命题中有一个为真或者同时为真时，选言命题为真。也就是说，当全部选言支所断定的情况中至少有一个存在时，相容选言命题就是真的；当全部选言支都为假时，相容选言命题才是假的。

根据相容选言命题的逻辑性质，其真假取值情况可以用如下真值表表示：

表 2.5　相容选言命题的逻辑性质

p	q	$p \vee q$
1	1	1
1	0	1
0	1	1
0	0	0

二、不相容选言命题

☞ 不相容选言命题的概念与形式

不相容选言命题是断定选言支中有一个并且只有一个为真的选言命题。例如：①在困难面前不是迎头而上，就是畏难退缩；②某甲非自然死亡的原因，要么是自杀，要么是他杀，要么是意外事故；③鱼，我所欲也，熊掌亦我所欲也，二者不可得兼。这些语句都表达不相容选言命题，因为其组成支命题都是不能同时成立的。

不相容选言命题的联结词一般使用“要么……要么……”“不是……就是……”“或者……或者……二者必居其一”“……或……二者不可得兼”等等。不相容选言命题的逻辑形式是：要么p要么q。其符号表达式写作：$p \dot{\vee} q$（“$\dot{\vee}$”读做不相容析取，“$p \dot{\vee} q$”读做“p不相容析取q”）。

☞ 不相容选言命题的逻辑性质

不相容选言命题的逻辑性质就是不相容选言命题的真假情况或者真值情况。不相容选言命题的逻辑性质表现为：其选言支有且只能有一个为真时选言命题才为真。具体来说，不相容选言命题为真的条件是，其所断定的几种情况不能同时存在，即它所包含的选言支不能同时为真，也不能同时为假。

不相容选言命题的真假情况可以用如下真值表表示，其中说明，当选言支“p”和“q”中有并且只有一个为真时，该不相容选言命题才为真，在其他任何情况下，该选言命题都是假的。

表 2.6　不相容选言命题的逻辑性质

p	q	$p \dot{\vee} q$
1	1	0
1	0	1
0	1	1
0	0	0

第三节 假言命题

假言命题又称条件命题，是指断定两种事物情况之间存在着某种条件制约关系的复合命题。例如：①如果物体受到摩擦，那么物体会发热；②只有某甲具有作案时间，某甲才是作案人；③一个三角形等角，当且仅当它等边。这三个例子都是假言命题。从这三个例子可以看到，假言命题没有直接断定事物情况是否存在，而只是断定，当某种事物情况出现或者不出现时，另一种事物情况会怎么样。例如，①中既没有断定"物体受到摩擦"，也没有断定"物体发热"，只是断定前件发生是后件发生的充分条件。正是由于这种命题断定的是两事物情况之间的某种条件制约关系，所以又称其为条件命题。同时，由于假言命题是对两种事物情况之间条件关系的断定，它不等同于事物情况本身是否发生，因此，假言命题的真假取决于它断定的条件关系是否符合事物情况自身的条件关系。

假言命题由假言支命题与联结项构成的。在假言命题的两个支命题中，作为条件的支命题叫前件（左辖域），作为推断的支命题叫后件（右辖域）。它们都是逻辑变项，一般分别用符号"p""q"表示。前件和后件可以是简单命题，也可以是复合命题。"p""q"之间的条件关系由不同的联结项表示，逻辑联结项是假言命题的常项。不同的逻辑联结项表达了不同的假言命题，同时表达了不同的逻辑性质。

假言命题是对客观事物情况之间条件制约关系的一种断定，这种条件制约关系的不同决定了不同种类的假言命题。客观事物情况之间的条件关系主要有三种。第一，充分条件。两种事物情况 A、B 之间，若 A 出现 B 就必然出现，A 对于 B 来说就是充分条件，亦即"有 A 必有 B"。第二，必要条件。两种事物情况 A、B 之间，若 A 不出现 B 就必然不出现，A 对于 B 来说就是必要条件，亦即"无 A 必无 B"。第三，充要条件。如果两种事物情况之间，"有 A 必有 B，并且，无 A 必无 B，"则 A 对于 B 来说不但是充分的而且是必要的。这样的条件关系也叫充分必要条件（简称充要条件）的关系。亦即"有 A 必有 B 并且无 A 必无 B"。依据事物间不同的条件关系，假言命题相应分为充分条件假言命题、必要条件假言命题以及充要条件假言命题三种。

一、充分条件假言命题

☞ 充分条件假言命题的概念与形式

充分条件假言命题就是断定前件p是后件q的充分条件的假言命题。例如：①如果死者是砒霜中毒而死的，那么死者的牙根就会呈现青黑色；②假若语言已够生产物质财富的话，则夸夸其谈的人就会成为世界上最富有的人。其中，例①断定了“死者是砒霜中毒而死的”是“死者的牙根呈现青黑色”的充分条件；例②则断定了“语言能够生产物质财富”是“夸夸其谈的人成为世界上最富有的人”的充分条件。

充分条件假言命题由假言支命题和联结项组成。充分条件假言命题的典型逻辑联结项是“如果……那么……”，汉语中的“假如……则……”“只要……就……”“假使……那么……”“倘若……则……”等也可以作为充分条件假言命题的联结项。充分条件假言命题的一般逻辑形式是：如果p，那么q。充分条件假言命题断定的这种条件关系又叫蕴含关系，一般用符号“→”表示蕴含关系。充分条件假言命题用公式表示为：$p \rightarrow q$（读作“p蕴涵q”）。

☞ 充分条件假言命题的逻辑性质

充分条件假言命题的逻辑性质又称真假值，它取决于命题所断定的充分条件关系是否符合事物情况自身的充分条件关系。如果事实上p是q的充分条件，那么一个充分条件假言命题则为真，也就是说p出现而q必然出现。如果p出现而q却不出现，这说明p不是q的充分条件，在这种情况下，该假言命题就是假的。需要注意的是，充分条件假言命题只断定了p出现而q就必然出现，并没有断定p不出现时q会怎么样，因此，在p不出现时q出现与否都不影响充分条件，因而此时假言命题都是真的。

充分条件假言命题的真假值与前件p和后件q的真假关系，可用如下真值表来表示。由表中可以看出：一个充分条件假言命题为假的唯一条件是“p真并且q假”；一个充分条件假言命题为真的条件是“或者p假，或者q真”。

表2.7 充分条件假言命题的逻辑性质

p	q	$p \rightarrow q$
1	1	1
1	0	0
0	1	1
0	0	1

二、必要条件假言命题

☞ 必要条件假言命题的概念与形式

必要条件假言命题就是断定前件 p 是后件 q 的必要条件（即“无 p 就必然无 q”）的假言命题。例如：①只有某人年满 18 岁，某人才有选举权；②只有实施开放的政策，中国才能吸收发达国家的先进科技。其中，例①断定了“某人年满 18 岁”是“某人有选举权”的必要条件；例②断定了“实施开放的政策”是“中国吸收发达国家的先进科技”的必要条件。

必要条件假言命题由假言支命题和联结项组成。必要条件假言命题的典型逻辑联结项是“只有……才……”，汉语中的“必须……才……”“除非……才……”等也可以作必要条件假言命题的联结项。必要条件假言命题的一般逻辑形式是：只有 p，才 q。一般用符号“←”来表示这种必要条件关系，必要条件假言命题可以用公式表示为：p ← q（读作“p 逆蕴含 q”）。

☞ 必要条件假言命题的逻辑性质

必要条件假言命题的逻辑性质即其真假值。由于必要条件假言命题断定的是“无 p 就无 q”这样一种条件关系，因此，当事实上 p 不出现而 q 不出现时，该必要条件假言命题就是真的，而当事实上 p 不出现而 q 出现时，该必要条件假言命题就是假的。在 p 出现时，q 不管出现与否，该必要条件假言命题都为真。这样，必要条件假言命题为假的唯一条件是前件 p 假并且后件 q 真，在其他情况下，必要条件假言命题都为真。

必要条件假言命题的真假与前件 p 和后件 q 的真假关系，可以用如下真值表表示。从表中可以看出：必要条件假言命题为假的唯一条件是“p 假并且 q 真”；必要条件假言命题为真的条件是“或者 p 真，或者 q 假”。

表 2.8　必要条件假言命题的逻辑性质

p	q	p ← q
1	1	1
1	0	1
0	1	0
0	0	1

三、充要条件假言命题

☞ 充要条件假言命题的概念与形式

充要条件假言命题就是断定一事物情况是另一事物情况存在的充分且必要条件的假言命题。例如：①只要而且也只有被告人犯罪的证据充分、确实，才可以认定被告人有罪；②人不犯我，我不犯人；人若犯我，我必犯人；③当且仅当三角形三个内角相等，该三角形才是等边三角形。

充要条件假言命题的典型联结词是"当且仅当……才……"。在日常语言中，充要条件假言命题的联结词还有"如果而且只有……才""如果……那么……并且只有……才"等等。充要条件假言命题的一般逻辑形式为：当且仅当p，则q。充要条件假言命题的符号表达式为：$p \leftrightarrow q$（"$\leftrightarrow$"读做等值；$p \leftrightarrow q$读做"p等值于q"）

☞ 充要条件假言命题的逻辑性质

充要条件假言命题的逻辑性质即其真假值。充要条件是指：如果有p就必然有q，同时没有p则必然没有q；如果有q就必然有p，同时没有q就必然没有p。根据充要条件的性质，当且仅当充要条件假言命题的前件与后件符合这种关系时，充要条件假言命题才是真的。

充要条件假言命题的逻辑真值可以用如下真值表加以表示。从表中可知，一个充要条件假言命题是假的，当且仅当其前件真而后件假（此时作为充分条件为假）或者前件假而后件真（此时作为必要条件为假）时；在其他情况下，它都是真的。

表 2.9 充要条件假言命题的逻辑性质

p	q	$p \leftrightarrow q$
1	1	1
1	0	0
0	1	0
0	0	1

第四节　负命题与命题的等值转换

负命题是一种特殊形式的复合命题，具体来说，负命题是通过否定某个命题而构成的复合命题。在逻辑学中，研究负命题的重要目的在于把握一个负命题的等值命题，研究其等值命题可以更直接和有效地认识负命题的逻辑性质。

一、负命题的基本问题

☞ 负命题不是否定命题

负命题是通过否定某个命题而构成的复合命题。被否定的命题是负命题的支命题。负命题的支命题可以是肯定命题，也可以是否定命题；可以是简单命题，也可以是复合命题。例如：①并非一切在水中生活的动物都是用鳃呼吸的；②并不是只要学习了逻辑学，思维就会严密。其中，例①否定的是性质命题“一切在水中生活的动物都是用鳃呼吸的”；例②否定的则是一个假言命题“只要学习了逻辑学，思维就会严密”。

负命题不是否定命题，它是对一个命题的否定，也就是断定该整个命题为假；而否定命题则是指命题的质为假，它不是对整个命题的否定。例如，“并非一切在水中生活的动物都是用鳃呼吸的”不等于“一切在水中生活的动物都不是用鳃呼吸的”，前者是负命题，是对整个命题的否定，根据性质命题的逻辑对当关系（矛盾关系），它相当于“有些在水中生活的动物不是用鳃呼吸的”，是一个特称否定命题，而后者是一个全称否定命题，显然这两个命题的逻辑性质是不同的。

☞ 负命题的形式与性质

负命题是通过否定某个命题而构成的复合命题。负命题是由一个支命题（被否定的命题）和联结项“并非”所组成的。它的一般形式是：并非 p。负命题的逻辑形式用符号可以表示为：$\neg p$（“$\neg$”读作“并非”或“非”）。“并非……”是负命题的典型联结词，在日常语言中也常用“并不是……”“……是假的”等联结词。

负命题的逻辑性质即其真值，可以用下列真值表加以表示。从表中可知：一个负命题等值于原命题的矛盾命题，即原命题为真，则负命题为假；由此，$\neg\neg p$ 是对 p 的双重否定，它等值于 p。

表 2.10　负命题的逻辑性质

p	¬p
真	假
假	真

二、负命题的等值命题

负命题的支命题可以是一个性质命题或者一个复合命题,依据性质命题和复合命题的逻辑性质,可以推知此负命题的等值命题或者等值式。

☞ 性质命题的负命题及其等值式

性质命题的负命题就是对于一个性质命题的否定,一个性质命题的负命题等值于该性质命题的矛盾命题。性质命题负命题的等值式可以通过性质命题逻辑对当关系中 A 与 O, E 与 I 之间 “不同真并且不同假” 的矛盾关系加以确定。

根据这种矛盾关系,可以得到以下负命题的相关等值式。

① “并非所有 S 是 P” 等值于 “有的 S 不是 P”。符号表达式为: ¬ SAP ↔ SOP。(符号 “↔” 读作 “等值”)

② “并非所有 S 不是 P” 等值于 “有的 S 是 P”。符号表达式为: ¬ SEP ↔ SIP。

③ “并非有的 S 是 P” 等值于 “所有 S 不是 P”。符号表达式为: ¬ SIP ↔ SEP。

④ “并非有的 S 不是 P” 等值于 “所有 S 是 P”。符号表达式为: ¬ SOP ↔ SAP。

由于单称肯定命题和单称否定命题之间是互为矛盾的,因此 “并非某个 S 是 P” 等值于 “某个 S 不是 P”; “并非某个 S 不是 P” 等值于 “某个 S 是 P”。

【性质命题负命题应用示例】小桂对小吴说:“我通过学习化学,才懂得了并非所有金属是比水重的。”小吴却反问说:“怎么,所有金属并非是比水重的?”小桂以为小吴说的和他自己说的是相同的,于是非常肯定地说:“是的,肯定是这样的。”但小吴却坚决反对这一点。二人为此争得面红耳赤。旁边一个同学仔细听了他们争论以后说:“你们自己把问题搞混了。”

可见,这位同学的评论是对的,小桂和小吴确实把不同的命题搞混了。小桂所说的“并非所有金属是比水重的”是一个负命题。“并非所有金属是比水重的”是对“所有金属是比水重的”这一全称肯定命题的否定。按照性质命题的逻辑对当关系,这一负命题是等值于“所有金属是比水重的”的矛盾命题,即“有的金属不是比水重的”。但是,小吴却把小桂所说的这一命题等同于“所有金属并非是比水重的”,他所说的这个全称否定命题显然与小桂所提出的负命题是不等值的。

☞ 复合命题的负命题及其等值式

复合命题的负命题是通过对一个复合命题的否定实现的。否定一个复合命题意味着断定该复合命题为假,因此,我们就可以根据复合命题的真值情况或者逻辑性质来确定该复合命题负命题的等值命题。

第一,联言命题的负命题及其等值式。一个联言命题的负命题,意即断定该联言命题为假。从联言命题的真值情况可知,一个联言命题为假的条件是:只要联言支中有一假,该联言命题就假。因此,当断定一个联言命题为假时,也就意味着断定了它的支命题中至少有一个是假的,因而它等值于一个相应的选言命题。联言命题负命题的等值式的符号表达式为:$\neg(p \wedge q) \leftrightarrow (\neg p \vee \neg q)$。在命题逻辑的演绎符号系统中,这一表达式也被称为德·摩根定律(德·摩根,即 Augustus De Morgan, 1806—1871,英国逻辑学家和数学家)。例如,“并非张三和李四都要受到法律制裁”,等值于“或者张三不受到法律制裁,或者李四不受到法律制裁”。

第二,选言命题的负命题及其等值式。选言命题的负命题意味着断定该选言命题为假。选言命题可分为相容选言命题和不相容选言命题,其负命题的等值式可以分别加以讨论。

对于相容选言命题而言,只有当其所有的选言支为假时,这个命题才是假的,因此,与相容选言命题的负命题相等值的命题是一个相应的联言命题。相容选言命题负命题的等值式的符号表达式为:$\neg(p \vee q) \leftrightarrow \neg p \wedge \neg q$。例如,“并非他或者是个盗窃犯,或者是个杀人犯”,等值于“他既不是盗窃犯,也不是杀人犯”。

对于不相容选言命题而言,在两个选言支为真或者两个选言支为假时,选言命题都是假的。因此,与不相容选言命题的负命题相等值的命题是一个相应的选言命题,其负命题等值式的符号表达式为:$\neg(p \dot{\vee} q) \leftrightarrow (p \wedge q) \vee (\neg p \wedge \neg q)$。例如,“并非要么选老王当村长,要么选小李当村长”,等值于“选老王当村长并且选小李当村长,或者不选老王当村长并且不选小李当村长”。

第三,假言命题的负命题及其等值式。假言命题分为充分条件假言命题、必要条件假言命题、充要条件假言命题,因此我们分别讨论它们的负命题等值式。

充分条件假言命题的负命题意味着这个充分条件假言命题为假。从充分条件假言命题真值情况可知：一个充分条件假言命题为假的唯一条件是前件真并且后件假。故充分条件假言命题负命题的等值式可表示为：$\neg(p\rightarrow q)\leftrightarrow(p\wedge\neg q)$。例如："并非如果寒潮到来，那么气温就会下降"，就等值于"虽然寒潮到来，气温也没有下降"。

必要条件假言命题的负命题意味着断定某个必要条件假言命题为假。从必要条件假言命题的真值情况可知：一个必要条件假言命题为假的唯一条件是前件假并且后件真。故必要条件假言命题负命题的等值式可表示为：$\neg(p\leftarrow q)\leftrightarrow(\neg p\wedge q)$。例如："并非只有某人年满 18 岁某人才有选举权"，就等值于"某人没满 18 岁，但是某人却具有选举权"。

充要条件复合命题的负命题意味着此命题为假。根据充要条件假言命题的真值情况可知：充要条件假言命题为假的条件是前件真而后件假，或者前件假而后件真。故充要条件假言命题负命题的等值式可表示为：$\neg(p\leftrightarrow q)\leftrightarrow((p\wedge\neg q)\vee(\neg p\wedge q))$。例如，"并非当且仅当被告人犯罪的证据充分、确实，才可以认定被告人有罪"，等值于"虽然被告人犯罪的证据充分、确实，但没有认定被告人有罪，或者虽然被告人犯罪的证据不充分、不确实，但却认定被告人有罪"。

三、复合命题之间的等值转换

复合命题逻辑形式之间的等值转换，是指一种复合命题可以用另外一种形式不同的复合命题来表述，二者之间的真假值不变。把握复合命题形式之间的等值转换，有助于我们更好地理解一个复合命题所表达的断定。

☞ 充分条件假言命题与必要条件假言命题之间的等值转换

第一，"如果 p，那么 q" 等值于"只有 q，才 p"。其符号表达式为：$(p\rightarrow q)\leftrightarrow(q\leftarrow p)$。这意味着，如果 p 是 q 的充分条件，那么 q 就是 p 的必要条件。例如，"如果某甲的行为是犯罪行为，那么某甲的行为就具有社会危害性"，这一充分条件假言命题可等值转换为："只有某甲的行为具有社会危害性，某甲的行为才是犯罪行为"。

第二，"只有 p，才 q" 等值于"如果 q，那么 p"。其符号表达式为：$(p\leftarrow q)\leftrightarrow(q\rightarrow p)$。这意味着，如果断定 p 是 q 的必要条件，那么这就等于断定 q 是 p 的充分条件。例如"只有某甲具有作案时间，某甲才是作案人"，这一必要条件假言命题可等值转换为："如果某甲是作案人，那么某甲具有作案时间"。

☞ 假言命题与选言命题之间的等值转换

第一，“如果p，那么q”等值于“非p或者q”。符号表达式为$(p \to q) \leftrightarrow (\neg p \vee q)$。根据充分条件假言命题的逻辑性质，当一个充分条件假言命题为真时，它的前件p和后件q的真假组合不外有两种情况，即或者它的前件p假，或者它的后件q真。这就等于说，断定“如果p，那么q”为真时，就等于断定或者p假或者q真。例如，“如果物体发生摩擦，那么物体就会生热”这一充分条件假言命题，等值于“或者物体没有发生摩擦，或者物体生热”这一选言命题。

第二，“只有p，才q”等值于“p或者非q”。符号表达式为$(p \leftarrow q) \leftrightarrow (p \vee \neg q)$。根据必要条件假言命题的逻辑性质，必要条件假言命题为真时，其前件和后件的真假组合也不外两种情形，即或者它的前件p为真，或者它的后件q为假。因此，断定“只有p，才q”真时，就等于断定或者p真，或者q假。例如，“只有某人具有作案时间，某人才是作案人”，这一必要条件假言命题与“某人具有作案时间或者某人不是作案人”这一选言命题是等值的。

第三，“p或者q”等值于“如果非p，那么q”。符号表达式为$(p \vee q) \leftrightarrow (\neg p \to q)$。根据选言命题的逻辑性质，当一个选言命题为真时，其中至少有一个支命题为真，因此，如果某个支命题为假时，那么余下的另一个支命题必真。因而断言“p或者q”真也就意味着断定“如果p假，那么q真”。例如，“或者原告的说法是正确的，或者被告的说法是正确的”，这一选言命题与“如果原告的说法不是正确的，那么被告的说法就是正确的”这一假言命题是等值的。

把握不同命题形式之间的等值转换，可以使我们更好地辨别所要表达的思想，有助于我们分析一个具体的复合命题是否正确，因而在实践工作中具有重要意义。

第五节　真值表法及其应用

命题的真假值是命题的重要逻辑性质，逻辑学的根本目的就是判定命题的真假值。命题的真假值也称逻辑值，简称真值。判定性质命题的真假值，主要取决于它所断定的主项与谓项的外延关系。复合命题的真假值则取决于它所包含的各支命题的真假组合情况。在逻辑学中，将支命题的真值组合加以列表，并由此来判定整体复合命题的真假情况，这种方法被称为真值表法。真值表由德国逻辑学家弗雷格（Gottlob Frege，1848—1925）在19世纪后期提出，真值表作为一种判断命题真值的演算方法，则由美国逻辑学家皮尔士（Charles Peirce，1839—1914）开始运用的，此后波兰逻辑学家卢卡西维茨（J. Lukasiewicz，1878—1956）等人对其进行了发展。

一、真值表与真值表法

☞ 真值表与真值表法

真值表是指显示一个复合命题支命题各种真值组合以及复合命题相应真假情况的图表。真值表法就是通过真值表来判定复合命题的真假取值情况的一种逻辑方法。运用真值表方法，可以在有穷步骤内计算出较复杂的复合命题的真值。

☞ 真值表法的步骤

利用真值表的方法来判定复合命题的真值，可以分为这样几个具体步骤。

第一步：找出给定的复合命题中的支命题，列出它们的真假取值组合。复合命题的任一支命题都有真或假两种可能，因此，当一个复合命题为两个支命题时，该复合命题有 2^2 种真假组合，有 n 个支命题则有 2^n 种真假组合。例如，命题（p ∨ q）→ r，该逻辑式共有 p、q、r 三个变项，则其支命题的真值组合数为 2^3 即 8 种组合。注意，在列出支命题真值的组合时务必穷尽各种组合。

第二步：根据复合命题的构成情况，由简到繁地列出各个构成部分，最后得出这个给定复合命题的逻辑形式本身。例如，命题（p ∨ q）→ r，该真值表从简到繁依次列出 p、q、r、p ∨ q，最后列出（p ∨ q）→ r。

第三步：根据联言命题、选言命题、假言命题和负命题等真值情况，依次计算出该复合命题每个组成部分的真值，最后得出给定复合命题逻辑形式的真值。例如，计算命题（p ∨ q）→ r 的真值时，根据相容选言命题的真值计算出 p、q、r 各种真值组合情况下 p ∨ q 的各种真假值，最后根据充分条件假言命题的逻辑性质得出在 p、q、r 各种真值组合情况下（p ∨ q）→ r 这整个命题的各种真假值。

二、真值表法的应用

真值表方法可以通过有穷步骤计算出复合命题的真值，在此基础上可以判定该复合命题的逻辑性质。（真值表中一般用 p、q、r 等小写字母表示复合命题的支命题，用“1”表示“真”，“0”表示“假”。）

☞ 真值表法可以把复合命题所包含的支命题的真假情况用图表形式列出，从而使我们能够直观一个复合命题的真假情况

例如，已知下面 A、B、C 三个命题一假二真，请用真值表法说明谁真谁假。

A: p ∧ q　　B: ¬p ∨ ¬q　　C: ¬p ∧ q

p	q	¬p	¬q	p ∧ q	¬p ∨ ¬q	¬p ∧ q
1	1	0	0	1	0	0
1	0	0	1	0	1	0
0	1	1	0	0	1	1
0	0	1	1	0	1	0

从以上真值表可以看出，只有第三行满足求解要求，因此，结论是 A 假、B 真、C 真。

☞ 借助于真值表，还能够有效地判定两个或两个以上、具有相同素材的复合命题是否等值，是否为矛盾关系或反对关系等

例如，请证明命题"p → q"与"q ← p"是否等值。

p	q	p → q	q ← p
1	1	1	1
1	0	0	0
0	1	1	1
0	0	1	1

从上面的真值表可以看出，两列被证明的逻辑形式的真值完全相同，这说明"p → q"与"q ← p"具有等值关系。

☞ 真值表法还被用于判定复合命题是否为永真的重言式或者永假的矛盾式等

例如，试用真值表的方法来判明命题((p ∧ q)→r)→(p→(q→r))是否为重言式(即永真式)。

按照真值表方法的运用步骤，可列出下面的真值表：

p	q	r	p ∧ q	(p ∧ q)→r	q→r	p→(q→r)	((p ∧ q)→r)→(p→(q→r))
1	1	1	1	1	1	1	1
1	1	0	1	0	0	0	1
1	0	1	0	1	1	1	1
1	0	0	0	1	1	1	1
0	1	1	0	1	1	1	1
0	1	0	0	1	0	1	1
0	0	1	0	1	1	1	1
0	0	0	0	1	1	1	1

从上面的真值表可以看出,不管在什么情况下,命题((p ∧ q)→r)→(p→(q→r))的取值都是真的,因此该命题是重言式(永真式)。

三、简化真值表法(归谬赋值法)

当一个公式中所含的命题变项比较多,因而其中的子公式也比较多时,真值表可能就会变得非常复杂,这就需要一种简化的做法。例如,复合命题((p ∧ q ∧ r)→s)→(s→(p→(q→r))),其中有四个不同的命题变项p, q, r, s,它们可能的真值组合是 $2^4 = 16$ 种,这意味着它的真值表也会非常复杂。尽管我们可以画出这种真值表并且可以用这种方法有效解决问题,但无疑这种真值表方法显得非常笨拙。

简化真值表法或者说归谬赋值法可以克服一般真值表法的上述缺陷。不过,这种简化真值表法只适用于蕴涵式,尤其适用于判定一个蕴涵式是否为重言式。这一方法的主要思路是:如果一个蕴涵式是重言式,那么该蕴涵式的变项无论赋什么逻辑值,其前件真而后件假是不可能的,因此,如果我们假定该蕴涵式为假,即前件真而后件假,那么,如果命题变项的赋值中出现逻辑矛盾,就意味着假设该蕴含式为假是错误的,因而推知该蕴涵式是重言式。

归谬赋值法的具体判定程序可分三个步骤:

第一,假设被判定的蕴涵式为假,即前件真而后件假;

第二,在这一假设的前提下,根据各种真值联结词的逻辑性质,依次对公式中的各部分公式予以赋值,直到所有的命题变项被赋以确定的真值;

第三,检查所有命题变项的真值,如果至少一个命题变项赋值出现矛盾,那么就表明第一步中的假设不成立,从而说明这个被判定的蕴涵式是重言式。

【归谬赋值法运用示例】运用归谬赋值法判定(p→q)∧(q→r)→(p→r)是否为重言式。

第一步,假设蕴涵式(p→q)∧(q→r)→(p→r)为假,则根据充分条件假言命题的逻辑性质,可知(p→q)∧(q→r)为真,而(p→r)为假。

第二步,依次对公式中的各部分公式予以赋值。由(p→r)为假,可知p真,r为假。由(p→q)∧(q→r)为真,可知(p→q)和(q→r)都为真。由r为假,可知q为假;进而可知p为假。

第三步,(p→q)中的p值为假,而(p→r)中的p为真,这就出现了矛盾。这表明假设蕴涵式(p→q)∧(q→r)→(p→r)为假不成立,所以,该蕴涵式为重言式。

为了书写放便,在使用归谬赋值法时,可以用"1"表示真,"0"表示假,赋值过程可以分行列出,也可以用一行表示出来。如果出现相互矛盾的赋值,可以在相应的赋值下面加以标记。

例如:(p→q)∧(q→r)→(p→r)

(1) 0

(2) 1 0

(3) 1 1 $\underline{1}$ 0

(4) $\underline{0}$ 0 0 0

也可直接在公式下面赋值,例如:

(p→q)∧(q→r)→(p→r)

$\underline{0}$ 1 0 1 0 1 0 0 $\underline{1}$ 0 0

从中可以看到,标记的命题p的取值出现了矛盾,从而推翻了假设,间接证明了原蕴涵式为重言式。

【思考题】

一、阐述性质命题的概念与分类。

二、如何理解周延性概念,性质命题主谓项的周延性情况如何?

三、阐述性质命题的逻辑对当关系。

四、阐述关系命题的逻辑性质。

五、阐述真值模态命题的逻辑对当关系。

六、阐述规范模态命题的逻辑对当关系。

七、阐述各种复合命题的逻辑性质。

八、阐述性质命题与复合命题的负命题等值命题。

九、阐述复合命题之间的等值转换。

十、阐述真值表法与简化真值表法的步骤。

【练习题】

一、请指出下列语句是何种性质命题，并说明其主谓项的周延性情况。

1. 中华民族是勤劳勇敢的。

2. 现在的学生都会玩电脑。

3. 难道我们不该批评这种观点吗?

4. 无论什么人都不是不犯错误的。

5. 有的干部是不称职的。

6. 人人都应当享受改革发展的成果。

7. 贫富差距过大的社会不是稳定的社会。

8. 每个社会成员的生活水准和发展能力是能够随着社会发展进程的推进而不断地得以提升的。

9. 我们看得见的星星，绝大多数是恒星。

二、根据命题之间的逻辑对当关系，由已知下列命题的真假，断定同素材的其他三种命题的真假。

1. 已知“聊城大学政管学院的学生都是遵纪守法的”为真。

2. 已知“所有改革家都不是怕担风险的”为假。

3. 已知“有的知识精英是自学成才的”为真。

4. 已知“有的专家不是懂外语的”为假。

三、根据性质命题间的逻辑对当关系，选择相应的真命题来驳斥下列假命题。

1. 价格昂贵的商品都是质量好的商品。

2. 领导不能当劳动模范。

3. 有些犯罪行为不是违法行为。

4. 金庸的作品篇篇都是经典。

5. 这个班有些学生不是学小语种的。

四、从对称性和传递性两方面分析下列关系命题中的关系项各表示了何种关系。

1. 他喜欢他的同学。

2. 曹操与刘备同时代。

3. 张三比李四大 9 岁。

4. 甲队战胜了乙队。

5. A 概念与 B 概念全同。

6. A 概念包含 B 概念

五、请判断下列命题是何种模态命题,并写出它们的逻辑形式。

1. 真相必然只有一个。

2. 我们班的同学都会骑自行车。

3. 在正常的压力下,水达到 100℃必然沸腾。

4. 古巴比伦国的灭亡是由于瘟疫,这是有可能的。

5. 郑琳可能没有估计到事情的严重性。

6. 一个正确的演绎推理不可能是前提真而结论假。

六、请找出下列文本中的规范模态命题,并指出它们是哪种规范模态命题。

《中华人民共和国道路交通安全法规实施条例》

(2004 年 5 月 1 日起施行,第四章 道路通行规定)

第三十八条 机动车信号灯和非机动车信号灯表示:

(一)绿灯亮时,准许车辆通行,但转弯的车辆不得妨碍被放行的直行车辆、行人通行;

(二)黄灯亮时,已越过停止线的车辆可以继续通行;

(三)红灯亮时,禁止车辆通行。

在未设置非机动车信号灯和人行横道信号灯的路口,非机动车和行人应当按照机动车信号灯的表示通行。

红灯亮时,右转弯的车辆在不妨碍被放行的车辆、行人通行的情况下,可以通行。

七、请写出下列复合命题的逻辑形式。

1. 甲、乙、丙至少有一个是上海人。

2. 甲、乙、丙都是上海人。

3. 甲、乙、丙都不是上海人。

4. 甲、乙、丙并非都是上海人。

5. 明天我们或者去看电影，或者去看展览，要不然就去游泳。

6. 如果科学家的预见是正确的，那么，如果我们不从现在起就重视环境保护，人类终有一天会无法在地球上生活。

7. 如果明天天晴，那么我们去香山看红叶，否则，就去北海划船。

8. 请勿在场内吸烟，随地吐痰，乱扔杂物，违者罚款。

9. A和B要么同时上场，要么同时不上场。

10. 只有把9号或7号换下场去，并且把4号或6号换上场来，甲队才有希望扭转局势。

八、请写出下列命题的负命题及其等值命题的逻辑形式。

1. 甲和乙都是北京人。

2. 或者甲是北京人，或者乙是北京人。

3. 你要么喝茶，要么喝咖啡（二者不可得兼）。

4. 如果小王的业务技能强，那么他的服务水平高。

5. 一个人没有一定的生活经历，或者缺乏一定的文字表达能力，他也可能写出好作品。

九、请运用真值表方法，判定下列命题是不是等值命题。

1. 如果马儿不吃饱草，那么马儿不能跑。

2. 只有马儿吃饱草，马儿才能跑。

3. 或者马儿吃饱草，或者马儿不能跑。

4. 既要马儿跑，又要马儿不吃饱草，这是办不到的。

十、请利用真值表法判定 $(p \rightarrow q) \wedge \neg q \rightarrow \neg p$ 是否为重言式。

第三编 推理

【学习导引】

概念组成命题,而命题则组成推理。推理是更为复杂的思维形式。在逻辑学上,推理可以分为简单命题的推理、复合命题的推理、归纳推理和类比推理等等形式。其中,简单命题的推理和复合命题的推理是本编学习的重点和难点内容。在简单命题的推理中,重点学习性质命题的推理,尤其是性质命题的变形推理和三段论推理。在复合命题的推理中,重点学习各种复合命题的推理形式及其综合运用。此外,还要学习关系命题的推理、模态命题的推理、归纳推理和类比推理等知识。掌握各种推理的形式及其规则,才能保证人们进行正确和有效的推理。

【推理概述】

☞ 推理的概念与结构

在思维过程中,人们可以根据已有的知识来获得新知识,从而反映更为复杂事物之间的联系。这种由已知命题推断未知命题的思维活动就是推理(reasoning)。或者说,推理就是由一个或几个已知命题推出一个新命题的思维形式。人们的知识大部分是通过推理而获得的。

任何推理的结构都由三个部分构成。一是已知的命题,它是推理的根据,叫做前提(premise);二是由前提推导出的命题,叫做结论(conclusion);三是前提与结论之间的逻辑联结关系,即推理形式。

例如：①这所学校所有的学生都是少数民族学生；
李明是这所学校的学生；
所以，李明是少数民族学生。
②只有获得教师资格证书才能从事教师职业；
刘梅没有获得教师资格证书；
所以，刘梅不能从事教师职业。

这两个例子都是推理。例①中的“这所学校所有的学生都是少数民族学生”和“李明是这所学校的学生”是前提，“所以”是联结项，也是结论的重要标志，而最后的“李明是少数民族学生”是结论，前提与结论之间的逻辑形式则被称为三段论推理形式。例②中“所以”之前的两个命题是前提，之后的一个命题是结论，前提与结论之间的逻辑形式是必要条件假言推理的否定前件式，也被称为必要条件假言三段论推理。

☞ **推理的种类**

推理按不同的根据可以分为不同的种类。各种推理的划分是相对的，它们之间互相联系。

第一，根据思维进程的方向不同，可以把推理分为演绎推理、归纳推理、类比推理。思维进程由一般到特殊的推理过程叫演绎推理。思维进程由特殊到一般的推理叫归纳推理。思维进程由特殊到特殊、由一般到一般的推理叫类比推理。

第二，根据前提与结论的联系性质，推理可分为必然性推理与或然性推理。如果前提与结论有必然性联系，就是必然性推理。演绎推理、完全归纳推理等是必然性的推理。如果前提与结论无必然性联系，就叫或然性推理。不完全归纳推理和类比推理是或然性推理。

第三，根据前提数量的不同，可以把推理分为直接推理和间接推理。前提只有一个命题的推理是直接推理。如果有两个或者两个以上命题作前提的推理则是间接推理。

第四，根据前提的性质不同，推理可分为简单命题推理和复合命题推理以及模态推理和非模态推理等。例如，如果前提是简单命题，称之为简单命题的推理；如果前提是复合命题，称之为复合命题的推理；如果前提是模态命题，则构成模态命题的推理。

☞ 推理的逻辑有效性

所有推理都应当具有逻辑的有效性，即从真的前提遵循逻辑规则得出真的结论。也有一种观点主张有效性仅是逻辑学对演绎推理的基本要求，“有效性这个术语仅仅对于演绎论证才是适当的”[①]。演绎推理的有效性亦称“保真性”，指一个演绎推理必须确保从假定为真的前提推出为真的结论。推理的逻辑有效性包含两个方面：一是前提真实，二是符合逻辑规则。如果从真实的前提遵循正确的逻辑规则推出结论，那么就可以说这个推理是有效的。如果从确知为假的前提出发也遵循逻辑规则推出结论，或者从已知为真的前提没有遵循规则推出结论，那么我们主张这些推理都不是有效的，或者说都不具有效性。

例如：①所有的金属都是导电体，②凡贪污罪都是故意犯罪，
　　　塑料是金属；　　　　　　某人的行为是故意犯罪，
　　　所以，塑料是导电体。　　所以，某人的行为是贪污罪。

例①推理的前提并不是真实的，尽管从形式方面来讲其结论是通过正确的逻辑规则由前提推出来的，但是推理却是无效的。例②的前提是真实的，但是推理本身违反了推理规则，因此这个推理也不具有逻辑有效性。总之，对于推理而言，其有效性与否需要满足前提真实和遵循逻辑规则这两个条件，否则推理就将是无效的。

☞ 推理与语言

思维和语言密不可分的关系不仅体现在概念和语词、命题和语句上，也体现在推理和复句或句群上。

推理和语言是密切联系的，原因是复句是推理的语言形式，而推理则是复句的思维内容，两者互相依赖。此外，推理和语言之间又存在区别。尽管推理需要复句或句群来表达，但复句或句群和推理之间并不是一一对应的关系。此外，复句或句群在表达推理时，有时会颠倒前提和结论的顺序，有时会省略联结词，有时还会省略前提或者结论，总之，推理的语言表达形式可以是多种多样的。

① [美]欧文·柯匹，卡尔·科恩．逻辑学导论[M]．张建军，潘天群等译．北京：中国人民大学出版社，2007：49.

☞ 推理的作用

作为一种重要的思维形式，推理是我们认识客观事物和表述思想的重要工具，它在科学研究、日常工作和生活中都是不可缺少的。第一，推理有助于人们认识客观事物，从而获得新知识。在科学研究中，每门科学都要应用逻辑推理，从已知的知识推出新的知识。例如，像几何学等一些形式化科学，就是利用演绎推理，从公理和原理推论出一系列定理和推论等，从而构成自己的完整理论体系。第二，推理也是重要的论证工具，是辩护真理、驳斥谬误的重要手段。在人们说话写文章等现实生活领域中，正确运用各种推理，能够加强表达和论证的力量，有力地驳斥谬误、辩护真理。

【推理的作用】林肯是美国历史上最有声誉的总统之一。在担任总统之前，他曾经是一位律师。有一次，他得悉自己亡友的儿子小阿姆斯特朗被控谋财害命，并已初步判定有罪，于是就以被告辩护律师的身份，向法院查阅了全部案卷。随后，他要求法庭复审。复审如期进行……

这个案子的关键在于：原告方面的一位证人福尔逊发誓某一天（相当于我国农历九月初八或初九）晚上十一点钟，在月光下清楚地目击小阿姆斯特朗用枪击毙了死者。按照美国法庭的惯例，作为被告辩护律师的林肯和作为原告证人的福尔逊，进行了一场面对面的对质。

林肯："你发誓说认清了小阿姆斯特朗？"

福尔逊："是的。"

林肯："你在草堆后，小阿姆斯特朗在大树下，两处相距二三十米，能认清吗？"

福尔逊："看得很清楚，因为月光很亮。"

林肯："你肯定不是从衣着方面认清的吗？"

福尔逊："不是的，我肯定认清了他的脸，因为月光正照在他脸上。"

林肯："你能肯定时间在十一点吗？"

福尔逊："充分肯定。因为我回屋看了时钟，那时是十一点一刻。"

林肯问到这里，转过身，发表了辩护演说："我不能不告诉大家，这个证人是个彻头彻尾的骗子。"

听了林肯的辩护，大家都明白了。小阿姆斯特朗被宣告无罪。林肯也一举成名。

【**解释**】林肯发现了福尔逊所谓“证词”的破绽，从而在逻辑上驳倒了他。从福尔逊的证词中，林肯作出这样一个推论：“只有在月光的照射下，才能看清被告的脸。”但是，这一天是上弦月，到了晚上十一点钟，月亮早就下山了，因而不可能有月光照射被告的脸。既然如此，福尔逊说当时“我肯定认清了他（即被告）的脸……”，显然就是完全不可能的了。这就说明福尔逊的证词是捏造的、虚假的，不能作为判案的依据。从知识上说，林肯揭示了那个时候不可能有月光。从逻辑上说，林肯在这里运用了一个必要条件假言推理的否定前件式，即通过否定当时有月亮照射，从而否定福尔逊当时看清了被告的脸。

第一章 简单命题的推理

简单命题的推理主要涉及前面所学习的性质命题、简单模态命题和简单关系命题等相关命题的推理。本章主要讲述性质命题的直接推理、性质命题的间接推理、关系命题的推理和模态命题的推理，其中，性质命题的直接推理包括基于对当关系的推理和命题变形推理，性质命题的间接推理主要是指三段论推理。

第一节 性质命题的直接推理

性质命题是最基本的简单命题。性质命题的直接推理是指通过一个前提命题直接推出结论的推理形式。性质命题的直接推理主要包括两种形式，一是依据性质命题的逻辑对当关系进行的推理，二是命题变形推理。

一、性质命题对当关系推理

所谓性质命题对当关系推理，是根据同素材的A、E、I、O四种命题之间的真假对当关系来进行的推理。根据之前的学习，我们知道性质命题A与E、A与I和E与O、A与O和E与I以及I与O之间存在着反对关系、差等关系、矛盾关系和下反对关系等真假对当关系。根据命题对当关系进行的推理，就是以四种性质命题之间真假关系的逻辑规则为依据，由一个已知命题的真假推知其他同素材命题真假的一种直接推理。根据“逻辑方阵”中四种命题之间的逻辑对当关系，可以进行的直接推理有以下四种形式。

☞ 根据命题 A 与 E 之间的反对关系进行的直接推理

根据命题 A 与 E 之间不能同真可以同假的关系，命题 A 真可以推出命题 E 假，同样，命题 E 真可以推出命题 A 假。

① SAP →¬ SEP；② SEP →¬ SAP。

☞ 根据命题 A 与 O、E 与 I 之间的矛盾关系进行的直接推理

根据命题 A 与 O、E 与 I 之间不能同真不能同假的关系，命题 A 与 O、E 与 I 可以进行下述推理：

① SAP →¬ SOP；② SEP →¬ SIP；③ SIP →¬ SEP；④ SOP →¬ SAP；

⑤ ¬ SAP → SOP；⑥ ¬ SEP → SIP；⑦ ¬ SIP → SEP；⑧ ¬ SOP → SAP。

☞ 根据命题 O 与 I 之间的下反对关系进行的直接推理

根据 O 与 I 之间的不能同假可以同真的关系，命题 I 假可以推出命题 O 真，反之命题 O 假就可以推出命题 I 真。

① ¬ SIP → SOP；② ¬ SOP → SIP。

☞ 根据命题 A 与 I、E 与 O 之间的差等关系进行的推理

根据命题 A 与 I、E 与 O 之间差等关系的要求，可知从 A 真可推出 I 真，I 假可推出 A 假，同样从 E 真可推出 O 真，O 假可推出 E 假。

① SAP → SIP；② SEP → SOP；③ ¬ SIP →¬ SAP；④ ¬ SOP →¬ SEP。

性质命题对当关系的推理是一种演绎推理，即前提的命题形式和结论的命题形式之间的联系具有必然性。根据命题对当关系进行推理，在日常生活、工作与学习中应用都很广泛。

【示例】已知“这个单位已发现有育龄职工违纪超生”这个命题为真，那么下述三个命题：①这个单位没有育龄职工不违纪超生；②这个单位有的育龄职工没违纪超生；③这个单位所有的育龄职工都没违纪超生，其中不能确定真假的是：

A. 只有①和②；B. ①、②和③；C. 只有①和③；D. 只有②。

解答此类问题首先需要统一各个命题的主谓项，确定命题的逻辑形式，然后依据逻辑对当关系对其进行推理。由上题可知，题干命题为特称肯定命题。①为全称肯定命题，即"这个单位所有育龄职工都违纪超生"。②为特称否定命题。③为全称否定命题。根据性质命题之间的对当关系，当题干为真时，①、②的真假都不能确定，只有③必为假。所以正确答案是A。

二、性质命题的变形推理

性质命题的变形推理是通过改变性质命题联项的性质或主谓项的位置而进行直接的推理。它包括换质法、换位法、换质位法和换位质法等四种推理形式。

☞ 换质法

换质法是通过改变前提命题的质（肯定改为否定，否定改为肯定）得出一个新命题的直接推理方法。

换质法的规则是：（1）只能改变前提命题的质；（2）结论的谓项应是前提命题的谓项的矛盾概念。根据规则，A、E、I、O 都可以换质，它们的推理形式是：

① $SAP \leftrightarrow SE\overline{P}$（其中，"$\overline{P}$" 表示 P 的矛盾概念，"$\leftrightarrow$" 表示前提与结论是等值关系，意味着前提与结论可以相互换质，其真假关系不变）。例如："所有的金属都是导电体" 换质为 "所有的金属都不是非导电体"。

② $SEP \leftrightarrow SA\overline{P}$。例如："所有的鱼都不是爬行动物" 换质为 "所有的鱼都是非爬行动物"。

③ $SIP \leftrightarrow SO\overline{P}$。例如："有些大学生是非党员" 换质为 "有些大学生不是党员"。

④ $SOP \leftrightarrow SI\overline{P}$。例如："有些干部不是称职的" 换质为 "有些干部是不称职的"。

☞ 换位法

换位法是通过改变前提命题中主项和谓项的位置而得出一个新命题的直接推理方法。

换位法的规则是：(1) 只能改变前提命题主项和谓项的位置；(2) 前提中不周延的项，结论中仍不得周延。根据规则，A、E、I 可以进行换位，O 命题不能换位。它们的推理形式是：

① $SAP \rightarrow PIS$。例如："所有的大学生都是学生" 可以换位成 "有些学生是大学生"；它不能换成 "所有的学生都是大学生"，因为，在前提全称肯定命题中谓项

是不周延的，换位后也不能周延。

② SEP → PES。例如："所有的有神论者都不是马克思主义者"可以换位为"所有的马克思主义者都不是有神论者"。

③ SIP → PIS。例如："有些大学生是共产党员"可以换位为"有些共产党员是大学生"。

根据规则，O 命题不能换位，因为 O 命题换位后，前提中不周延的项在得出的新命题中变成周延的。例如"有些人不是医生"，换位后成为"有些医生不是人"，"人"这个概念在前一个命题中是不周延的，而在后一个命题中变成周延的了，这就不恰当地扩大了断定范围。

☞ 换质法与换位法的综合运用

从一个给定的前提出发，按照换质法与换位法的规则，可以从两条不同的路线连续进行命题变形的直接推理。（1）先换质，再换位，根据需要，可以连续交替地换质、换位……直至得出所需要的结论，或者最终不能换位为止，这叫做换质位法。（2）先换位，再换质，根据需要，可以连续交替地换位、换质……直至得出所需要的结论，或者最终不能换位为止，这叫做换位质法。换质位法与换位质法既可以单独运用，也可以综合起来加以运用。在实际思维和工作实践中，这两种方法可以使我们更加全面、深入地认识客观对象，更加有效地表达和交流思想。

【示例】已知"我们班上的同学都是不学日语的"为真，请问"学日语的都不是我们班上的同学"与"不学日语的都是我们班上的同学"中哪一个是正确命题呢？

可以依据换质与换位的命题变形推理规则，利用换质位法与换位质法来解决这一问题。第一，根据题意，如果我们将前提命题的逻辑形式确定为 SAP，其中 S 指"我们班上的同学"，P 指"不学日语的"，那么所要推出的命题形式就分别为 $\overline{P}ES$，PAS。第二，实施换质位法，对 SAP 进行连续的换质位。其过程形式为：$SAP \rightarrow SE\overline{P} \rightarrow \overline{P}ES \rightarrow \overline{P}A\overline{S} \rightarrow \overline{S}I\overline{P} \rightarrow \overline{S}OP$。当命题不能换位时，终止推理。第三，实施换位质法，对 SAP 进行连续的换位质。其过程形式为：$SAP \rightarrow PIS \rightarrow PO\overline{S}$。当命题不能换位时，终止推理。从换质位法与换位质法的推理过程中，我们可以看出，从前提 SAP 可以推出 $\overline{P}ES$ 的正确结论，而不能得到 PAS 这个结论，因此，在前提 SAP 为真的条件下，$\overline{P}ES$ 是正确命题，而 PAS 则不是正确命题。

第二节　性质命题的间接推理

性质命题的间接推理是由两个或两个以上前提推出一个结论的推理形式。三段论推理是一种主要的间接推理形式。

一、三段论的概念与结构

三段论（syllogism）也叫三段论推理，是通过一个共同的概念将两个性质命题的前提联结起来，由此推出一个新的性质命题作为结论的推理方法。由于性质命题也称直言命题，因此性质命题三段论又叫直言三段论。

例如：所有的人都是要死的，
苏格拉底是人；
———————————
所以，苏格拉底是要死的。

这是哲学史上著名的苏格拉底三段论推理。它通过“人”这一共同概念，把“所有的人都是要死的”和“苏格拉底是人”这两个命题联结起来，从而推出“苏格拉底是要死的”这一新命题，表达和论证了没有人会逃过一死的思想。

从上面的例子可以看出：任何一个三段论都是由三个性质命题构成的，其中，两个是前提，另一个是结论。任何一个三段论都包括并且只包括三个不同的概念：大项、小项和中项。一般来说，“所以”等词语之后推出的命题是结论。结论的主项叫小项，一般用大写字母 S 表示；结论的谓项叫大项，一般用大写字母 P 表示；前提中的共同项叫中项，一般用大写字母 M 表示。前提中，包含大项的前提叫大前提，包含小项的前提叫小前提。上述苏格拉底三段论中，小项就是“苏格拉底”，包含小项的前提“苏格拉底是人”是小前提。大项就是“要死的”，包含大项的前提“所有人都是要死的”就是大前提。中项就是“人”。

上述苏格拉底三段论的逻辑形式也可以写为：

所有 M 都是 P，
S 是 M；
———————————
所以，S 是 P。

或者简写为：

MAP，

SAM；

——————————

∴ SAP

三段论推理之所以能从两个已知的性质命题推出另一个新的性质命题，这实质上反映了组成三段论的三个概念外延之间的关系。例如，上述苏格拉底三段论反映的就是“苏格拉底”（S）、“人”（M）与“要死的”（P）这三个概念外延之间的关系。如果这三个概念的外延之间总体存在着相容关系，那么这一三段论推理就是有效的。苏格拉底三段论推理的有效性可以通过下图来说明。

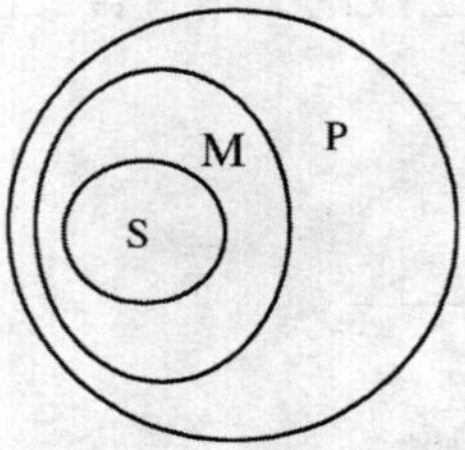

图 3.1　苏格拉底三段论中小项、大项和中项外延间的关系

如果三段论的三个概念之间的外延关系总体是不相容的，例如 S 与 M 相容，而二者与 P 都不相容，或者其他情况，那么这一三段论推理就是无效的。例如，下图就表示了一种无效的三段论推理，或者说，S 无法通过 M 与 P 建立一种外延的相容关系，这也就意味着无法通过前提得出结论。

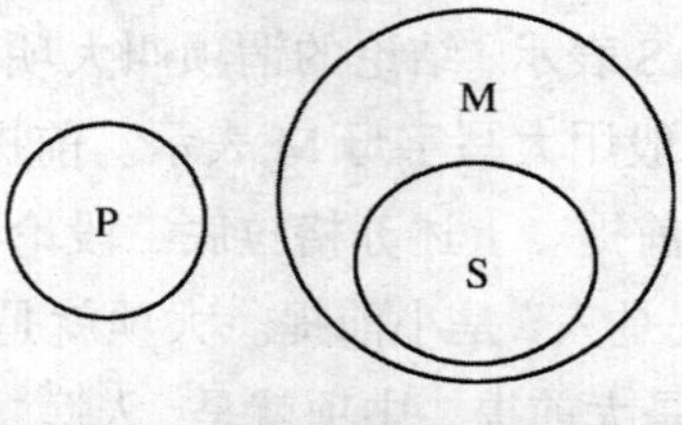

图 3.2　无效三段论小项、大项和中项外延间的关系

二、三段论的逻辑规则

三段论推理可能是有效也可能是无效的。一般而言，凡是符合三段论推理规则的三段论就是有效的，反之就是无效的。三段论的规则是有效三段论必须遵守

的准则,三段论规则共有八条,其中六条基本规则,两条导出规则。

规则 1:一个三段论中有且只有三个不同的项。

三段论最基本的特点就是通过中项的媒介作用把大项和小项联结起来,从而确定大、小项之间的关系,因此它只能有三个不同的项。如果出现四个不同的项,也就无法确定中项,从而无法将大、小项通过媒介而联结起来,因而得不出必然的结论。通常情况下,违反这条规则,会犯“四项错误”或“四概念错误”。

例如:缓刑只适用于罪行较轻的犯罪分子,
张某被判处死缓;
———————————————
所以,张某是罪行较轻的犯罪分子。

这个三段论就出现了“四项错误”,即“缓刑”和“死缓”被错误地视为同一个概念。

有时,犯“四项错误”的三段论比较隐蔽,需要仔细辨别才能认清。

例如:鲁迅的作品不是一天能读完的,
《故乡》是鲁迅的作品;
———————————————
所以,《故乡》不是一天能读完的。

这个三段论大、小前提中的中项“鲁迅的作品”是同一语词,看起来似乎是同一个概念,实际上前者是集合概念,后者是非集合概念,所以,这个三段论依然犯了“四项错误”。

规则 2:中项在前提中至少要周延一次。

要使中项在三段论中起到中介作用,即起到联结大项和小项的作用,就必须使大项或小项中至少有一个项与中项的全部外延发生联系,即中项的全部外延都被断定或者说周延。反之,如果中项在前提中一次都不周延,那么,中项就无法建立大、小项之间的联系。违反了中项在前提中至少要周延一次的规则,就犯了“中项不周延”的错误。

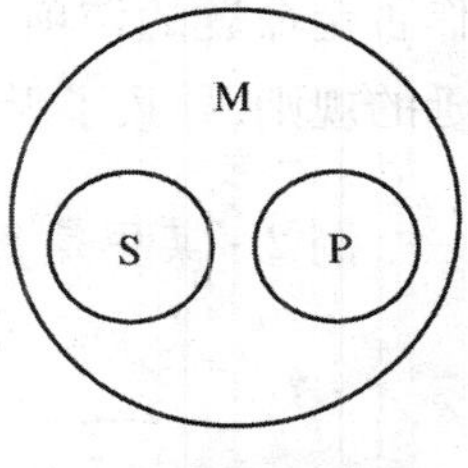

图 3.3 中项不周延

图 3.3 中,S、P 与 M 都是真包含于关系,而 M 一次都不周延,因此 S 与 P 之间就无法确立有效的联系。

例①：羊是动物（所有S都是M），
狗是动物（所有P都是M）；

所以，狗是羊（所有S都是P）。

例②：泄密者是到会人员（所有P都是M），
甲是到会人员，（S是M）

所以，甲是泄密者（S是P）。

在这两个三段论中，中项“动物”“到会人员”在两个前提中都是肯定命题的谓项，因而没有一次周延。所以推理犯了“中项不周延”的错误，因而是无效的。

规则3：在前提中不周延的项，在结论中也不得周延。

三段论的结论是从前提推导出来的，因此，结论所断定的范围就不能超出前提所断定的范围。否则，如果前提中只断定了大项或小项的部分外延，而结论却断定了它们的全部外延，这就不能从前提必然地推出结论，就不能保证结论的正确性。违反这条规则有两种情形：一是“大项扩大”或“大项不当周延”，二是“小项扩大”或“小项不当周延”。

例①：诗人是人，
你不是诗人；

所以，你不是人。

这个三段论的大项“人”在前提中作肯定命题的谓项，不周延，但在结论中却作否定命题的谓项，周延了。这就违反了在前提中不周延的项在结论中也不得周延的规则，导致了无效推理。这种情形就叫“大项扩大”或“大项不当周延”。

例②：某甲是贪污犯，
某甲是司法干部；

所以，司法干部都是贪污犯。

这个三段论的小项“司法干部”在前提中作肯定命题的谓项，不周延，但在结论中却作全称命题的主项，周延了。这违反了在前提中不周延的项在结论中也不得周延的规则,导致了无效推理。这种情形就叫"小项扩大"或"小项不当周延"。

规则4:两个否定前提得不出必然的结论。

如果三段论的两个前提都是否定的,则中项的外延与大项和小项的外延之间都是排斥的,因而它就不能起到联结大项和小项的作用,这样大项和小项的关系就不能确定,因此,两个否定的前提不能得出结论。

例如:李田不是学生干部,
李田不是三好学生;
———————————
?

结论不能断定S和P之间的关系,因为S和P的关系有多种可能,因此,两个否定前提推不出确定的结论,至少应有一个前提是肯定命题。

规则5:前提中有一否定,结论必否定;结论否定,则必有一前提否定。

根据三段论至少应有一个前提是肯定命题的规则,前提中有一个是否定命题,则另一个前提就必然是肯定命题。这样,中项就同大项或小项中的一个发生联系.而同另一个相排斥,因此,前提有一个是否定命题,结论也必然是否定命题。此外,结论是通过中项的媒介作用而确立大项和小项的联系,如果结论是否定命题,那表明前提中的中项与大项相排斥或与小项相排斥,二者必居其一,因此,如果结论是否定命题,则前提中必有一个是否定命题。

例如:法律工作者不应知法犯法,
审判员是法律工作者;
———————————
所以,审判员不应知法犯法。

可见,前提中有一个否定命题,要得出有效结论,那么结论必然是否定命题。

规则6:若两个前提都是肯定的,则结论一定是肯定的;若结论是肯定的,则两前提必都是肯定的。

若两个前提都是肯定的,则两个前提所确定的是大小项都和中项相容,因而大小项彼此之间也相容,这就意味着结论是肯定的。反过来说,如果结论是肯定的,则两个前提必不能有否定的,因有一前提否定,结论就否定,有两前提否定就根本不能得出结论。

例如：镇压人民的人都是没有好下场的，

反动派是镇压人民的人；

所以，反动派是没有好下场的。

在这个三段论中，结论是肯定的，这个肯定结论是由两个肯定前提得来的。

有效三段论的推理除了遵循六条基本规则之外，还需要遵循两条导出规则。

导出规则 1：两个特称前提得不出必然的结论。

证明：两个特称的前提，包括三种情况——II、OO、IO。如果是 II，两个前提都是特称肯定命题，则前提中就没有一个项是周延的，这就违反了"中项在前提中至少周延一次"的规则，得不出必然的结论；如果是 OO，根据"两个否定的前提得不出必然的结论"的规则，也得不出必然的结论；如果是 IO，两个前提中有一个是否定前提，则只有一个项是周延的，这个项应当充当中项，因为在三段论中"中项在前提中至少周延一次"；而根据"前提中有一个是否定的，那么结论也是否定的"规则，结论又为否定命题，就意味着大项是周延的；此时，出现了前提中唯一一个周延项既是中项又是大项的矛盾。可见以 IO 为前提也得不出必然结论。

导出规则 2：如果两前提中有一特称，则结论必为特称。

证明：根据导出规则一，三段论至少应有一个前提是全称命题的规则，因此前提中有一个是特称命题，则另一个前提就必然是全称命题。这样，前提的组合就有四种可能的有效情况，即 IA、IE、OA 和 OE。根据规则"两个否定的前提得不出结论"，只有三种可能的有效情况，即 IA、IE、OA。

就 IA 而言，根据性质命题主、谓项的周延性原理，在这种情形下，只有 A 命题的主项是周延的，其他各项均不周延。这个唯一周延的项只能作三段论的中项，否则就违反中项在前提中至少要周延一次的规则，犯"中项不周延"的错误。既然前提中唯一周延的项作了中项，则小项在前提中不周延。根据在前提中不周延的项，在结论中也不得周延的规则，小项在结论中也不周延。可见，结论是一个特称命题。

就 IE 而言，根据性质命题主、谓项的周延性原理，在这种情形下，E 命题的主、谓项都是周延的。但这两个周延的项中，一个必须作中项，否则就要犯"中项不周延"的错误；一个必须作大项，否则就要犯"大项扩大"的错误。因为根据前提有一个是否定命题，结论也必然是否定命题的规则，其结论必然是否定命题，即大项在结论中周延。既然大项在结论中周延,则其在前提中必周延。这样,小项在前提中也是不周延的。为了避免犯“小项扩大”的错误,所以,小项在结论中也不得周延,可见,结论仍是一个特称命题。

就 OA 而言,根据性质命题主、谓项的周延性原理,在这种情形下,O 命题的谓项和 A 命题的主项是周延的。同 IE 的道理一样,结论也只能是一个特称命题。

综上所述,如果前提中有一个是特称命题,则结论必然是特称命题。

三、三段论的格

在三段论中,中项的位置不是一成不变的,它可以在大前提的主项或谓项位置上,也可以在小前提的主项或谓项的位置上。由于中项在两个前提中位置的不同,就构成了三段论的不同表现形式,这称之为三段论的格。具体而言,三段论可以分为四个格。

第一格:中项在大前提中作主项,在小前提中作谓项。

其结构式可表示为:

M—P	例如:老虎都是有斑纹的,
S—M	东北虎是老虎;
————	————————————
S—P	所以,东北虎是有斑纹的。

根据三段论的一般规则,结合第一格三段论的结构特点,第一格的三段论必须遵守两条特殊规则:(1)小前提必须是肯定命题;(2)大前提必须是全称命题。

规则(1)证明。假设小前提不是肯定命题而是否定命题,那么大前提就必然是肯定命题,因为三段论基本规则要求,至少有一个前提是肯定命题,以两个否定命题作前提不能推出结论。大前提是肯定命题,大项就不周延,因为肯定命题的谓项不周延,而第一格的三段论推理大前提的谓项就是大项。既然大项在前提中不周延,在结论中也不得周延,因为三段论基本规则要求,在前提中不周延的项,在结论中也不得周延。这样,结论就该是肯定命题,因为肯定命题的谓项才是不周延的,否则就会犯“大项扩大”的错误。但是,由于前面已假设小前提是否定命题,故根据前提中有一否定命题则结论也必为否定命题的规则,推出的结论也应该是否定命题,可见,从假设出发推出了互相矛盾的结论。因此,假设就不成立,即小前提不能是否定命题,而必须是肯定命题。

规则(2)证明。此格的小前提必肯定已经得到证明,因此小前提中的谓项不周延。由于小前提中的谓项在此格中是中项,因此,中项在小前提中不周延。根据三段论基本规则二,中项在前提中至少要周延一次,因此,中项在大前提中必须是周延的。由于中项在此格的大前提中是主项,所以,大前提必是全称命题。

第一格的三段论推理在日常思维和语言表达中有着重要的作用。第一格的三段论推理通过大前提的全称命题断定一类事物的全部对象具有或不具有某种性质,从而推论出该类事物的部分对象具有或不具有某种性质,这典型表明了从一般到个别的演绎推理性质。因此,第一格被称为完善格、典型格或标准格。在实践中,三段论的第一格通常被称为"审判格",因为第一格的三段论是审判活动中常用的一种推理思维形式。例如:"凡怂恿、唆使、诱骗、劝说他人实行犯罪的人是教唆犯,被告是怂恿、唆使、诱骗、劝说他人实行犯罪的人;所以,被告是教唆犯"。这就鲜明体现了运用三段论的第一格给被告定罪的思维活动。

第二格:中项在大前提和小前提中都作谓项。

其结构式可表示为:

P—M	例如:金属是导电的,
S—M	纸不是导电的;
————	————————
S—P	所以,纸不是金属。

根据三段论法的一般规则,结合第二格三段论的结构特点,第二格的三段论必须遵守两条特殊规则:(1)有一个前提必须是否定命题;(2)大前提必须是全称命题。

规则(1)证明。根据三段论基本规则二,中项在两个前提中至少周延一次。中项在此格中都是谓项,而否定命题的谓项才周延,所以,两个前提中必须有一个是否定命题。

规则(2)证明。由于此格的两个前提中必有一个是否定的,因此,根据三段论基本规则五,结论必须是否定的。结论否定,则结论中的大项周延。大项在结论中周延,在大前提中也必须周延,否则违反基本规则三。大项在大前提中处于主项地位,所以大前提必须是全称命题。

由于第二格的三段论推理的前提必须有一个否定命题,因此其结论也必然是否定命题。第二格常常被用来反驳与结论相矛盾或相反对的肯定命题,也经常用来指明两个或两类事物之间的区别,所以,第二格称区别格或否定格。

第三格：中项在大前提和小前提中都作主项。

其结构式可表示为：

M—P	例如：商品是一种劳动产品，
M—S	商品是用来交换的物品；
———	———————————
S—P	所以，有些用来交换的物品是劳动产品。

根据三段论推理的一般规则，结合第三格三段论的结构特点，第三格的三段论必须遵守两条特殊规则：（1）小前提必须是肯定命题；（2）结论必须是特称命题。

规则（1）证明。如果小前提否定，根据三段论基本规则四，则大前提必肯定，因两个否定前提不能得结论。大前提肯定，则此格大前提的谓项即大项，在大前提中不周延。但如果小前提否定，根据三段论基本规则五，则结论必否定，而结论否定，则大项在结论中周延。如此，则大项在前提中不周延，而在结论中周延了，这就违反了三段论基本规则三。因此，假设小前提否定不成立，所以，小前提必肯定。

规则（2）证明。小前提肯定已证，则小前提中的谓项，即此格之小项在前提中不周延。由于小项在前提中不周延，根据三段论基本规则三，则其在结论中便也不得周延。所以，结论必是特称命题。

由于第三格的三段论的结论是特称命题，因此常常被用来指出或例举特殊情况，从而反驳与之相矛盾的全称命题，所以，第三格又称反驳格或例证格。例如"张先生是学理工科的，张先生是个著名的文学家；所以，有些著名的文学家是学理工科的"。这就是运用第三格来反驳了"所有著名的文学家都不是学理工科的"这一全称命题。

第四格：中项在大前提中作谓项，在小前提中作主项。

其结构式可表示为：

P—M	例如：有些押韵的作品是诗，
M—S	所有的诗都是文学作品；
———	———————————
S—P	所以，有些文学作品是押韵的作品。

根据三段论推理的一般规则和第四格的三段论的结构特点，第四格的三段论必须遵守五条特殊规则：（1）若前提中有一个否定命题，则大前提必须是全称命题；（2）若大前提是肯定命题，则小前提必须是全称命题；（3）若小前提是肯定命

题，则结论必须是特称命题；（4）任何一个前提都不能是特称否定的；（5）结论不能是全称肯定命题。

规则（1）证明。如两个前提中有一个是否定的，则结论必否定。而结论否定，则结论中的大项周延，这样，大项在大前提中也必须是周延的。由于大项在大前提中是主项，若要周延，则大前提必须是全称的。

规则（2）证明。如大前提肯定，则大前提的谓项，即此格在大前提中的中项不周延。中项在两个前提中必有一个是周延的，因此，中项在小前提中必须周延。中项在小前提中是主项，若要周延，则必全称。

规则（3）证明。如小前提肯定，则小前提的谓项，即此格的小项，在前提中不周延。小项在前提中不周延，在结论中也不得周延，所以，结论必特称。

规则（4）证明。假如大前提否定，则结论否定；结论否定，则大项在结论中周延，因而要求大项在前提中也必须周延。而大项在大前提中是主项，若要周延，则大前提必是全称的，所以大前提不能是特称否定的。

假如小前提是否定的，则大前提必肯定；大前提肯定，则大前提的谓项，即此格在大前提中的中项不周延，因而要求中项在小前提中周延。而中项在小前提中是主项，若要周延，则必全称，所以，小前提不能是特称否定的。

规则（5）证明。结论若全称肯定命题，则小项在前提中必周延；而小项在小前提中是谓项，若要周延，则小前提必否定。而小前提否定，则结论否定。可见，这与假设相矛盾，因此假设不成立，即结论不能是全称肯定命题。

第四格的三段论推理没有什么特别用途，日常生活中不常使用，因而有时被称作无名格。

四、三段论的式

所谓三段论的式，就是由于三段论前提和结论的质（肯定或否定）和量（全称或特称）的不同，所组合构成的不同三段论形式。具体来说，就是指在三段论推理的大前提、小前提和结论中依据 A、E、I、O 四种不同性质命题的组合而形成的不同形式的三段论。

例如："凡产品的开发都是要考虑市场因素的，金融产品的开发是产品的开发；所以，金融产品的开发是要考虑市场因素的。"这个三段论的大前提是一个 A 命题，小前提也是一个 A 命题，结论仍然是一个 A 命题。逻辑学把它叫"AAA"式。再例如："所有企业都是经济实体，有些企业是不具有法人资格的企业；所以，有些不具有法人资格的企业是经济实体。"这个三段论的大前提是一个 A 命题，小前提是一个 I 命题，结论也是一个 I 命题。逻辑学把它叫做“AII”式。

由于 A、E、I、O 四种命题都可能成为三段论推理的大前提、小前提或结论，按此加以排列组合，三段论推理的每一格都可以有 4×4×4=64 种可能的组合，而四个格则共有 64×4=256 个式。其中，依据三段论推理的基本规则和导出以及各个格的特殊规则，把无效式全部去掉，就剩下了 24 个有效的形式，具体形式见下表。

表 3.1 三段论的有效式

第一格	第二格	第三格	第四格
AAA	AEE	AAI	AAI
AII	EAE	AII	AEE
EAE	EIO	EAO	EAO
EIO	AOO	EIO	EIO
（AAI）	（AEO）	IAI	IAI
（EAO）	（EAO）	OAO	（AEO）

表中共有 24 个有效的三段论推理形式，其中带括号的五个式是弱式，即本应推出全称命题作结论，但实际上只得出了特称命题结论的有效式。例如：“唯利是图者都是贪财的，制假贩假者是唯利是图者；所以，有些制假贩假者是贪财的。”这个三段论本应从两个全称命题前提推出一个全称命题结论，即“所有制假贩假者都是贪财的”，但它却推出一个特称命题结论，因此是一个弱的有效式。这一弱式不是无效推理，只是一种不完全的推理，其余 19 个则是完全的有效式。

五、三段论的省略式

任何一个三段论都应该包括大前提、小前提和结论这三个命题成分，但在日常语言表达中，人们往往将那些不言自明的部分省略表达。这种省略了某个命题成分的三段论形式叫做三段论的省略式。三段论的省略式在不同的语言环境中可以省略大前提，可以省略小前提，也可以省略结论。

第一，省略大前提的三段论形式。当大前提表达的是众所周知的道理时，一般会省略大前提。例如，“我们是大学生，我们应当遵守大学生行为规范”，其中被省略的大前提是“凡大学生应当遵守大学生行为规范”。

第二，省略小前提的三段论形式。当小前提表达的事实非常明显时，往往可以省略小前提。例如，“凡司法干部都应当熟悉法律，你也应当熟悉法律”，这里就省略了小前提“你是司法干部”。

第三，省略结论的形式。在日常讲话和写作中，为了使语言更加简明有力，有时会省略结论。例如，“某甲是生理上、精神上有缺陷的人，而生理上、精神上有缺陷的人是没有独立行为能力的人”，这是一个省略了结论的三段论，其结论应是“某甲是没有独立行为能力的人”。在特殊语境里，一个三段论的小前提和结论都可以省去，例如陈涉起义中说的一句话：“燕雀安知鸿鹄之志哉！”完整的三段论应是：“燕雀不知鸿鹄之志，你们是燕雀；所以，你们不知（我这个）鸿鹄之志。”

省略三段论所省略的部分在特定的语言环境中是不言自明的，由于它没有影响思维的正确表达，反而更加简明有力，所以，它在实际思维和语言表达中得到广泛应用。但是，这种省略有可能使三段论在逻辑上包含错误，因此为了辨别一个三段论省略式是否有效，有必要首先根据三段论的规则将其恢复成完整式，然后可以更清楚地加以辨别。

把一个三段论省略式恢复成完整式的具体步骤是：

第一步，根据“所以”等典型联结词，来确定结论是否被省略。一般来说，如果给定的省略式中有“所以”“因此”等联结词，那么结论就不是被省略的成分。如果没有，就可以确定结论省略，进而通过三段论规则加以补全结论。

第二步，确定大、中、小项和大、小前提。如果找到结论，那么就可以判定结论的主项就是小项，结论的谓项就是大项，在结论中没有出现而在另一个命题中出现就是中项。由此，就可以判定省略式中省略的是大前提还是小前提了。进而，通过三段论规则加以补全这些省略成分。

三段论省略式恢复成完整式以后，就可以根据三段论的各项规则对其加以检查，判定此三段论省略式是否有效。例如：“我骂卖国贼，所以，我是爱国者。”其中省略了大前提，补充完整后有两种形式：一是“凡骂卖国贼的都是爱国者，我骂卖国贼；所以，我是爱国者”；二是“凡爱国者都骂卖国贼，我骂卖国贼；所以，我是爱国者”。第一个三段论的推理形式有效，但是大前提虚假；第二个三段论的大前提真实，但是推理形式无效，犯了“中项不周延”的错误。

【省略三段论补全示例】《三国演义》中诸葛亮借得东风之后，急忙由东吴回到夏口。他料定当晚曹操必被周瑜用火攻败，于是布置兵力，准备阻截明天必向这边逃窜的曹操。

诸葛亮料定曹操兵败后必走华容道，想派关羽去华容道阻杀，又怕关羽念旧日之情放走曹操，于是用激将法使关羽立下军令状，不放走曹操。关羽临行时，诸葛亮说："你在华容道上找个高地方，堆起柴草，放起烟火，可引曹操来。"关羽说："曹操望见烟火，知道有埋伏，怎么肯来？"诸葛亮说："曹操是熟读兵书的人，你不记得，兵书上有'实则虚，虚则实'的说法吗？曹操虽然会用兵，这却可以瞒过他。他看到有烟，必然断定这里虚张声势，必走这条路。"诸葛亮保证曹操必走华容道，关羽于是带兵去了。

曹操兵败后，率残兵败将来到华容道口。军士报告说："前边有两条路，请问丞相走哪条路？"曹操问："哪条路近？"军士回答："大路稍平，却远五十里，小路投华容道，却近五十余里；只是地窄路险，坑坎难行。"曹操命人上山观望，回报："小路上有数处烟起；大路并无动静。"曹操便叫军马走华容道小路。将领们问："有烟就有兵，为什么走这条路呢？"曹操说："兵书上说'实则虚，虚则实'，诸葛亮多谋，所以派人在此放烟，使我军不敢走此路，他却把兵马埋伏在大路旁等着我，我偏不中他的计。"结果曹操走了华容道，碰到了关羽。

文中，诸葛亮运用的推理如下：

曹操是熟读兵书的人；

熟读兵书的人懂得"实则虚，虚则实"；

懂得"实则虚，虚则实"的人，认为这条路是虚张声势；

认为这条路是虚张声势的人，必然要走这条路；

所以，曹操必然要走这条路。

这段话是一个复杂的省略三段论推理，其中不仅省略了结论，而且在思维过程中省略了小前提，将这些省略成分补充完整后的推理形式如下：

①曹操是熟读兵书的人；

熟读兵书的人懂得"实则虚，虚则实"；

所以，曹操懂得"实则虚，虚则实"。

②懂得"实则虚，虚则实"的人，认为这条路是虚张声势；

曹操懂得"实则虚，虚则实"；

所以，曹操认为这条路是虚张声势。

③ 认为这条路是虚张声势的人,必然要走这条路;
曹操认为这条路是虚张声势;

所以,曹操必然要走这条路。

第三节　关系命题的推理

关系命题的推理也称关系推理,是根据关系命题的逻辑性质进行的一种推理形式。我们主要讨论作为简单命题推理的一种关系命题推理。

一、关系推理的概念

关系推理是以关系命题作为前提,并且根据关系命题的逻辑性质推出一个新的关系命题作为结论的推理形式。

例如:①老李和小李有血缘关系,所以,小李和老李有血缘关系;②甲国比乙国先加入 WTO,乙国比丙国先加入 WTO;所以,甲国比丙国先加入 WTO。这两个例子都是关系命题的推理。

二、关系推理的形式

依据关系命题的逻辑性质,即对称性和传递性关系,关系命题的推理也可以分为基于对称性关系的推理和基于传递性关系的推理两种形式。

☞ 基于对称性关系的推理

由于关系命题的对称性关系中,只有对称性和反对称性两种形式能够得到确切的结论,因此,基于对称性关系的关系命题推理有两种形式,即对称关系推理和反对称关系推理。

第一,对称关系推理。对称关系推理是以具有对称性关系的关系命题为前提,根据对称关系命题的逻辑性质推出一个新的关系命题作为结论的推理。

例如:①张明是王华的中学同学,所以,王华是张明的中学同学;②甲是乙的竞争对手,所以,乙是甲的竞争对手。这两个推理形式就是对称关系推理,它们依据的都是关系命题的对称性的逻辑性质。

第二,反对称关系推理。反对称关系推理是以具有反对称关系的关系命题为前提,根据反对称关系命题的逻辑性质推出一个新的关系命题作为结论的推理。

例如:①甲先于乙到过现场,所以,乙不先于甲到过现场;②社会主义国家的公民比资本主义国家的公民享有更多的权利,所以,资本主义国家的公民不比社会主义国家的公民享有更多的权利。这两个例子都是反对称关系推理,它们依据的都是关系命题的反对称性的逻辑性质。

☞ **基于传递性关系的推理**

由于关系命题的传递性关系中,只有传递性和反传递性两种形式能够得到确切的结论,因此,基于传递性关系的关系命题推理只有两种形式,即传递关系推理和反传递关系推理。

第一,传递关系推理。传递关系推理是以具有传递性关系的关系命题作前提,根据传递关系命题的逻辑性质推出另一个新的关系命题作为结论的推理。

例如:①黄河在长江以北,长江在珠江以北;所以,黄河在珠江以北;②甲和乙的血型相同,乙和丙的血型相同;所以,甲和丙的血型相同。这两个都是传递关系推理,它们依据的都是关系命题的传递性的逻辑性质。

第二,反传递关系推理。反传递关系推理是以具有反传递关系的关系命题为前提,根据反传递关系命题的逻辑性质推出另一个新的关系命题作为结论的推理。

例如:①某甲比某乙高 5 厘米,某乙比某丙高 5 厘米;所以,某甲比某丙不是高 5 厘米;②李女士是刘女士的母亲,刘女士是钱小姐的母亲;所以,李女士不是钱小姐的母亲。这两个都是反传递关系推理,它们依据的都是关系命题的反传递性的逻辑性质。

日常工作和生活中在研究和处理各种关系时,往往需要面对各种关系命题,需要进行各种关系推理,因此,掌握关系命题的推理具有特殊的意义和作用。

第四节 模态命题的推理

模态命题的推理简称模态推理,是指以模态命题作为前提而进行的推理形式。我们所讨论的主要是以简单的模态命题作为前提而进行的推理。

一、模态推理的概念

模态推理是根据模态命题的逻辑性质而进行的推理形式，具体说，模态命题是根据模态命题之间的逻辑对当关系而进行的推理。一般来说，模态推理的前提和结论都是模态命题。由于模态命题可以分为真值模态命题和规范模态命题，所以，模态命题推理也相应可以分为真值模态命题的推理和规范模态命题的推理。例如：①任何事物都必然要发展变化，所以，任何事物都不可能不发展变化；②公民可以对国家机关工作人员提出批评和建议，所以，公民不必须不对国家机关工作人员提出批评和建议。这两个例子都是模态命题的推理形式。其中，①是真值模态命题的推理，而②则是规范模态命题的推理。

二、真值模态推理

真值模态推理是以真值模态命题作为前提，根据真值模态命题的逻辑性质，推出一个新的真值模态命题作为结论的推理。

☞ 模态命题之间的推理形式

根据真值模态命题的逻辑方阵所表达的逻辑关系，可以进行如下一些模态命题的推理。

第一，依据反对关系进行的模态推理。反对关系存在于□p与□¬p之间；逻辑性质是“不能同真，可以同假”。因此，有效的推理形式为：

①□p→¬□¬p；“必然p，所以，并非必然非p”。

②□¬p→¬□p；“必然非p，所以，并非必然p”。

第二，依据矛盾关系进行的模态推理。矛盾关系存在于□p与◇¬p、◇p与□¬p之间；逻辑性质是“不能同真，不能同假”。因此，有效的推理形式为：

①□p→¬◇¬p；“必然p，所以，并非可能非p”。

②□¬p→¬◇p；“必然非p，所以，并非可能p”。

③◇p→¬□¬p；“可能p，所以，并非必然非p”。

④◇¬p→¬□p；“可能非p，所以，并非必然p”。

第三，依据下反对关系进行的模态推理。下反对关系存在于◇¬p与◇p之间；逻辑性质是“不能同假，可以同真”。因此，有效的推理形式为：

①¬◇p→◇¬p；“并非可能p，所以，可能非p”。

②¬◇¬p→◇p；“并非可能非p，所以，可能p”。

第四，依据差等关系进行的模态推理。差等关系存在于□p与◇p、□¬p与◇¬p之间；逻辑性质是"上真下必真，下假上必假"。因此，有效的推理形式为：

① □p→◇p；"必然p，所以，可能p"。

② □¬p→◇¬p；"必然非p，所以，可能非p"。

③¬◇p→¬□p；"并非可能p，所以，并非必然p"。

④¬◇¬p→¬□¬p；"并非可能非p，所以，并非必然非p"。

☞ 模态命题与实然命题之间的推理

一般的性质命题又称实然命题，可以用"p"来表示。实然命题与必然和或然命题之间也存在着真假的对应关系，因此它们之间也组成了逻辑对当关系，可以用逻辑方阵加以表示（见下图）。

模态命题与实然命题之间的推理依据的就是它们之间的逻辑对当关系，模态命题与实然命题之间的推理形式主要有以下几种：

① □p→p；"必然p，所以，p"。

② p→◇p；"p，所以，可能p"。

③ □¬p→¬p；"必然非p，所以，非p"。

④ ¬p→◇¬p；"非p，所以，可能非p"。

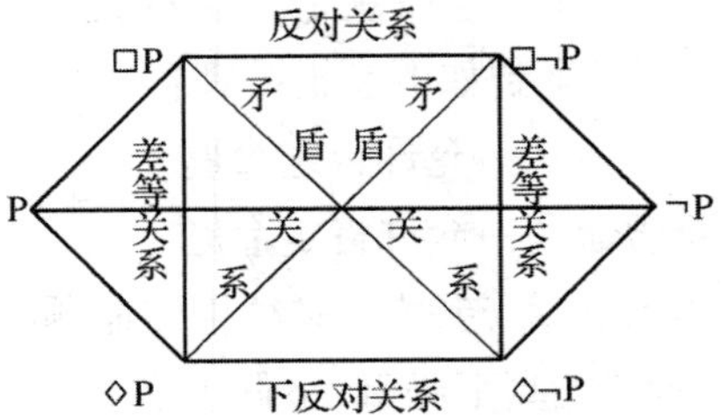

图 3.4 模态六角阵图（考虑实然命题后的"模态方阵"的拓展）

【真值模态命题相关推理示例】例①：已知"罪犯必然有犯罪时间"（□p）为真，通过模态命题逻辑对当关系，可知"罪犯必然无犯罪时间"（□¬p）为假；"罪犯可能有犯罪时间"（◇p）为真；"罪犯可能无犯罪时间"（◇¬p）为假；"罪犯有犯罪时间"（p）为真。

例②：已知"并非明天必然下雪"（¬□p），即"明天必然下雪"为假，可知"明天可能不下雪"（◇¬p）为真。

例③：已知“并非他必然不被当选”（$\neg\Box\neg p$），即“他必然不被当选”为假，可知：“他可能被当选”（$\Diamond p$）为真。

三、规范模态推理

规范模态推理是以规范模态命题作为前提，根据规范模态命题的逻辑性质，推出一个新的规范模态命题作为结论的推理。根据图 2.3 中规范模态命题逻辑方阵所表述的逻辑对当关系性质，可以进行规范模态命题的逻辑推理。

第一，必须肯定命题与必须否定命题之间是反对关系。它们的真假情况是“不能同真，可以同假”。因此可以得到如下逻辑推理：

① 必须肯定命题→必须否定命题的矛盾命题

② 必须否定命题→必须肯定命题的矛盾命题

第二，必须肯定命题与允许否定命题、必须否定命题与允许肯定命题之间是矛盾关系。它们的真假情况是“不能同真，不能同假”。因此可以得到如下逻辑推理：

① 必须肯定命题→允许否定命题的矛盾命题

② 必须否定命题→允许肯定命题的矛盾命题

③ 允许肯定命题→必须否定命题的矛盾命题

④ 允许否定命题→必须肯定命题的矛盾命题

第三，允许肯定命题与允许否定命题是下反对关系。它们的真假情况是“不能同假，可以同真”。因此可以得到如下逻辑推理：

① 允许肯定命题的矛盾命题→允许否定命题

② 允许否定命题的矛盾命题→允许肯定命题

第四，必须肯定命题与允许肯定命题、必须否定命题与允许否定命题之间是差等关系。它们的真假情况是“上真下必真，下假上必假”。 因此可以得到如下逻辑推理：

① 必须肯定命题→允许肯定命题

② 必须否定命题→允许否定命题

③ 允许肯定命题的矛盾命题→必须肯定命题的矛盾命题

④ 允许否定命题的矛盾命题→必须否定命题的矛盾命题

【规范模态命题推理示例】某大型超市在出口处贴有告示：“本超市保留对消费者进行盘查的权利。”一天，超市怀疑一位女消费者有行窃行为,于是在该超市出口处对其所购商品进行盘查,在查无所获的情况下,又将女消费者带至保安办公室由女保安搜身,最终却查无证据。女消费者一气之下,状告该超市侵权。被告则认为,他们所采取的行为是为了保护自身利益的盘查行为,且有告示在先,因此不构成侵权。

法庭认为,超市的做法是违法的。依据《中华人民共和国消费者权益保护法》第24条规定:"经营者不得以格式合同、通知、声明、店堂告示等方式作出对消费者不公平、不合理的规定,或者减轻、免除其损害消费者合法权益应当承担的民事责任。格式合同、通知、声明、店堂告示等含有前款所列内容的,其内容无效。"第25条规定:"经营者不得对消费者进行侮辱、诽谤,不得搜查消费者的身体及其携带的物品,不得侵犯消费者的人身自由。"

可见,根据上两条法律规定,我们可知,"经营者不得搜查消费者的身体及其携带的物品",这些规定属规范模态命题中的"必须否定命题",即"必须非p"。从"必须否定命题"或者"必须非p",我们推出不"允许肯定命题"或者"允许p",也就是说,得不到"经营者有搜查消费者的身体及其携带的物品的权利"的结论。因此,被告的行为已明显违法,构成了对原告的侵权,应当依法承担侵权责任。

第二章　复合命题的推理

复合命题的推理是指由复合命题作为前提,从而推出结论的推理形式。根据作为前提的复合命题的不同,复合命题的推理又可以分为联言命题的推理、选言命题的推理和假言命题的推理。几种复合命题的推理形式同时使用,称为复合命题的综合运用。

第一节 联言推理

联言推理就是前提或者结论中有一个联言命题,根据联言命题的逻辑性质进行推演而得出结论的演绎推理。联言命题的逻辑性质在于:一个联言命题为真,当且仅当该联言命题中的各个联言支都真。这一性质决定了联言推理有两种有效的基本推理形式,即联言推理的分解式和组合式。

一、联言推理的分解式

联言推理的分解式是以一个联言命题作为前提,以该联言命题中的任意一个联言支作为结论而构成的联言推理。其推理过程是:通过对联言前提进行分解,从而获得人们所需要的某个联言支。其作用是:通过对事物多方面情况的分析,以突出其中某一个方面的情况。

联言推理分解式的逻辑形式可以表示为:

p并且q

所以,p(q)

其符号表达式为:$(p \wedge q) \rightarrow p$ 或者 $(p \wedge q) \rightarrow q$。

例如,以下例子都是联言推理的分解式:

①兵不在于多而在于精;

所以,兵在于精。

②言者无罪,闻者足戒;

所以,言者无罪。

③制造、贩运、贩卖和吸食毒品都是违法行为;

所以,吸食毒品是违法行为。

二、联言推理的组合式

联言推理的组合式是以各个联言支作为前提，而以这些前提的组合为结论构成的联言推理。其推理过程是：通过对若干个前提进行组合，从而获得一个联言命题。

联言推理组合式的逻辑形式是：

p
q
———————
所以，p 并且 q

其符号表达式为：$(p, q) \rightarrow p \wedge q$

例如，以下例子都是联言推理的组合式：

①发展中国家要保持政治上的独立性；
发展中国家要保持保持经济上的开放性；
———————
所以，发展中国家既要保持政治上的独立性，又要保持经济上的开放性。

②哲学家要学习现代逻辑；
数学家要学习现代逻辑；
———————
所以，无论是哲学家还是数学家都要学习现代逻辑。

③构成贿赂罪，要有谋取不正当利益的行为；构成贿赂罪，要有给予国家工作人员以财物的行为；
———————
所以，构成贿赂罪既要有谋取不正当利益的行为，又要有给予国家工作人员以财物的行为。

虽然联言推理比较简单，但它却是人们思维活动中经常运用的一种推理形式。联言推理的组合式可以培养我们的一种“合”的能力，即帮助我们的认识从分析达到综合，从而把握事物的整体情况。联言推理的分解式可以帮助我们培养一种“分”的能力，即能使我们对客观事物情况的认识由整体达到部分，以便重点地认识事物的个别情况。

第二节　选言推理

选言推理是前提中有一个选言命题，并且根据选言命题的逻辑性质而得出结论的演绎推理。由于选言命题分为相容选言命题和不相容选言命题，二者的逻辑性质是不同的，因此，选言推理也相应分为相容选言命题的推理和不相容选言命题的推理。此外，由于选言推理是由两个前提和一个结论组成的，所以，人们一般把前提中的选言命题称为大前提，另一个选言支称为小前提，选言推理也相应称为选言三段论。

一、相容选言命题的推理

相容选言推理是前提中有一个相容选言命题，根据相容选言命题的逻辑性质进行的推理。相容选言命题的逻辑性质为：选言支中至少有一个为真，相容选言命题才为真。因此，可以确定相容选言推理的规则为：（1）否定一部分选言支，就要肯定另一部分选言支；（2）肯定一部分选言支，不能否定另一部分选言支。

☞ 相容选言推理的有效形式

根据相容选言推理的规则（1），可知否定肯定式是相容选言命题的有效推理形式。

例如：本案的错误或者是由于认定事实失实，或者是由于适用法律不当；
　　　既然本案的错误不是由于认定事实失实；
　　　———————————————
　　　所以，本案的错误是由于适用法律不当。

这个推理运用了选言推理的否定肯定式，其逻辑结构形式为：

p 或者 q
非 p
————
所以，q。

这一推理形式可以用符号表示为：$((p \vee q) \wedge \neg p) \rightarrow q$

☞ 相容选言推理的无效形式

相容选言命题只断定各个选言支中至少有一个为真,并没有断定只有一个为真。因此,根据规则(2),在不能断定只能有一个选言支为真的情况下,不能通过肯定一部分选言支而推出否定另一部分选言支的结论,否则,这样的相容选言推理就是无效的。

例如:这次实验失败的原因,或者是由于仪器设备陈旧落后,或者是由于实验方法不对;

我们的仪器设备落后,这是大家都知道的;

所以,我们的实验方法不会有问题。

这个推理中,当前提事实上为真时,结论显然并不必然为真,这种选言推理的肯定否定式就是无效的。

二、不相容选言命题的推理

不相容选言推理是前提中有一个不相容选言命题,根据不相容选言命题的逻辑性质进行的推理。不相容选言命题的逻辑性质是,选言支只能有一个为真。因此,不相容选言推理的规则是:(1)否定一部分选言支,就要肯定另一部分选言支;(2)肯定一部分选言支,就要否定其他的选言支。这样,不相容选言推理就有了否定肯定式和肯定否定式两种有效的推理形式。

☞ 否定肯定式

不相容选言推理的否定肯定式,是指在不相容选言推理中,前提中否定选言命题中的一个选言支,在结论中就要肯定另外一个选言支。

例如:被告要么是故意犯罪,要么是过失犯罪;

被告不是故意犯罪;

所以,被告是过失犯罪。

逻辑形式表示为:

要么 p,要么 q
非 p

所以,q

其符号表达式为:$((p \dot{\vee} q) \wedge \neg p) \rightarrow q$

☞ **肯定否定式**

不相容选言推理的肯定否定式,是指在前提中肯定选言命题的一个选言支,就要在结论中否定另外一个选言支。

例如:某甲的死要么是正常死亡,要么是非正常死亡;
某甲的死是正常死亡;

所以,某甲的死不是非正常死亡。

逻辑形式可以表示为:

要么 p,要么 q
p

所以,非 q

其符号表达式为:$((p \dot{\vee} q) \wedge p) \rightarrow \neg q$

在认识客观事物及其关系的过程中,选言命题推理具有重要意义。在具体运用选言推理时,需要注意以下问题:第一,在运用肯定否定式选言推理时,必须注意,只有当大前提中的各个选言支互相排斥时,才能运用肯定否定式。第二,在运用否定肯定式选言推理时,必须注意,只有选言支穷尽了相关的一切可能情况,才能保证该选言命题中至少有一个为真,也才能运用否定肯定式选言推理。

第三节　假言推理

假言推理指由一个假言命题作为前提,根据假言命题所断定的前后件之间的条件制约关系而得出结论的演绎推理。根据假言命题所断定两种事物情况间的条件制约关系的不同,假言命题可以分为充分条件假言命题、必要条件假言命题与充要条件假言命题。又因为假言推理是以假言命题作为大前提而构成的演绎推理,因此,假言推理也可分为充分条件假言推理、必要条件假言推理与充要条件假言推理等三种。

一、充分条件假言推理

充分条件假言推理就是以充分条件假言命题作为大前提而构成的假言推理。充分条件假言推理是根据充分条件假言命题的逻辑性质来进行推演的。根据充分条件假言命题的逻辑性质可知:在充分条件假言推理中,若已知大前提的前件为真,便可以肯定它的后件也真;同样,若已知大前提的后件为假,则可推知其前件也必假。因此,充分条件假言推理有肯定前件式和否定后件式两种有效的推理形式。

☞ 肯定前件式

充分条件假言推理的肯定前件式是指,通过小前提来肯定大前提的前件,得出肯定大前提后件的结论。

例如:如果为谋取不正当的利益,给予国家工作人员以财物的,就是犯了行贿罪;
李某是为谋取不正当的利益,给予国家工作人员以财物的;

所以,李某犯了行贿罪。

其逻辑形式可以表示为:如果p,那么q
p

所以,q

符号表达式为:$((p\rightarrow q)\land p)\rightarrow q$

☞ 否定后件式

充分条件假言推理的否定后件式是指,通过小前提否定大前提的后件,得出否定大前提前件的结论。

例如：如果他是罪犯，那么他有作案时间；
他没有作案时间，

所以，他不是罪犯。

其逻辑形式可以表示为：如果 p，那么 q
非 q

所以，非 p

符号表达式为：$((p \rightarrow q) \wedge \neg q) \rightarrow \neg p$

在进行充分条件假言推理时，不能由小前提否定大前提的前件，进而推出否定大前提后件的结论；也不能由小前提肯定大前提的后件，进而推出肯定大前提前件的结论。例如，下述推理就是无效的。

①如果某甲是汽车司机，那么他就会驾驶汽车；
某甲不是汽车司机；

所以，某甲不会驾驶汽车。

②如果某甲是四川人，那么他就会说四川话；
某甲会说四川话；

所以，某甲是四川人。

二、必要条件假言推理

必要条件假言推理是以必要条件假言命题作为大前提而构成的假言推理。必要条件假言推理是根据必要条件假言命题的逻辑性质来进行推演的。根据必要条件假言命题的逻辑性质，已知前件假、后件就假，后件真、前件就真。因此，在必要条件假言推理中，若已知大前提的前件为假，则可由此推知大前提的后件必假；同样，若已知大前提的后件为真，便可以推知大前提的前件必真。基于此，必要条件假言推理有两种有效的推理形式，即否定前件式和肯定后件式。

☞ 否定前件式

必要条件假言推理的否定前件式是指，通过小前提否定大前提的前件，得出否定大前提后件的结论。

例如：只有年满十八岁，才有选举权；
　　　小王没有年满十八岁；
　　　————————————
　　　所以，小王没有选举权。

逻辑形式为：只有 p，才 q
　　　　　　非 p
　　　　　　——————
　　　　　　所以，非 q

其符号表达式为：$((p \leftarrow q) \land \neg p) \rightarrow \neg q$

☞ 肯定后件式

必要条件假言推理的肯定后件式是指，通过小前提肯定大前提的后件，得出肯定大前提前件的结论。

例如：只有本案死者是进食后不久死亡的，其胃内才会有大量未消化的食物；
　　　本案死者的胃内有大量未消化的食物；
　　　————————————
　　　所以，本案死者是进食后死亡的。

逻辑形式为：只有 p，才 q
　　　　　　q
　　　　　　——————
　　　　　　所以，p

其符号表达式为：$((p \leftarrow q) \land q) \rightarrow p$

在必要条件假言命题推理中，不能由小前提肯定大前提的前件，进而推出肯定大前提后件的结论；也不能由小前提否定大前提的后件，进而推出否定大前提前件的结论。例如，下述推理就是无效的。

①只有刻苦学习，才能攀登科学高峰；
小李刻苦学习了；

所以，小李能攀登科学高峰了。

②只有年满十八岁，才有选举权；
张三没有选举权；

所以，张三没有年满十八岁。

三、充要条件假言推理

充要条件假言推理是前提中有一个充要条件假言命题，根据充要条件假言命题的逻辑性质进行的推理。根据充要条件的逻辑性质，可以确定充要条件假言推理的有效形式，即肯定前件，可以得出肯定后件的结论；肯定后件，可以得出肯定前件的结论；否定前件，可以得出否定后件的结论；否定后件，可以得出否定前件的结论。

☞ 肯定前件式

充要条件假言推理的肯定前件式是指，通过小前提肯定大前提的前件，得出肯定大前提后件的结论。

例如：当且仅当一个人犯了罪，则应受到刑罚的处罚；
他犯了罪；

所以，他应受到刑罚的处罚。

逻辑形式为：当且仅当 p，则 q
p

所以，q

符号表达式为：$((p \leftrightarrow q) \land p) \rightarrow q$

☞ 肯定后件式

充要条件假言推理的肯定后件式是指，通过小前提肯定大前提的后件，得出肯定大前提前件的结论。

例如：当且仅当一个人犯了罪，则应受到刑罚的处罚；
他受到了刑罚的处罚；

所以，他犯了罪。

逻辑形式为：当且仅当 p，则 q
q

所以，p

符号表达式为：$((p \leftrightarrow q) \wedge q) \rightarrow p$

☞ **否定前件式**

充要条件假言推理的否定前件式是指，通过小前提否定大前提的前件，得出否定大前提后件的结论。

例如：当且仅当一个人犯了罪，则应受到刑罚的处罚；
他没有犯罪；

所以，他不应受到刑罚的处罚。

逻辑形式为：当且仅当 p，则 q
非 p

所以，非 q

符号表达式为：$((p \leftrightarrow q) \wedge \neg p) \rightarrow \neg q$

☞ **否定后件式**

充要条件假言推理的否定后件式是指，通过小前提否定大前提的后件，得出否定大前提前件的结论。

例如：当且仅当一个人犯了罪，则应受到刑罚的处罚；
他没有受到刑罚的处罚；

所以，他没有犯罪。

逻辑形式为：当且仅当 p，则 q

非 q

所以，非 p

符号表达式为：$((p \leftrightarrow q) \land \neg q) \to \neg p$

四、假言推理的复杂式

前提和结论都是假言命题的推理也称纯假言推理，它包括假言连锁推理和假言易位推理等形式。

☞ 假言连锁推理

假言连锁推理是指从前提中几个同样性质的假言命题推出一个同样性质的新假言命题的假言推理，通常又称假言三段论。假言连锁推理要求前提中的第一个假言命题的后件必须与第二个假言命题的前件相同。假言连锁推理的有效性取决于其是否遵守假言命题的逻辑性质。

第一，充分条件的假言连锁推理。

例如：如果你犯了法，你就会受到法律制裁；

如果你受到法律制裁，别人就会看不起你；

所以，如果你犯了法，别人就会看不起你。

充分条件假言连锁推理的逻辑形式为：

如果 p，那么 q；

如果 q，那么 r；

所以，如果 p，那么 r。

其符号表达式为：$(p \to q) \land (q \to r) \to (p \to r)$

第二，必要条件的假言连锁推理。

例如：只有有了第二味觉，哺乳动物才能边吃边呼吸；

只有边吃边呼吸，哺乳动物才能进行高效率的新陈代谢；

所以，哺乳动物只有有了第二味觉，才能进行高效率的新陈代谢。

必要条件假言连锁推理的逻辑形式为：

只有 p，才 q；

只有 q，才 r；

所以，只有 p，才 r。

其符号表达式为：$(p \leftarrow q) \land (q \leftarrow r) \rightarrow (p \leftarrow r)$

☞ 假言易位推理

假言易位推理就是将一个假言命题的前、后件交换位置，从而得到一个新假言命题的推理形式。假言易位推理有三种形式，即充分条件假言易位、必要条件假言易位和充要条件假言易位。只有假言易位推理的前提与结论相等值，推理才是有效的，反之则是无效的。

第一，充分条件的假言易位推理。

例如：如果李经理出席会议，则张经理就会出席会议；

所以，如果张经理不出席会议，则李经理就不会出席会议。

其符号表达式为：$(p \rightarrow q) \leftrightarrow (\neg q \rightarrow \neg p)$

第二，必要条件的假言易位推理。

例如：只有有油，汽车才能开动；

所以，汽车能够开动，说明汽车有油。

其符号表达式为：$(p \leftarrow q) \leftrightarrow (q \rightarrow p)$

第三，充要条件的假言易位推理。

例如：当且仅当某数能被 2 除尽，它才是偶数。

所以，当且仅当某数是偶数，它才能被 2 除尽。

其符号表达式为：$(p \leftrightarrow q) \leftrightarrow (q \leftrightarrow p)$

第四节　二难推理

一、二难推理概述

☞ 二难推理的概念

以假言命题和选言命题为前提而构成的推理被称为假言选言推理,二难推理是假言选言推理中的一种重要形式。二难推理的前提中一般有两个假言命题和一个二支的选言命题。

☞ 二难推理的种类

根据二难推理的结论是直言命题还是选言命题,二难推理可分为简单式和复杂式两种二难推理;又根据选言前提的选言支分别是肯定假言前提的前件还是否定假言前提的后件,二难推理又分为构成式和破坏式两种形式。综合来看,二难推理可分为四种形式,即简单构成式、简单破坏式、复杂构成式和复杂破坏式。

☞ 二难推理的作用

正确的二难推理在思维与论辩中有很重要的作用。在论辩活动中,论辩的一方提出一个断定事物两种可能性的选言前提,再由这两种可能前提引申出对方均难以接受的两个结论,从而使对方在两种可能的选择中处于进退两难的困境,从而起到有效反驳论证的作用。

二、二难推理的各种形式

☞ 简单构成式

简单构成式的特点是:构成二难推理的两个充分条件假言命题的前件不同而后件相同,选言前提肯定两个假言前提的前件,结论肯定两个假言前提的后件。

例①：如果你爱他，那么送他去纽约，因为那里是天堂；
如果你不爱他，那么送他去纽约，因为那里是地狱；
你或者爱他，或者不爱他；

总之，你送他去纽约。

例②：如果上帝能创造出这样一块石头，那么上帝就不是万能的（因为上帝至少还有一块石头搬不动），
如果上帝不能创造这样一块石头，那么上帝也不是万能的（因为上帝至少还有一块石头不能创造），
上帝或者能创造这样一块石头，或者不能创造这样一块石头，

总之，上帝不是万能的。

它们的逻辑形式为：如果 p，那么 r；
如果 q，那么 r；
或者 p，或者 q；

所以，总是 r。

符号表达式为：$(p \to r) \land (q \to r) \land (p \lor q) \to r$

☞ **简单破坏式**

简单破坏式的特点是：构成二难推理的两个充分条件假言命题的前件相同而后件不同，选言（联言）前提否定两个假言前提的后件，结论否定两个假言前提的前件。

例①：如果这是一部好作品，那么它的思想内容一定好；
如果这是一部好作品，那么它的艺术水平一定高；
这部作品或者思想内容不好，或者艺术水平不高；

所以，这不是一部好作品。

它们的逻辑形式为：如果 p，那么 q；
如果 p，那么 r；
或者非 q，或者非 r；

所以，非 p。

符号表达式为：$(p\rightarrow q)\wedge(p\rightarrow r)\wedge(\neg q\vee\neg r)\rightarrow\neg p$

例②：如果李四想得到从宽处理，那么他要坦白交代自己的罪行；

如果李四想得到从宽处理，那么他要揭发同伙的罪行；

李四既不坦白交代自己的罪行，也不揭发同伙的罪行；

所以，李四不想得到从宽处理。

它们的逻辑形式为：如果 p，那么 q；

如果 p，那么 r；

非 q，并且非 r；

所以，非 p。

符号表达式为：$(p\rightarrow q)\wedge(p\rightarrow r)\wedge(\neg q\wedge\neg r)\rightarrow\neg p$

☞ **复杂构成式**

复杂构成式的特点是：构成二难推理的两个充分条件假言前提的前件和后件都不相同，选言前提肯定两个假言前提的前件，结论肯定两个假言前提的后件。

例①：若进而居庙堂之高，则忧其民；

若退而处江湖之远，则忧其君；

或者进而居庙堂之高，或者退而处江湖之远；

所以，或者忧其民，或者忧其君。

例②：欲寄君衣君不还，

不寄君衣君又寒；

寄与不寄间，

妾身千万难（所以，或者君不还，或者君又寒）。

它们的逻辑形式为：如果 p，那么 q；

如果 r，那么 s；

或者 p，或者 r；

所以，或者 q，或者 s。

符号表达式为：$(p\rightarrow q)\wedge(r\rightarrow s)\wedge(p\vee r)\rightarrow q\vee s$

☞ 复杂破坏式

复杂破坏式的特点是：构成二难推理的两个充分条件假言前提的前件和后件都不相同，选言（或联言）前提否定两个假言前提的后件，结论否定两个假言前提的前件。

例①：如果他是一个态度好的领导，就要承认他的错误；
如果他是一个觉悟高的领导，就要反省他的错误；
他或者没有承认错误，或者没有反省错误；

所以，他或者不是态度好的领导，或者不是觉悟高的领导。

它的逻辑形式为：如果p，那么q；
如果r，那么s；
或者非q，或者非s；

所以，或者非p，或者非r。

符号表达式为：$(p\rightarrow q)\wedge(r\rightarrow s)\wedge(\neg q\vee\neg s)\rightarrow\neg p\vee\neg r$

例②：隋文帝杨坚曾说："我家墓田，若云不吉，我不当贵为天子。若云吉，我弟不当战死。"以此说明风水的好坏是无稽之谈。
如果说我家的墓地不吉利，我就不能当上皇帝；
如果说我家的墓地吉利，我弟弟就不会战死在战场；
我已当上了皇帝，而我弟弟也已战死在战场上了；

所以，我家的墓地既吉利，又不吉利（即谈不上吉利或不吉利）。

它的逻辑形式为：如果p，那么q；
如果r，那么s；
非q，并且非s；

所以，非p并且非r。

符号表达式为：$(p\rightarrow q)\wedge(r\rightarrow s)\wedge(\neg q\wedge\neg s)\rightarrow\neg p\wedge\neg r$

三、对错误二难推理的破斥

由于二难推理是辩论中非常有用的工具，诡辩论者常常利用二难推理来进行诡辩。为摆脱二难推理所造成的两难困境，就必须对错误的二难推理进行破斥。

☞ **通过指出前提不真实来破斥错误的二难推理**

二难推理的前提不真实有两种情况：一种是前提不是真实的充分条件假言命题，另一种是前提中的选言命题选言支没有穷尽所有情况。

例①：有人劝别人不用学逻辑学，提出了如下一个二难推理：

如果你聪明，你就不用学逻辑学，因为聪明，你不学也会；

如果你不聪明，你也不用学逻辑学，因为不聪明，你学也不会；

你或者聪明，或者不聪明；

所以，你无论如何都用不着学逻辑学。

这是一个简单构成式的二难推理，但是它的两个假言前提都是虚假的，其前件与后件之间缺乏必然联系，因此，结论不能成立。

例②：如果本案是意外事故，那么判处被告拘役就太重了；

如果本案是故意杀人，那么判处被告拘役就太轻了；

本案或者是意外事故，或者是故意杀人；

所以，对本案被告判处拘役或者太重了，或者太轻了。

这是一个复杂构成式的二难推理，其选言前提中的两个选言支没有穷尽各种可能情况，即这个二难推理的选言前提是虚假的，因此，其结论所提供的是一种虚假的两难窘境，即犯了“虚设窘境”的逻辑错误，结论不成立。

☞ **通过指出从前提推不出结论，即违反推理规则来破斥错误的二难推理**

例③：一个贫民的儿子准备外出演讲，他的父亲劝阻他，理由是：

如果演讲时说真话，那么，富人会反对你；

如果演讲时说假话，那么，穷人会反对你；

演讲时或者说真话，或者说假话；

所以，人们总是反对你。

根据二难推理规则，这一推理从前提只能推出一个选言命题“或者富人反对你，或者穷人反对你”作为结论，而实际上却推出了“人们总是反对你”，即“富人和穷人都反对你”这样的联言命题。可见，这是一个错误的二难推理。

☞ 通过构造一个结构相同的二难推理，从中推出与对方相反的结论，从而破斥错误的二难推理

例④：“半费之讼”。一个叫欧提勒士的古希腊年轻人师从著名智者普罗泰戈拉学习修辞术。二人之间订合同规定：欧提勒士的一半学费需要待其毕业后第一次赢得官司后再支付。但欧提勒士毕业后却迟迟不去打官司，普罗泰戈拉于是向法庭提起诉讼，请求法庭判决欧提勒士支付另一半学费。普罗泰戈拉首先提出了如下二难推理。

如果欧提勒士官司败诉，那么按照法庭判决，他必须支付另一半学费；
如果欧提勒士官司胜诉，那么按照合同约定，他也必须支付另一半学费；
或者欧提勒士这次官司败诉，或者欧提勒士胜诉；

总之，欧提勒士都应支付另一半学费。

对此，欧提勒士也构造了一个结构相同、但结论完全相反的二难推理予以反击。

如果这次官司我败诉，那么按照合同约定，我不应支付另一半学费；
如果这次官司我胜诉，那么按照法庭判决，我也不应支付另一半学费；
或者这次官司我败诉，或者我胜诉；

总之，我都不应支付另一半学费。

可见，普罗泰戈拉在推理中采用了两个不同的标准，一个是法庭的判决，一个是合同。为此，欧提勒士也构造了一个相同的二难推理，从而实现了破斥普罗泰戈拉二难推理的目的。

☞ 当面对一个无法回避也难以反驳的真正二难推理时，在实践上可以选择两害权衡取其轻的做法

例⑤：是否“实行无罪推定原则”这一两难抉择一直困扰着我国法学界。

如果实行无罪推定原则，那么就会使极少数有罪的人逍遥法外；
如果不实行无罪推定原则，那么就会使大多数无辜者罹受冤狱之累；

或者实行无罪推定原则，或者不实行无罪推定原则；

所以，或者会使极少数有罪的人逍遥法外，或者会使大多数无辜者罹受冤狱之累。

面对“使极少数有罪的人逍遥法外”和“使大多数无辜者罹受冤狱之累”这两种不利结果，两害相权取其轻，即宁愿“使极少数有罪的人逍遥法外”，也不愿意“使大多数无辜者罹受冤狱之累”，因此，1996年全国人大通过的“关于修改《中华人民共和国刑事诉讼法》的决定”以法律形式确认了无罪推定原则。

第五节　复合命题的综合推理

在人们的实际思维活动中，往往不是运用某种单一的推理形式。人们需要从若干已知前提出发，通过运用多种形式的复合命题推理，推演出某一特定的结论。这一思维过程就是复合命题的综合推理或者说复合命题推理的综合运用过程。这一推理过程的出发点是给定的作为自然命题的前提，其形式是根据逻辑规则从给定的前提出发经过推演得出结论。这种符合人们日常思维习惯的自然推理也被称为命题自然推理。

一、复合命题综合推理的形式规则

综合推理就是指综合运用联言推理、选言推理和假言推理等多种复合命题推理形式以得出某一特定结论的推理。综合推理也属于复合命题推理的一种具体运用形式，本身并不是一种独立的推理类型。复合命题综合推理的特点是：前一个推理的结论可以作为后一个推理的前提，一环扣一环，从而将多个推理连接为一个严密的推演链条，最后形成一个由完备推理步骤得出的逻辑结论。

在运用复合命题的综合推理时，应遵守以下具体要求：第一，在推演的任一步骤中都可以引入一个给定的已知命题作为推演的前提，而且，在先的推理的结论也可以作为在后的推理的前提；第二，在推演的任一步骤中都可以应用各种复合命题推理的有效式，由引入的前提推导出所需要的结论；第三，遵守置换规则，即在推理的任一步骤中，命题形式都可以用与之等值的命题加以置换。

正确运用复合命题的综合推理，应当熟练掌握各种复合命题推理的有效式，在每一个推理步骤中都必须遵守相应的推理规则，否则，最后的结论就不是由给定的前提必然推出来的。

例如：已知命题 $(p \lor q) \to r$，$r \to (s \lor t)$，$t \to u$，$\neg s \land \neg u$，它们都是真的，请推导结论 $\neg p \land \neg q$。

推导过程：

① $(p \lor q) \to r$	引入前提
② $r \to (s \lor t)$	引入前提
③ $t \to u$	引入前提
④ $\neg s \land \neg u$	引入前提
⑤ $\neg s$	④联言分解式
⑥ $\neg u$	④联言分解式
⑦ $\neg t$	③与⑥充分条件否定后件式
⑧ $\neg s \land \neg t$	⑤与⑦联言组合式
⑨ $\neg r$	②与⑧充分条件否定后件式
⑩ $\neg (p \lor q)$	①与⑨充分条件否定后件式
⑪ $\neg p \land \neg q$	⑩负命题等值转换

通过以上推理，可得结论：$\neg p \land \neg q$

一般综合推理可以采用上述的符号形式。首先，引入给定的前提，将其符号化并顺序编号。在推理过程中，每一步骤的左边要按顺序写明推理的前提和结论，右边要写明利用了哪些前提以及进行推理的逻辑依据，最后给出并说明结论，这样就构成了一个完整的综合推理过程。

二、复合命题综合推理的实际应用

【示例一】在一起多人参与的流氓械斗中，李某被人杀死。事发当时，刘某和陈某手中都握有凶器。而刘、陈二人以及其他目击者均无法说清楚到底是谁杀死了李某。侦查人员经过调查，也仅掌握了以下情况：

①杀死李某的凶手只能或者是刘某，或者是陈某；

②如果死者身上致命刀伤的伤口痕迹与刘某所持三棱刮刀的刀口不同一，那么杀死李某的凶手就不是刘某；

③只有本案的鉴定结论有误，死者身上致命刀伤的伤口痕迹才会与刘某所持三棱刮刀的刃口同一；

④只有鉴定人与本案有利害关系，本案的鉴定结论才会有误；

⑤鉴定人与本案没有利害关系,但刘某与李某之间有仇怨关系。

请根据上述前提,找出谁是杀死李某的凶手。

【解析】设 p 表示“杀死李某的凶手是刘某”; q 表示“杀死李某的凶手是陈某”; r 表示“死者身上致命刀的伤口痕迹与刘某所持三棱刮刀的刃口不同一”; s 表示“本案的鉴定结论有误”; t 表示“鉴定人与本案有利害关系”; u 表示“刘某与李某之间有仇怨关系”。则给定的前提可分别写作: ① $p \vee q$, ② $r \rightarrow \neg p$, ③ $s \leftarrow \neg r$, ④ $t \leftarrow s$, ⑤ $\neg t \wedge u$。

推理过程:

① $p \vee q$	引入前提
② $r \rightarrow \neg p$	引入前提
③ $s \leftarrow \neg r$	引入前提
④ $t \leftarrow s$	引入前提
⑤ $\neg t \wedge u$	引入前提
⑥ $\neg t$	⑤联言分解式
⑦ $\neg s$	④⑥必要条件假言推理否定前件式
⑧ r	③⑦必要条件假言推理否定前件式
⑨ $\neg p$	②⑧充分条件假言推理肯定前件式
⑩ q	①⑨选言推理否定肯定式

根据推理,可知结论为“q”,即“杀死李某的凶手是陈某”。

【示例二】某科研小组接受了一项科研任务。关于小组成员中谁参加这项科研任务的问题,小组内部商定: ①如果 C 参加,那么 D 也参加; ②如果 A 参加,那么 B 也参加; ③或者 E 和 F 不同时参加,或者 C 参加; ④ B 和 D 不能都参加。请问: 在需要 A 和 F 都参加时, E 该不该参加?

【解析】设 p 表示“A 参加”, q 表示“B 参加”, r 表示“C 参加”, s 表示“D 参加”, t 表示“E 参加”, u 表示“F 参加”。则各前提的符号表达式依次为: ① $r \rightarrow s$; ② $p \rightarrow q$; ③ $\neg(t \wedge u) \vee r$; ④ $\neg(q \wedge s)$; ⑤ $p \wedge u$。

推理过程:

① $r \rightarrow s$	引入前提
② $p \rightarrow q$	引入前提
③ $\neg(t \wedge u) \vee r$	引入前提
④ $\neg(q \wedge s)$	引入前提
⑤ $p \wedge u$	引入前提

⑥p	⑤联言分解式
⑦q	②⑥充分条件假言推理肯定前件式
⑧¬q∨¬s	④负命题的等值转换
⑨¬s	⑦⑧相容选言命题否定肯定式
⑩¬r	①⑨充分条件假言推理否定后件式
⑪¬(t∧u)	③⑩相容选言命题否定肯定式
⑫¬t∨¬u	⑪负命题的等值转换
⑬u	⑤联言分解式
⑭¬t	⑫⑬相容选言命题否定肯定式

根据结论可知,在需要A和F都参加时,E不该参加科研任务。

第三章　归纳推理

前面所学习的简单命题和复合命题的推理都是演绎推理,或者说都是由前提的正确保证结论必然正确的一种推理形式。与演绎推理不同,归纳推理是一种或然性的推理,也就是说,前提的正确不能必然得出结论的正确。

第一节　归纳推理的内容与形式

归纳推理是一种从个别前提推出一般性结论的推理形式。归纳推理与演绎推理不同。按照不同的标准,归纳推理可以划分为各种不同的形式。

一、归纳推理的内容

☞ 归纳推理的界定

归纳推理是以个别或特殊性知识为前提,推出一般性知识为结论的推理。它的结论所断定的知识范围超出了前提所断定的知识范围,因此,除了完全归纳推理,归纳推理的前提与结论之间一般具有或然性联系。

例如：鸡叫三遍天亮；
牵牛花破晓开放；
青蛙冬眠春晓；
大雁春去秋来；
人夜伏昼出。
……

所以，凡生物体的活动都具有时间上的周期性规律。

上述推理就是从“鸡叫三遍天亮”等个别性和特殊性知识，得出了“凡生物体的活动都具有时间上的周期性规律”这一普遍性和一般性的结论，因此，这就是归纳推理形式。同时，由于我们并没有考察所有的生物体，因此，这一结论又是具有或然性的结论。

☞ 归纳推理的运用

一般来说，归纳推理的前提与结论之间的联系是或然的，因此其结论的可靠程度完全建立在前提事例的数量及其分布的范围上。因此，要提高归纳推理结论的可靠性，就必须遵循一些要求，例如，前提中被考察的对象要足够多，前提中被考察对象的范围要广。在应用归纳推理的时候，如果前提考察的对象过少，或者忽视了反例，就可能犯“以偏概全”或“轻率概括”的逻辑错误。

例如，下面的笑话就是“轻率概括”的例子。有一个人跟老师学习写字，第一天老师教他写“一”，用笔画了一划，第二天教他写“二”，画了两划，第三天教他“三”则是画了三划。第四天他自认为写字很简单，于是就不学了。第五天，他的父亲让他写个“万”字来检验成绩，他就想，“万”字不就是画一万划吗，结果写了一上午还没有把这个字写完。

再比如，李先生新买的雪佛兰牌轿车只用了一年，发动机就出现了故障。张先生新买的奥斯莫比牌汽车开了六个月，变速器就出现了问题。因此人们断言：近年来通用汽车公司生产的汽车就是一堆破烂货。

上述归纳推理所依据的样本不具有代表性，因此也犯了“以偏概全”或“轻率概括”的逻辑错误。

☞ 归纳推理与演绎推理的关系

归纳推理与演绎推理之间既有联系又有区别。归纳推理与演绎推理在实际思维中是相辅相成的，有时以归纳为主，有时以演绎为主，二者互相区别，但又不可分割。

- ✧ 归纳推理与演绎推理相互联系。第一，演绎推理离不开归纳推理。演绎推理常常以表达一般性知识的命题作为前提，然后推出特殊性的命题作为结论。而作为演绎前提的一般性知识常常是归纳推理的结果，因此，如果没有归纳推理，就不会有演绎推理。第二，归纳推理也离不开演绎推理。首先，归纳的个别性知识的获得需要通过观察和实验，而观察和实验则离不开理论指导，即在观察和实验过程中渗透着演绎推理。其次，对个别性知识的归纳，如归纳什么、怎样归纳，这也需要通过演绎推理来确定。再次，通过归纳推理得到一般性知识后，还需要运用演绎推理来考察特殊事物，从而验证和深化原有的一般性知识，进一步提高归纳推理结论的可靠程度。所以，没有演绎推理也就没有归纳推理。
- ✧ 归纳推理与演绎推理之间存在区别。第一，归纳推理与演绎推理的思维进程的方向不同。归纳推理是从个别（或特殊）性的前提推出一般性的结论，而演绎推理则从一般性的前提推出个别（或特殊）性的结论。第二，两种推理的前提与结论的联系情况不同。演绎推理的前提是一般性知识，结论是个别或特殊性知识，结论没有超出前提的范围，因此，演绎推理的前提和结论之间的联系是必然的，也就是说，只要前提真且推论过程符合推理规则，那么结论就真实可靠。归纳推理的前提是个别或特殊性知识，结论是一般性知识，结论超出了前提的范围，因此，归纳推理前提与结论之间的联系是或然性的。

☞ 归纳推理的作用

第一，归纳推理是获取新知，发现真理的手段。科学史告诉我们，客观规律的科学发现几乎都首先依赖于归纳，即在大量事实材料的基础上，归纳出有关客观事物的普遍规律，然后再通过证实这一设想，最终得到公认的科学成果。例如，英国医生琴纳（Edward Jenner，1749—1823）提出接种牛痘可以预防天花，就是一个归纳推理的例子。琴纳在一个小村庄中观察到，挤奶工挤奶时手上会患牛痘，但是这没有生命危险，并且痊愈后不会患天花。在观察大量个别事实的基础上，琴纳提出了一个带有普遍性的设想，即人接种牛痘可以预防天花。1796 年，在经过多年反复研究之后，他第一次给人接种牛痘成功，从而证实了这一设想。

第二，归纳推理是说明和论证问题的方法。归纳推理是说明和论证问题的重要方法。例如，如果要论证“青年人能在科学研究方面取得巨大成就”这一命题，就可以采用归纳推理的方式。首先，可以收集青年人在科学上取得巨大成就的个别性实例,例如,第一个合成染料的英国科学家鲍尔金当时只有 18 岁,奠定了立体化学基础的荷兰科学家范霍夫当时只有 22 岁,发明电灯的美国科学家爱迪生当时 32 岁,等等,然后,通过归纳推理阐明所要论证的命题。

二、归纳推理的形式

归纳推理按照不同的标准具有不同的形式。按照归纳推理的前提是否断定事物的全部对象,可以把归纳推理分为完全归纳推理和不完全归纳推理。按照推理的对象是事物的性质还是因果联系,归纳推理又可以分为简单枚举归纳推理与科学归纳推理。

☞ 完全归纳推理

完全归纳推理是由前提中某类事物的每一个对象都具有(或不具有)某种属性,推出该类事物全都具有(或不具有)该属性的推理。

例①: 硝酸钠能溶解于水,
硝酸钾能溶解于水,
硝酸铵能溶解于水,
硝酸钙能溶解于水,
硝酸钠、硝酸钾、硝酸铵、硝酸钙是硝石的全部类属;

所以,凡硝石类化合物均能溶解于水。

例②: 数学家高斯利用完全归纳来计算 1+2+3+……+99+100 的和。
1+100=101
2+99=101
……
50+51=101
(共有 50 对)

所以,正确的计算结果是 50×101=5050

完全归纳推理的符号表达式为:
S1 具有(或不具有)性质 P
S2 具有(或不具有)性质 P

…………

Sn 具有(或不具有)性质 P

(S1、S2……Sn 是 S 类的所有个别对象)

所以,所有 S 都具有(或不具有)性质 P

可见,完全归纳推理的基本特点在于:前提中所考察的个别对象,必须是该类事物的全部个别对象。由于完全归纳推理的结论没有超出前提所断定的范围,因此,其结论与前提之间的联系是必然的。

但是,由于完全归纳推理的前提必须涵盖一类事物的全部对象,因此,当对象很难全部认识的时候,完全归纳推理也就无法进行了,这就需要不完全归纳推理。不完全归纳推理是根据某类事物的部分对象具有(或不具有)某种属性,推出该类事物的全部对象都具有(或不具有)该属性的推理。不完全归纳推理可分为简单枚举归纳推理和科学归纳推理。

☞ 简单枚举归纳推理

简单枚举归纳推理也称简单枚举法,是以经验的认识为主要依据,根据一类事物中部分对象具有(或不具有)某种属性,并且没有遇到与之相反的情况,从而得出该类所有对象都具有(或不具有)某种属性的归纳推理。

例如:古代有一个患头痛病的樵夫上山砍柴,一次不小心碰破了脚趾头,出了一点血,但头却不痛了。后来头痛病复发,又偶然碰破了脚趾头原处,头痛又好了。这引起了樵夫的注意,以后凡是头痛发作时,他就有意地刺破这个脚趾头,每次都有减轻或制止头痛的效果。这个樵夫所刺破的地方,就是人们后来用于针灸的大敦穴。这位樵夫运用了简单枚举归纳推理。推理过程如下:

第一次碰破足趾这个部位,头痛好了,

第二次碰破足趾这个部位,头痛又好了,

…………

(没有出现相反的情况,即碰破足趾这个部位,而头痛不好的情况)

所以,凡是碰破足趾这个部位,头痛都会好。

简单枚举归纳推理的符号表达式为:

S1具有(或不具有)性质P
S2具有(或不具有)性质P
…………
Sn具有(或不具有)性质P
(S1、S2……Sn是S类的部分对象,并且没有遇到相反的情况)

所以,所有S都具有(或不具有)性质P。

从上述例子可以看出,简单枚举归纳推理能够通过对前提中某类事物部分对象的考察,从而作出对该类事物全部对象的一般性结论,但是,其所得出的一般性结论并不是充分必然的,因为只要有一例相反情况的存在,那么所得出的一般性结论就是错的。我国数学家华罗庚曾对此作过生动的说明:"从一个袋子里往外摸东西。第一次摸出来的是一个红色的玻璃球,第二次摸出来的也是红玻璃球,第三次一摸,还是一样,第四次、第五次也一样,于是就可能作出猜想:这个袋子里装的可能全是红玻璃球。可是,后来摸出一个白色的玻璃球,猜想就失败了。于是产生了另一个猜想:这个袋子里装的可能都是玻璃球。摸着摸着,摸出一个小木球来,另一个猜想也失败了。于是又产生了一个新的猜想:这个袋子里装的可能都是球。新的猜想对不对呢?那就得继续摸。只有把袋子里的东西全摸出来,才能作出最后的结论。"可见,在运用简单枚举归纳推理时,应当注意,要使被考察对象的数量尽可能多,范围要尽可能大,只有考察的对象愈多,考察的范围愈广,结论的可靠程度才会越高。否则,就难免会犯"轻率概括"或"以偏概全"的逻辑错误。

☞ 科学归纳推理

科学归纳推理又叫科学归纳法,是根据某类部分对象与某种属性之间有因果联系,从而推出某类全部对象与某种属性之间具有因果联系的归纳推理。

例如:科学家对"有露水的早晨是晴天"这一结论的得出,就是运用科学归纳推理得到的。首先,晴朗少云的夜间,地面散热快,田野气温骤然降低,因此,空气中含水汽的能力降低,大气底层的水汽纷纷附在草上树叶上,从而形成露水。其次,如果夜间多云,云层对地面有保温作用,这样水汽就不易凝结,从而形不成露水。再次,经过不同时间不同地点的观察，我们就可以归纳出一般结论，即露水与第二天早晨晴天之间具有因果联系。

上述例子的逻辑结构为：

观察 1：S1（少云）那么 P1（露水出现）；¬ S1（多云）那么¬ P1（露水不出现）

观察 2：S2（少云）那么 P2（露水出现）；¬ S2（多云）那么¬ P2（露水不出现）

观察 3：S3（少云）那么 P3（露水出现）；¬ S3（多云）那么¬ P3（露水不出现）

…………

观察 n：Sn（少云）那么 Pn（露水出现）；¬ Sn（多云）那么¬ Pn（露水不出现）

（观察 1、观察 2……观察 n 是所有观察的部分对象，并且 S 与 p、¬ S 与¬ P 之间有必然联系）

所以，所有的 S 与 P 之间有因果联系。

简单枚举归纳推理以经验认识为基础来认识对象的属性，科学归纳推理则以科学观察和实验为基础，目的是揭示对象与属性之间的因果必然联系。因此，科学观察和实验的结果越科学、越详细、越完备，科学归纳推理结论的可靠性程度也就越高。

☞ 概率归纳推理

概率和统计归纳推理是归纳推理的现代发展，它随着现代数学和数理逻辑等科学发展而产生，目的是进一步提高归纳推理的科学性、可靠性。

第一，概率归纳推理。概率是用来表示随机事件发生的可能性大小的量。假设重复进行同一个试验 n 次，如果随机事件 A 在这 n 次试验中出现了 m 次，则称比值 m/n 为这 n 次试验中事件 A 出现的频率。如果随着试验次数 n 的增大，事件 A 出现的频率在某个数字 p 附近摆动，那么定义事件 A 的概率为：

$$p(A)=p$$

概率的这种定义，被称为概率的统计定义。观察到的事件的频率，可以被认为是事件概率的近似值。所观察到的事件的频率可能比较接近它的概率,也可能有较大的偏离。

概率归纳推理依赖概率论和数理统计的知识,是一种根据某类部分对象中百分之几的对象具有某属性,得出该类大约百分之几的对象具有某属性的推理。概率归纳推理是简单枚举推理的现代形式,简单枚举法的结论是全称命题,而概率归纳推理的结论是概率命题。概率归纳推理是由部分到全体的推理,它的结论超出了前提的范围,因此它的结论不是必然为真的。

第二,统计归纳推理。统计依赖概率论和数理统计的知识,是指通过抽取样本来估算某一确定事物类的某属性分布频率的方法。统计归纳推理是指通过统计方法来得出有关某一确定事物类的某属性分布频率的结论的一种归纳推理。

统计归纳推理的前提和结论之间也具有或然性联系。其结论的正确程度很大程度上依赖于抽取样本的适当性。因此,为了提高统计归纳推理的可靠性,抽取样本要遵守三个重要原则:第一,要尽可能地加大所取样本的量;第二,抽取样本通常遵循所谓的随机原则,即要求选样不能是预定的;第三,若总体中对象差异较大,一般应采用分层抽样的方法,即根据所研究问题的性质,把总体分成许多层(即多个小类),再从各层中选取样本。如果抽样时只注意增加样本的数量,而忽略样本的代表性,那么就会出现统计推理上的“斜线统计”的错误。

【“斜线统计”示例】1936年罗斯福与兰登竞选总统时,美国《读者文摘》杂志社举行了一次民意调查。此前,该杂志社已经成功地预测了5次总统选举的结果,然而这次调查的结论却和实际结果大相径庭:他们预言兰登将击败罗斯福,结果却是罗斯福以压倒多数再次当选。

为什么这次该杂志社预测失败了呢?原来,在此次调查中,该杂志社根据全国各地的电话簿寄出1 000多万份测试卷。后来,他们收回了200多万份测试卷。这200多万份测试卷的统计结果表明,大多数人支持兰登,而不喜欢罗斯福。而实际上,1936年美国经济正值萧条时期,拥有电话的人往往在经济上属于上层,而收入较低的人,特别是失业者,往往家中不设电话,但这些人强烈支持罗斯福。因此,以电话簿为抽样根据,偏差太大。由于这次预测耗费了《读者文摘》杂志社近一百万美元,这在当时是一大笔钱,竞选后不久,该杂志社也就倒闭了。

第二节　探求因果联系的逻辑方法

因果联系是一种客观的普遍性联系，它是科学探究的对象，科学研究的目的就是为了寻找事物与现象之间的因果联系。探求事物与现象间因果联系的逻辑方法就是科学归纳法。在历史上，人们一直探索如何更为完善地揭示和探究现象之间的因果联系，其中最为重要的就是培根的三表法以及穆勒所进一步发展的探求因果联系的五种方法。这五种科学归纳的方法分别是：求同法、求异法、求同求异并用法、共变法、剩余法，逻辑史上称之为“穆勒五法”。

一、求同法

求同法又称契合法，指如果在被研究现象出现的若干个场合中，只有一个情况是共同的，那么，这个唯一共同的情况就与被研究现象之间有因果联系。

> 例如：敲锣发声时，如用手指触锣面，会感到锣面在振动；用琴弓拉琴弦发声时，用纸条同发声的弦接触，纸条会被弦推动得跳动起来；人说话时，如用手去摸咽喉，也会觉得它在振动。所以，声音是由于振动引起的。

这个结论是用求同法得到的。求同法可用下图表示：

场合	相关情况	被研究现象
（1）	A、B、C	a
（2）	A、D、E	a
（3）	A、F、G	a
…………		
所以，A与a之间有因果联系		

由于求同法没有考察所有场合，也由于事物的相关因素往往是复杂的，因而也没有考察各个场合中所有的情况，所以，求同法得出的结论是或然的。为了提高求同法结论的可靠性，不仅要注意考察被研究对象出现的更多场合，而且要注意各场合是否还有其他的共同情况。

二、求异法

求异法又称差异法，指如果在被研究现象出现和不出现的两个场合之间，只有一个情况不同，即在被研究现象出现的场合中它出现，而在被研究现象不出现的场合中它不出现，那么，这个唯一不同的情况就与被研究现象之间有因果联系。

例如：科技人员将二十八只正在生蛋的母鸡分成两组，每组供给的饲料的数量、质量、次数都相同，所不同的只是一组用普通水喂养，另一组喂以雪水。三个月后，饮普通水的一组母鸡，平均每只鸡生蛋十九个，每个蛋重四十九克；而喂雪水的一组母鸡，平均每只鸡生蛋三十八个，每个蛋重五十三克，不仅蛋增产一倍，而且平均蛋重增加四克。由此，科技人员就得出结论：用雪水喂鸡，能使鸡蛋产量增加，即喂以雪水与能增加鸡蛋产量有因果联系。

这个结论是用求异法得到的。求异法可用下图表示：

场合	相关情况	被研究现象
（1）	A、B、C	a
（2）	—、B、C	—
所以，A 与 a 之间有因果联系		

求异法的特点是“同中求异”，它要求被研究现象出现的场合与不出现的场合中，只有一种情况不同，其余的情况完全相同。这一般只有在人工控制的条件下才能做到，因此，求异法的应用一般是以实验为基础。求异法的结论要比求同法可靠得多，但是，求异法没有考察所有情况，其结论仍然是或然的。若要提高结论的可靠性，应用求异法时应注意，要严格比较两个场合的情况，确保其他情况都相同，找到确实唯一不同的情况。

三、求同求异并用法

求同求异并用法也称“契合差异并用法”，指如果在被研究现象出现的若干场合（正事例组）中，只有一个共同的情况，而在被研究现象不出现的若干场合（负事例组）中都没有这个情况，那么，这个情况就与被研究现象之间有因果联系。

例如：我国唐代著名医学家孙思邈对脚气病进行了研究。他发现富人患这种病的人较多，穷人患这种病的人很少。通过进一步的观察、比较后，他发现，富人的性格、脾气、身体状况、生活习惯等情况各有差别，但有一个共同点是吃去净米糠、麸皮的细面白面；穷人的情况也各不相同，但也有一个共同点，即吃的多是含有米糠、麸皮的糙米、粗粮。于是他得出结论：富人得脚气病是由于食物中缺少米糠、麦麸引起的。他试着用米糠、麸皮来治脚气病，结果果真灵验。

从孙思邈的推理过程来看，他实际上用了求同求异并用法。求同求异并用法的形式结构可表示为：

	场合	相关情况	被研究现象
正事例组	（1）	A、B、C	a
	（2）	A、D、E	a
	（3）	A、F、G	a
	…………		
负事例组	（1）	—、B、C	—
	（2）	—、D、E	—
	（3）	—、F、G	—
	…………		
所以，A 与 a 之间有因果联系			

求同求异并用法的特点是“两次求同，一次求异”。应用这种方法实际上经过三个步骤：第一步是运用求同法比较被研究现象 a 出现的正面场合，得知有 A 情况就有现象 a 出现；第二步是运用求同法比较被研究现象 a 不出现的反面场合，得知无 A 情况就无现象 a 出现；第三步是比较正反两组场合，根据有 A 就有 a，无 A 就无 a，可得知 A 与 a 有因果联系。为了提高求同求异并用法推理结论的可靠程度，运用求同求异并用法时应注意尽量考察更多的场合，因为考察的场合越多，结论的可靠程度就越高。

四、共变法

共变法指，如果在被研究现象发生变化的各个场合中，只有一情况是变化着的，那么，这个唯一变化着的情况就与被研究现象之间有因果联系。

例如：上海第一口深井是1860年开凿的，到解放前夕，共有708口深井，每天出水量24万吨。1948年地面下降达35毫米。解放后到第一个五年计划时期，深井增加到854口，出水量每天34万吨，地面沉降达54毫米。此后深井达1 183口，出水量达56万吨，地面沉降也提高到每年98毫米。因此，可以得出结论，即深井开凿越多，地下水抽取越多，地面沉降也就越多。

这个结论是用共变法得到的。共变法可用下图表示：

场合	相关情况	被研究现象
（1）	A_1、B、C	a_1
（2）	A_2、B、C	a_2
（3）	A_3、B、C	a_3
…………		
所以，A与a之间有因果联系		

共变法的特点是“同中求变”，即在其他有关情况都保持不变的条件下，寻求唯一与被研究现象发生相应变化的情况。如果许多情况都在变化，就很难确定哪个情况与被研究现象有因果联系。显然在自然条件下，要做到这一点是很困难的。所以，共变法通常是在人工控制的条件下应用的，因而其结论的可靠性程度也较高。为了提高结论的可靠性，运用共变法时应注意几点：第一，只能有一个现象变化而另一个现象随之变化，如果还有其他的情况在发生变化，那么，运用共变法就有可能出错；第二，两个现象之间的共变关系常常有一定限度，超过一定的限度，二者的共变关系就会消失；第三，并不是所有具有共变现象的两个现象都有因果联系，要注意辨别，例如闪电和打雷有共变，但无因果关系。

五、剩余法

剩余法指，如果已知某一复合现象是另一复合现象的原因，同时又已知前一复合现象中的某一部分是后一复合现象中的某一部分的原因，那么，前一复合现象的其余部分就与后一复合现象的其余部分有因果联系。

例如：一家超市季度结算的时候发现亏损了10万元，开会总结时大家提出造成亏损可能有的原因是：本季度雇佣职员人数过多，设备费用增加，洪水造成的货物损坏以及顾客顺手牵羊偷窃。经过各部门估算，确定前三者造成的亏损额度分别为 2.5 万元、3 万元和 1 万元，还有 3.5 万元找不到原因，于是总经理将剩下的亏损归因于顾客偷盗。

此例运用了剩余法。剩余法的形式结构可以图示如下：

复合现象（A、B、C、D）是被研究复合现象（a、b、c、d）的原因
A 是 a 的原因
B 是 b 的原因
C 是 c 的原因
所以，D 是 d 的原因

剩余法的特点是“余中求因”，即已知两个复合现象之间有因果联系后，把其中已确定了有因果联系的部分除去，再从剩余的结果中分析原因。由于剩余法不能保证将各种因果联系都研究穷尽，可能还有其他因素未被研究，因而其结论也具有或然性。应用剩余法时应注意：必须确认复合现象的一部分（a、b、c）是某些情况（A、B、C）引起的，而且剩余部分（d）不可能是这些情况（A、B、C）引起的。

第四章 类比推理与假说

与归纳推理一样，类比推理也是一种或然性的推理，其前提的正确不能必然得出结论的正确。假说指科学假说，一般通过归纳推理或者类比推理等或然性推理得到。

第一节 类比推理

一、类比推理的概念

类比推理是根据两个（或两类）对象在某些属性上相同或相似，推出它们在另一属性上也相同或相似的推理。

类比推理的一般结构形式为：

A 对象具有属性 a、b、c、d，
B 对象具有属性 a、b、c，
———————————————
所以，B 对象也具有属性 d。

例如：《乐羊子妻》中的乐羊子远寻师学，久行怀思，一年而归。而其妻即以“织丝”类比于“求学”，以“断其织”来委婉地批评乐羊子弃学“中道而归”。其思维过程如下：

斯丝生自蚕茧，成于机杼（a）；一丝而累，而至于寸，累寸不已，遂成丈匹（b）；今若断其织也（c）；则损失成功，稽废时日（d）；
学成于积累（a）；夫子积学，当“日知其所亡”，以就懿德（b）；若中道而归（c）；
———————————————
所以，积学何异断斯织乎？（也即“则损失成功，稽废时日”）

可见，通过类比推理，以“织丝”类比于“求学”，也得出了“求学”也具有“则损失成功，稽废时日”的属性。

二、类比推理的特征

☞ 类比推理是一种独立的推理类型

不同于演绎推理从一般推导到个别，也不同于归纳推理从个别推导到一般，类比推理是从特定的对象（或领域）推导到另一特定的对象（或领域），即从个别到个别、从一般到一般的思维推理进程。

☞ 类比推理是一种或然性推理

类比推理是把某对象所具有的属性推广到与之相似的另一类对象上去，其结论断定的范围超出了前提所断定的范围；进行类比的两个对象的相同属性与推出的属性虽然有联系，但只是或然性联系。例如：“狐獴与细尾獴紧密相关，细尾獴是食甲虫幼虫而茁壮成长的；所以，狐獴也是食甲虫幼虫而茁壮成长的。”这是一个结论带有或然性的类比推理。与之不同，演绎推理则是必然性的，例如：“狐獴是獴家族的一个成员，所有獴家族成员都是食肉动物；所以，狐獴也是食肉动物。”

三、类比推理的运用

类比推理的结论是或然性的，因此需要提高类比推理结论的可靠性。一般来说，前提中两个或两类对象的相同属性愈多，前提中的相同属性与推出属性之间的联系愈密切，则结论的可靠程度就愈高。例如，在医学上做药物或手术实验时，为什么常常用猴子做类比物，原因就在于猴子更接近人类，两者之间的相同属性多，所以结论的可靠程度也较高。

在应用类比推理时，应当避免犯"机械类比"的错误。例如《庄子》中讲述了一个故事："鲁国国君喜欢听音乐，喜欢喝酒吃肉。有一天，鲁君得到一只海鸟，他很喜欢。于是给鸟演奏音乐，给它奉酒，给它吃最好的食物。结果海鸟惊惧不已，三天就死了。"这是一个机械类比的典型。鲁君把自己和鸟作机械类比，既然"我"是生命，鸟也是生命，那么我喜欢的，鸟也一定喜欢，结果害死了海鸟。

四、类比推理的作用

☞ 类比推理启发人们的思维，在提出科学假说、创新科技发明等创造性思维实践中常常应用类比推理

科学技术研究中广泛应用类比推理的模拟方法。例如，在实验室中模拟自然和社会中出现的现象，构造出这种现象的实物模型，从而更方便研究自然界某些现象的特点。再比如，仿生科学运用了模拟类比的方法，它专门研究生物系统的构造和功能，模拟创造出它们的仿生系统。

【示例一】鲁班是春秋时鲁国的巧匠，据说，有一次他为建造一座宫殿而需用很多木材，于是和徒弟上山去砍伐大树。当时还没有锯，只能用斧子砍，效率很低，木料供应不上。一个偶然的机会，鲁班在爬山的时候，手被丝茅草划破，他细心地发现丝茅草的两边有许多非常锋利的小细齿，于是他想，如果像丝茅草那样，打成有齿的铁片，是不是可以提高砍伐树木的效率呢？于是，他找到铁匠试制了一条带齿的铁片，拿去锯树，果然非常成功。鲁班在此就运用了类比推理，创造性地从有许多小细齿的丝茅草划伤手指，联想到制造带有许多小齿的铁片能割开树木。

【示例二】18 世纪，奥地利医生奥恩布鲁格在他父亲经营的酒厂里，时常见父亲扣击酒桶，根据声音的变化探知酒量的多少，他把这种方法应

用到医疗上，发明了“扣诊”检查方法。

【示例三】20 世纪 70 年代，在美国马里兰州巴尔的摩市，一位名叫艾丽丝·西格的妇女从 61 米高的房顶阳台上落地身亡。邻居都认为她是忍受不了丈夫经常的殴打而跳楼自杀的，警方也准备听信这种说法。那位丈夫却声称妻子的死是一次意外，他说“她当时正在摆弄出了故障的空调，从阳台栏杆上失足坠楼”。后来警方获悉西格先生是他妻子 10 万美元保险单的受益人，而且如果当事人自杀，保单将失效，于是他们不得不展开深入的调查。一位法医根据那位 48 岁妇女的身高和体重，动手做了几个一模一样的假人模特，又安排了一台摄像机，那几个模特分别被从那座阳台上跌下、推下和扔下。摄像机摄录的结果表明，假如西格夫人是因意外坠落，那么她的身体落地后距离楼房的墙脚不会超过 3.2 米；假如她是自己跳下去的，那么这个距离不会大于 4.3 米。而事实上，她的尸体被发现时离楼房有 5 米。面对这个证据，她的丈夫不得不供认是自己在酒后的狂怒状态下把妻子从阳台上推了下去。在这个案件中，法医通过使用模型类比推理，迫使那位丈夫招供。

☞ **类比推理也是一种说明与论证的有效思维方法，尤其在论辩时可以发挥更为直观的论证力量**

【示例一】古代有一个妇女谋害丈夫后，怕官府追究，立即放火把房子烧了，然后哭着告诉别人，说房屋失火烧死了丈夫。死者之弟怀疑此事，告到县衙。当时一位名叫张举的县验尸官验尸后当众向这一妇人宣告：“你丈夫不是失火烧死的。凡烧死的人，死在火中，烟熏火烧，呛得喘不过气来，迫于呼吸，口中势必吸进一些灰尘，而你丈夫口中却一点灰也没有。”这个妇女不服。张举就叫人取来两头活猪，杀死其中的一头，然后将活猪和死猪同时放到柴堆里点着火烧。火灭后，取出两头焦猪来检查，活猪烧死的，口中有灰，而死猪口中无灰。杀夫的妇人才不得不供认了谋杀亲夫的经过。

张举在此运用了类比推理。从猪与人在生理上有许多相同的情况出发，进行推论：既然活猪烧死后口中有灰尘，那么活人烧死后口中亦有灰尘；死猪烧后口中无灰尘，人死后被烧口中亦无灰尘。

【示例二】近代一位英国商人威尔斯认为，在广东商人冯灿的茂隆皮箱商行订购的皮箱中有不是皮的木料，于是他以此为由向香港法院起诉，蓄意敲诈冯灿。针对这种情况,冯灿的律师罗文锦取出口袋里的金怀表,高声问法官:“请问这是什么表?”法官答道:“这是金表,可是这与本案有什么关系?”罗文锦高举金表,面对法庭上的所有人说:“有关系。这是金表,没有人怀疑是吧?但是,请问,这块金表除表面镀金之外,内部的机件都是金制的吗?”旁听者同声议论:“当然不是。”罗文锦继续说:“那么人们为什么又叫它金表呢?”稍作停顿又高声说:“由此可见,茂隆行的皮箱案不过是原告无理取闹、存心敲诈而已。”原告理屈词穷,法庭最后以威尔斯诬告、罚款5000元结案。皮箱诉讼案的法庭辩论中,卖方律师在反驳中所使用的就是类比推理:

表的外表有金,内部含有不是金的材料,但却是金表;

箱的外表有皮,但也含有不是皮的材料;

所以,箱仍是皮箱。

第二节 假说

一、什么是假说

☞ 科学假说的概念

假说也称科学假说,是人们根据已掌握的事实材料和科学原理,对所研究的未知事物或现象做出的一种推测性解释、假定性说明。假说也是一种逻辑推理方法,它包容了多种归纳和类比等推理过程。或者说,假说从形成到确证真伪(假说的形成与假说的检验)的全过程,是一个各种归纳和类比方法的运用过程。

一般而言,假说具有这样一些内容:第一,假说必须要说明它所需要解答的问题是什么,即“要说什么”;第二,假说的核心内容是用什么样的理论去解答那些需要解答的问题,即“用什么说”;第三,假说必须能够广泛地解释相关事实和预测未知事实,即“怎样说”。

☞ 科学假说的特点

第一,科学假说是以一定的事实材料和已知科学原理为根据,因此,假说不是胡说,不同于人们对自然和社会的臆想、妄想和迷信等。第二,科学假说具有想象、推测的性质,这使它相对区别于已经确认的科学理论。假说具有推测性,但是也具有可检验性。科学理论的发展过程就是假说不断被提出、修正和完善的过程。第三,科学假说具有科学预见的功能,是人们认识客观真理的方式之一。科学理论往往是以假说为起点的。

关于假说的理论问题有很多,尤其在现代西方科学哲学中得到广泛关注和讨论。逻辑学并不研究假说的各个方面,它更着重研究在假说的形成和检验过程中,如何运用了各种不同的推理形式。

二、假说的形成过程

一个假说的形成过程分为两个阶段：初始阶段和完成阶段。从研究某个问题开始,到提出初步的假定,这是假说形成的初始阶段,提出假说的过程中,主要应用类比推理和归纳推理；从已经确定的初步假定出发,经过事实材料和科学原理的广泛论证,使假说充实为一个结构稳定的系统,这是假说形成过程中的完成阶段,在这个阶段中主要应用演绎推理。

在假说的提出阶段,除了类比推理、归纳推理以及想象和直觉等非理性因素之外,溯因推理也发挥着作用。所谓溯因推理,是指从某个待解释现象出发,若运用某个一般性规律能解释该现象何以如此发生,就可以推出该一般规律可能成立。例如,某人身体发高烧。如何解释这一现象？最有可能的解释就是他患了重感冒,因为如果患重感冒的话,通常会发高烧。

其一般形式是：待解释现象 e

如果 h,则 e

所以,h

其中,h 代表假说,e 代表有待解释的现象。

由于因果关系的复杂性,能够解释某一现象的假说常常不是单一的,而是有好多个。因此,溯因推理的复杂形式是：

待解释现象 e

如果 h_1 或者 h_2 或者 h_3…或者 h_n,则 e

并非 h_1

并非 h_2

并非 h_3

所以，h_n

例如上述发高烧的例子。能够解释这一现象的原因有好多，例如患重感冒、患肺炎、伤口严重感染，等等。这就需要分别从某一个患病假设出发，推出患者还应该有其他一些症状，同时检验他是否有这些症状，从而最终得出他是否患有上述某种疾病的结论。

很明显，溯因推理是假言推理的肯定后件式，从演绎形式上说不是有效的，即它不能保证从真前提得出真结论，它所能提供的是某个猜测、某个假说、某种启发。但是，这确是一种十分重要的思维形式，是对于未知的现象提供解释的一种或然途径。

【假说示例】魏格纳的大陆漂移假说。

第一，初始阶段。在假说的初步假定阶段，研究者的注意力集中于分析最主要事实，使用归纳、类比和溯因等推理形式提出假设，而提出的初步假定则具有明显的尝试性和暂时性。

魏格纳观察到非洲西部和南美洲东部的海岸线彼此正相吻合的地理事实。他指出："任何人观察南大西洋的两对岸，一定会被巴西与非洲间海岸线轮廓的相似性所吸引住。不仅圣罗克角附近巴西海岸的大直角突出和喀麦隆附近非洲海岸线的凹进完全吻合，而且自此以南一带，巴西海岸的每一个突出部分都和非洲海岸的每一个同样形状的海湾相呼应。反之，巴西海岸有一个海湾，非洲方面就有一个相应的突出部分。如果用罗盘仪在地球上测量一下，就可以看到双方的大小都是准确地一致的。"当时的地质科学理论都不能对这一现象提供圆满解释。经过思考，魏格纳提出大胆的假设："在古生代，地球上只有一块陆地，称为泛大陆，它的周围是广阔的海洋，而后来由于天体引力和地球自转所产生的离心力，使泛大陆分裂成若干块，这一块块陆地像浮水一样在水面上漂移，逐渐分开。也就是说，巴西与非洲这两块陆地早先是合在一起的，后来才漂移开来。"这就是魏格纳初步提出的大陆漂移假说，并较好解释了非洲西部和南美洲东部的海岸线彼此正相吻合的事实。

第二，完成阶段。在形成假说的完成阶段里，研究者往往要以初步形成的假说为中心和基础，通过演绎推理，广泛地综合解释已有的事实材料，得到更多支持假说的证据，最终完成假说。

魏格纳初步提出大陆漂移的设想后，他系统地通过解释以下事实来完善假说，例如：

——各个大陆板块可以像拼板玩具那样拼合起来，大陆板块边缘之间的吻合程度是非常高的。这是大陆漂移的几何（形状）拼合证据。

——大西洋两岸以及印度洋两岸彼此相对地区的地层层序（地层构造）是相同的。这是大陆漂移的地质证据。

三、假说的检验

假说完成后，往往还需要对假说加以检验，从而进一步完善假说，应用假说。

假说的检验过程一般可分为两个步骤：第一步，从假说中引申出一些关于事实的命题，这个过程主要应用演绎推理；第二步，通过实践来检验从假说中引申出来的有关事实的命题是否真实。从科学认识的整体发展过程来看，验证假说既是一个复杂过程，又是一个长期过程，往往一次检验或者某一个检验不可以证实或证伪一个假说。

一般来说，假说的检验可以通过假说及其推出的结论与观察和实验的结果相对照，通过两者之间的相符与否来判定假说的合理与否。当然，如果直接观察和实验存在困难，那么验证假说可以采用逻辑的方法，例如证明某个假说的矛盾假说是错误的等等。

【假说检验示例】为了解释蝙蝠在黑暗中能自由飞行的现象，人们曾根据“动物用眼睛导航”“猫头鹰能在黑暗中飞行是因为眼睛感光力特别强”等事实和知识，提出了“蝙蝠能在黑暗中自由飞行是由于眼睛感光力特别强”的假说。从这个假说可以通过演绎推理引申出结论：如果蒙上蝙蝠的眼睛，那么它在黑暗中飞行就会碰撞障碍物。于是，为了检验这个推论，有个科学家设计了这样一个试验：他在暗室中系上许多纵横交错的钢丝，并在每一条钢丝上系一个铃，然后将一些蝙蝠蒙上眼睛，放到这个暗室中飞行。结果蝙蝠在这种条件下仍然能避开障碍物自如飞行，这就推翻了“蝙蝠用眼睛导航，蝙蝠的眼睛感光力特别强”的假说。于是，人们又提出了“蝙蝠用耳朵导航”的假说。同样，人们通过演绎推理从这个假说引申出结论：如果塞上蝙蝠的眼睛，那么它在黑暗中飞行就会碰撞障碍物。经过“塞耳”实验的检验，结果蝙蝠频频碰撞障碍物，从而证实了这一假说。原来蝙蝠是通过耳朵的超声波定位实现夜间飞行的，这就使人们对蝙蝠的飞行问题有了正确认识。

四、假说的作用

由于假说是一种理论假设，因此需要提高假说的可靠性。这要求我们在建立假说时应尽可能地搜集事实材料，所建立的假说应符合已有的科学原理，同时，假说的内容或推出的结论不应包含逻辑矛盾。

合理的假说在人们的认识与实践中发挥着重要作用。假说是科学发展的必由之路，只要科学在发展着，它的发展形式就是假说。在日常工作和生活中，也常常需要运用假说。例如，在侦查、预测、决策等实践工作中，假设或者假说就是不可缺少的。例如，在司法活动中人们常常运用到侦查假说。侦查假说是办案人员依据现场勘察、调查访问和技术鉴定等方式获得的各种材料信息，根据侦查学原理和其他科学知识，对案件各要素所作的假定性推测。由于案件发生在前，侦破工作在后，因此，侦破工作的展开是从建立侦查假说开始的。侦查员只能从已掌握的材料出发，依据已有的知识或经验，运用各种形式的推理对案件发生的原因、过程等作出各种推测性解释，即建立侦查假说，然后以侦查假说为指导，拟定侦破方案和步骤并付诸实施。案情的分析过程实质上就是一个“侦查假说”的建立过程，而接下来的侦破工作，也即假说的验证阶段过程。

【示例】清人纪昀的《阅微草堂笔记》卷四《滦阳消夏录四》中有如下一段记载：雍正壬子六月，夜大雷雨。献县城西有村民为雷击。县令明公晟往验，饬棺敛矣。越半月余，忽拘一人讯之曰：“尔买火药何为？”曰：“以取鸟。”诘曰：“以铳击雀，少不过数钱，多至两许，足一日用矣，尔买二、三十斤何也？”曰：“备多日之用。”又诘曰：“尔买药未满一月，计所用不过一、二斤，其余今贮何处？”其人词穷。刑鞫之，果得因奸谋杀状，与妇并伏法。

或问：“何以知为此人？”曰：“火药非数十斤不能为伪雷，合药必以硫黄。今方盛夏，非年节放爆竹时，买硫黄者可数。吾阴使人至市，察买硫黄者谁多，皆因某匠。又阴察某匠卖药于何人，皆曰某人，是以知之。”又问：“何以知雷为伪作？”曰：“雷击人自上而下，不裂地。或其毁屋，亦自上而下。今苫草屋梁皆飞起；土坑之面亦揭去，知火从下起矣。又此地去城五六里，雷电相同。是夜雷电虽迅烈，然皆盘绕云中，无下击之状。是以知之。尔时其妇先归宁，难以研问。教必先得是人，而后妇可鞫。”此令可谓明察矣。

县令明公晟断案的过程，就是一个提出假说和验证假说的过程。

首先，明公晟得知城西有村民为雷所击以后，立即前去查明该村民是否真是被雷所击。在现场查验之后，他很快判明雷击出于伪造。他是通过下述推理来判明这一推断的：

> 如果真属雷电击人（即雷击不是伪造），那么，就应自上而下，不裂地；屋毁也应自上而下……；
>
> 但现今“苫草屋梁皆飞起，土坑之面亦揭去”（即不是“自上而下”）；
>
> ---
>
> 所以，不是真属雷电击人（即雷击是伪造的）。

显然，这是充分条件假言推理否定后件式的正确形式（即通过否定后件而否定前件），因而“雷击是伪造的”这一推断是成立的。在此，他还对这一推断作了另一个证明：

> 如果是雷电击人，那么，由于雷电相同，附近也应出现雷电击人的情况；
>
> 但当夜“雷电虽迅烈，然皆盘绕云中，无下击之状”（即附近未出现雷电击人的情况）；
>
> ---
>
> 所以，不是雷电击人（雷击是伪造的）。

这同样是一个正确的充分条件假言推理的否定后件式，同样证明了“雷击是伪造的”这一推断。

既然雷击是伪造的，那么，伪造者是谁呢？根据上述事实和推断，再根据“火药非数十斤不能为伪雷，合药必以硫黄……”，他又提出了这样一个推测（即假说）：凶犯必为多买硫黄者。接着，他就设法来验证这一假说。他暗中派人调查谁是大量买硫黄的人，很快查明是某人。这个人当然也就成为伪造雷的主要嫌疑犯了。但究竟犯罪者是不是此人呢？还必须验证。于是，明公晟就将此人拘留而加以讯问：

—“尔买火药何为？”

—曰：“以取鸟。”

—诘曰：“以铳击雀，少不过数钱，多至两许，足一日用矣，尔买二、三十斤何也？”

—曰：“备多日之用。”

—又诘曰：“尔买药未满一月，计所用不过一、二斤，其余今贮何处？”

—其人词穷。

这说明此人火药已用完。既然如此，那当然也就说明此人买火药不是用于“取鸟”了。既然不是用于“取鸟”，当然也就有可能是用来制造伪雷了。到此，假说虽然受到了验证，但毕竟还只是假说。当明公晟对此人“刑鞫之”，即用刑审问，此人招供是因奸谋杀被害者，这时，整个假说才最终被证实。

【思考题】

一、性质命题的变形推理及其形式有哪些？

二、如何理解三段论推理，有效三段论推理应当遵循哪些规则？

三、什么是联言推理，联言推理的有效式有哪些？

四、什么是选言推理，选言推理的有效式有哪些？

五、什么是假言推理，假言推理的有效式有哪些？

六、什么是二难推理，如何破斥错误的二难推理？

七、如何理解归纳推理、类比推理与演绎推理的关系？

八、穆勒五法的内容有哪些？

九、什么是假说，如何理解溯因推理？

【练习题】

一、根据性质命题变形推理的规则，请判定下列推理是否有效。

1.“凡是正派的人都是光明磊落的”推出“不光明磊落的人都不是正派人”。

2.“所有的侵略战争都是非正义的”推出“所有非侵略战争都是正义的”。

3.“我班的同学都是精通电脑的”推出“不精通电脑的就不是我班的同学”。

4.“有些教师是高级知识分子”推出“有些高级知识分子不是非教师”。

5.“有些刑事案件是不公开审理案件”推出：（1）有些刑事案件不是公开审理案件；（2）有些不公开审理案件是刑事案件；（3）有些不公开审理案件不是刑事案件。

6.“在《科学》杂志上发表的文章都是好文章”推出“好文章都是在《科学》杂

志上发表的文章”。

7.“任何患得患失的球队都不会占据上风”推出“任何不患得患失的球队都会占据上风”。

8. 某街道办事处的管界内发生一起偷窃案件，初步确定案犯是小区内部人员。在案情分析会上，一位办案人员说：“小区居民韩某有过盗窃行为，所以这起盗窃就是他干的。”

二、分析下列三段论的结构，请指出它们的大前提、小前提、结论以及大项、小项和中项；写出它们的逻辑形式，并说明是第几格？什么式？并且，请用三段论的规则检验它们是否是有效的推理。

1. 眼镜蛇是毒蛇，这条蛇不是眼镜蛇，所以，这条蛇不是毒蛇。

2. 所有经济系的学生必修高等代数，经济系的学生是文科学生，因此，有的文科学生必修高等代数。

3. 优秀的文学作品都是艺术成就较高的作品，《围城》是艺术成就较高的作品，所以，《围城》是一部优秀的文学作品。

4. 科学是对客观世界的正确反映的理论，而对客观世界正确反映的理论就不是神学，所以，神学不是科学。

5. 药品是直接关系到人民的生命健康的，药品是商品，所以，有些商品是直接关系到人民的生命健康的。

6. 凡是关系到台湾同胞切身利益的事情都要认真对待，台湾学生在大陆就学是关系到台湾同胞切身利益的事情，所以，台湾学生在大陆就学也要认真对待。

7. 黄马是马，白马不是黄马，所以，白马不是马。

三、请在下列三段论推理的前提与结论中填入适当的符号，使之成为有效的三段论，并说明理由。

1\.
( ) E ( )
S A ( )
————————
S ( ) P

2\.
( ) A P
( ) I ( )
————————
S I P

3\.
( ) A ( )
S ( ) M
————————
S E P

4\.
P ( ) M
( ) A ( )
————————
S I P

5. M O P
( ) A ( )
————————
S O P

6. ( ) A ( )
S O M
————————
S O P

四、请补充下列省略三段论中的省略部分，并说明其完整的推理形式是否有效。

1. 他又不是学生，何必那么刻苦读书。

2. 他犯过错误，当然不值得信任。

3. 贪官都乐于并善于弄权，因为，他们都拥有不受约束一手遮天的大权。

4. 任何科学理论都不是僵死不变的教条，所以，邓小平理论不是僵死不变的教条。

5. 学术论文都需要遵守逻辑规范，理论文章都是学术论文。

6. 从实践中产生又经过实践检验的真理是不会过时的，作为马克思主义精髓的辩证唯物主义和历史唯物主义的基本原理，就是这样一种真理。

7. 遭受过洪灾的地区需做好防洪工作，我们这个地区没有遭受过洪灾。

8. 拖欠租金是违约行为，因此，是要承担违约责任的。

9. 每一位选手都希望拿到金牌，我也不例外。

10. 甲："他的行为不是偷窃，而是抢劫。"

乙："他没有持凶器，怎么是抢劫呢？"

五、下列各段文字中是否包含有三段论推理？如果有，请指出并分析其是否是有效三段论。

1. 人们问：在我们国家里，马克思主义、毛泽东思想和邓小平理论已经被确立为指导思想，那么，能不能对它们加以批评呢？当然可以批评。因为，马克思主义、毛泽东思想和邓小平理论都是科学真理，它们是不怕批评的。

2. 喜马拉雅山脉是否从来就是世界屋脊？不。在27亿年前，这里原来是一片汪洋大海。人们又是如何知道这里原来是一片汪洋大海？原因是找到了化石。地质学研究一再证明，凡是有水生化石的地层，都是地质史上的古海洋地区。喜马拉雅山脉的地层遍布着珊瑚、苔藓、海藻、鱼龙、海百合等海洋生物化石，可见，喜马拉雅山脉在过去的地质年代里，曾被海洋淹没过。

3. 在一切工作中，命令主义是错误的，因为它超过了群众的觉悟程度，害了急性病，而凡是超过群众觉悟程度企图"拔苗助长"的总是错误的。在一切工作中尾巴主义也是错误的，因为它落后于群众的觉悟程度，害了慢性病，而凡是落后于群众的觉悟程度又违反了领导群众前进一步原则的，总是错误的。

4. 日资手机企业在中国市场的劣势会被拉大。因为，日资手机企业高管层缺乏对中国市场足够了解的经理人，因此造成对市场反应慢，而部件采购也主要依赖日本进口，造成生产成本高。

5. 机关工作人员老张于1980年参加工作，且一直没能分到单位的住房，因此，机关决定给予老张一次性住房补贴，补助标准按相关政策执行。其理由是，按房改政策的规定：行政事业单位无房职工和住房未达到规定面积标准的职工，均可申领购房补贴资金。同时，该文件还指出：无房老职工（1998年12月31日（含）前参加工作的职工）可以领取无房一次性补贴。

六、请运用复合命题的推理规则，判定下列推理形式是否有效。

1. 小李学习成绩不理想或者是由于基础差，或者是由于学习方法不当；或者是由于学习不勤奋；小李学习成绩不理想是由于基础差，也是由于学习方法不当；所以，不能说小李学习不勤奋。

2. 要是这个降落的球不受外力影响，它就不会改变降落方向，它受到了外力影响，因此，它会改变降落方向。

3. 只有熟悉法律，才能当律师，他没能当律师，可见，他不熟悉法律。

4. 并非甲队和乙队都获得了出线权；甲队获得了出线权，所以，乙队没有获得出线权。

5. 死者或者是自杀，或者是他杀。如果是自杀，那么就要寻找他的自杀的动机。如果是他杀，那么，一定有凶手。经过认真分析，我们没有发现他有任何自杀的动机。因此，我们的侦查方向，应当转向追查凶手。

6. 某国的一个大臣在该国首都被刺身亡。案发后，警方逮捕了一个名叫丹丹尼的青年，并一口咬定他就是凶手。警方是这样推理的：

第一，大臣是乘坐敞车驶进市银行大厦时遇刺的。据当时在现场的人证明，子弹是从银行大厦三楼射出的。这就是说，只有大臣被刺时刻在银行大厦三楼逗留过的人，才能作案；而有人证明丹丹尼当时正在银行大厦的三楼。所以，丹丹尼是凶手。

第二，据法医报告，凶器是一支六五毫米的意大利卡宾枪。据调查，前不久丹丹尼曾化名“希南”购买过这种枪。这就是说，如果丹丹尼是凶手，那么他肯定有一支六五毫米口径的意大利卡宾枪，现已查明丹丹尼购买过这种枪，可见他是凶手。

第三，据当时在现场的人说，射击时间发生在下午一时三十分至三十一分之间，其间只有十秒钟，凶手一共开了五枪。这就是说，如果不是一个卓越的枪手，那么在使用非自动的卡宾枪时，不可能在十秒钟内连发五枪，而丹丹尼恰恰是个卓越的枪手，所以，可以肯定他是凶手。

请问：警方的推论是否正确？为什么？

七、请运用复合命题综合推理解决下面的问题。

1. 某侦破小组经过调查，掌握下述情况为真：A、B 二人不都是作案人；如果 C 是作案人，那么 B 也是作案人；如果 D 是作案人，那么 A 也是作案人；只要 E、F 二人都是作案人，C 就是作案人；确证 D、F 是作案人。请依据上面的材料找出谁是作案人，谁不是作案人？

2. 根据下述条件，从 R、S、T、U、X、Y、Z 这 7 个侦察员中必须挑选而且只能挑选 4 名深入敌后侦察。①如果 R 被选，则 T 也被选；②如果 S 被选，则 U 也被选；③如果 X 和 Y 同时被选，则 T 不能被选。如果 X 和 Y 同时被选，那么哪一个侦察员必须被选？

八、请利用模态命题的逻辑对当关系，判断下列推理是否有效。

1. 小李可能是山东人；所以小李不一定不是山东人。

2. 明天不可能不停电；所以明天必然停电。

3. 这件作品的设计者必然是个左撇子；所以这件作品的设计者可能是个左撇子。

4. 小李不可能在图书馆；所以小李可能不在图书馆。

九、命题“禁止吸烟”为真，根据规范命题对当关系，请判定下列命题的真假。

（1）不允许吸烟；（2）可以吸烟；（3）必须不吸烟；（4）并非可以吸烟。

十、请辨别下列段落运用了何种推理，并说明其前提对结论的支持程度。

1. 张玉忠是四川人，他爱吃辣椒；李华新是四川人，他也爱吃辣椒；陈建业是四川人，更爱吃辣椒；我碰到的许多四川人都爱吃辣椒；所以，所有的四川人都爱吃辣椒。

2. 陶渊明因门前种了五棵柳树而以“五柳先生”为号；欧阳修也种柳，“欧阳文忠植柳一株，谓之欧公柳”；白居易则写过“曾栽杨柳江南岸，江南两度春，遥忆青青江岸上，不知攀折是何人”的诗句；柳宗元用诗记载种柳往事，“柳州柳刺史，种柳柳江边，谈笑为故事，推移成昔年”。可见，中国古代诗人不但都写过咏柳佳作，而且他们都爱种柳。

3. 氦是惰性气体，氖是惰性气体，氩是惰性气体，氪是惰性气体，氙是惰性气体，氡是惰性气体。氦、氖、氩、氪、氙和氡是元素周期表中零族的所有元素，所以，零族的所有元素都是惰性气体。

4. 甲:“是爱因斯坦而不是爱因斯坦的父亲发明了相对论,因此,儿子比父亲聪明。”

乙:“根据你的逻辑,我也可以证明父亲比儿子聪明,因为,是爱因斯坦而不是爱因斯坦的儿子发明了相对论。”

5. 根据测温计的读数,这个人发高烧;如果一个人患肺炎,那么,他发高烧,因此,这个人可能患肺炎。

6. 老陈对张医生说:“最近一段时间,我的心跳过速,头晕,血压也偏高。”张医生对老陈说:“按照我的诊断经验,你应该是得了心脏病。”于是老陈进一步做了全面检查,结果心脏正常,经另一位医生诊断,原因是失眠和生气引起的。请问为什么张医生的诊断有误。

7. 中亚的乌兹别克和我国的塔里木河谷地带都具有类似的自然条件:日照时间长、霜期短、气温高、降水量合适、灌溉条件好,乌兹别克能种植长绒棉,而且其质量上乘,因此,塔里木河谷地带也能种植长绒棉,而且长绒棉的质量也会不错。

8. 为了估计当前人们对管理基本知识掌握的水平,《管理者》杂志在读者中开展了一次管理知识有奖问答活动。答卷评分后发现,60% 的参加者对于管理基本知识掌握的水平很高,30% 左右的参加者也表现了一定的水平。《管理者》杂志因此得出结论,目前社会群众对于管理基本知识的掌握还是不错的。

9. 在自由市场经济体制下,政府应当扮演“守夜人”的角色。因为:在寂静的夜晚,人们一般会根据自己的理性判断合理地选择休息,守夜人的职责仅仅是保护其安静的休息不要受到外力的侵害,在适当的时候通过敲钟提醒睡眠者,而不是主动干预睡眠者正常的休息;而在市场经济舞台上活动的主体同样是自己利益的最佳判断者,他们会根据自己的理性判断合理地安排自己的生活。因此,政府也应像守夜人一样不要轻易干预市场主体正常平静的生活,而只能是保护市场上和谐平静的秩序、市场主体的安全以及适时提供一些市场必要的信息。

10. 为了了解某市市民收看本市电视台早间新闻的情况,一个大学生组成的调查小组对该市 39 所大学的教师发放了一个调查问卷。通过对回收问卷的统计,发现样本中早间新闻的收视率达到 72.3%。因此,该调查小组认为,该市有 72.3% 的市民收看本市电视台早间新闻。

十一、请辨别下列段落运用了何种探求因果联系的逻辑方法。

1. 有一天,皮尔·居里的一位同事将装有镭试剂的小玻璃管放在内衣口袋里数小时。几天后,他发现挨着内衣口袋的皮肤发红,其形状和装镭样品的玻璃管一样。

又过了几天，皮肤开始破裂，成为溃疡。皮尔·居里也在自己身上作了一系列的实验，用镭射线对手上的皮肤作用数小时，几天后就出现同样的后果，发红、发炎。

可见，皮肤的损伤是由镭射线引起的。

2. 加拿大洛文教授为了弄清候鸟迁徙之谜，曾将秋天捕捉的几只候鸟，在入冬后，一部分置于白昼一天短于一天的自然环境里，另外的置于日光灯照射之下的仿照白昼一天天延长的人工环境里。到 12 月间，将两种环境里的候鸟全都放飞，结果发现日光灯照射的候鸟像春天的候鸟一样向北飞去，而未受日光灯照射的候鸟却留在原地。

据此，洛文教授认为：候鸟迁徙的原因不是气温的升降，而是昼夜的长短。

3. 户外植物的叶子一般是绿色的。但把马铃薯、白薯、葱头、萝卜等放在地窖里，它们发芽长出的叶子都没有绿色。田里的韭菜、蒜都是绿叶，但在暗室里培养出来的韭菜、蒜都是黄色的。把一株在户外生长的有绿叶的植物移入暗室，它的绿色渐渐退去；若再把它移至户外，则绿色逐渐恢复。

由此可见，阳光照射是植物叶子长成绿色的原因。

4. 1917 年，美国的生理学家雅克洛布等人发现，在其他条件不变而气温正常变化的情况下，气温每降低 8℃，果蝇的寿命可延长一倍。例如，果蝇在 26℃的环境下活 35 ～ 50 天，在 18℃的环境下大约活 100 天，在 10℃的环境下可活 200 天。

由此可断定，果蝇的寿命与气温有关。

5. 1855 年，德国夫顿堡矿业学院的矿物学教授威斯巴克发现了一种新矿石。他首先请当时著名的化学家李希特对矿石作定性分析，发现其中含有银、硫和微量的汞等。后来，他又请文克勒做一次精确的定量分析，一方面证明李希特对矿物成分的分析是正确的，但另一方面又发现，把各种化验出来的已知矿物成分按百分比加起来，始终只得到 93%，还有 7% 的含量找不到下落。文克勒认为，既然已知成分之和只得 93%，那么剩余的 7% 必定是由矿物中含有的某种未知元素所构成。

于是，他对矿石进行分离和提纯，终于得到新元素。

6. 人们原来认为，由于胃酸会将人吞入的细菌迅速杀灭，健康的胃通常是无菌的。1979 年 4 月，澳大利亚临床微生物学家罗宾·沃伦在一位胃炎病人的胃黏膜活体标本中，意外地发现了一条奇怪的蓝线，他用高倍显微镜观察发现有一种弯曲样杆菌紧贴着胃上皮，有规律地存在于黏膜细胞层的表面及黏液层下面。紧接着，他又在其他活体标本中找到这种细菌。由于这种弯曲样杆菌总是出现在慢性胃炎标本中，沃伦意识到，这种细菌和慢性胃炎的发病可能有密切关系。

由于发现了这种引发胃炎和消化性溃疡的幽门螺杆菌，罗宾·沃伦和他的同伴获得了2005年诺贝尔生理学或医学奖。

7. 日本奥平雅彦教授用180只老鼠分三组实验。第一组投用含有黄曲霉素B_1的食物和普通饮用水；第二组投用同样的食物和稀释的酒精；第三组投用不含黄曲霉素B_1的食物和普通饮用水。一段时间后将这些老鼠解剖。第三组没有一只老鼠患肝癌，第一组和第二组肝癌发生率很高。第一组老鼠一年零三个月后出现癌前病变，而第二组一年后就出现癌前病变。

可见，黄曲霉素B_1是强烈的致癌物质，与酒精并用就更强烈。

8. 一位美国教授做了这样一个试验：他将一辆崭新的汽车停放在学校门口，没有锁车窗和车门，然后在车上安装了摄像头，利用班里的闭路电视观察。结果车停在那里一上午，竟然没有被偷。这位教授走到车前，用锤子打碎了两扇车窗。过了五分钟，有两个人探头探脑地过来了，一看这车，窗户破了也没人管，就把车上的收音机卸下来拿走了。再过了两分钟，又来了两个人，把轮胎卸走了。十分钟之后，这辆车已经面目全非了。

这就是“破窗理论”：车窗破与不破出现两种不同的结果。

9. 在研究流通中的货币量的变化时，经济学家发现，如果商品数量（T）、商品价格（P）或者货币流通速度（V）发生了变化，那么，流通中的货币量（U）也会发生相应变化，因此，他们推测出货币量的变化可能与商品数量、商品价格的变化，或者货币流通速度的变化有关。

经过进一步的研究、分析，发现了这些变量之间的函数关系：$U = T \times P/V$。

10. 1868年，简孙和罗克耶尔在研究太阳光谱时发现，太阳光谱中有一条红线、一条青绿线、一条蓝线，还有一条黄线。当时已经知道红线、青绿线和蓝线是氢的光谱，但是，没有一种已知元素的光谱里有这种黄线。

既然每一种化学元素都有自己特定的光谱，因此，他们推测，太阳光谱中的黄线来自某种未知的物质，并且把这种物质叫做氦。

十二、根据假说的有关知识，回答下列问题。

根据下列报道，分析“主流经济学”和“行为经济学”提出了哪些竞争性的假说？“行为经济学”跟“主流经济学”相比，能够解释哪些“主流经济学”不能解释的问题？“行为经济学”是否得到学术界的普遍承认？

主流经济学假设人类的行为都是合理且自私的，因此会导致个人与社会整体福利水平的最大化。行为经济学认为，人类行为不只是自私的，它还会受到社会价值观的制约，而做出不会导致利益最大化的行为。拉宾指出，追求公平性的心理已在很多市场中起了作用，特别是在劳动力市场中。拉宾还在经济理论中解释了缺乏创意现象。例如一个准备退休的人做事往往缺乏创意,但这种行为却会使整个经济付出高昂代价。此外,拉宾研究的领域还包括为何有的人会入不敷出、会吸毒成瘾、会三心二意等等,正统经济学根本无法解释人类为何会做出这些不理性的行为。

拉宾的理论在经济学界引起争论。有学者认为,以社会问题作为新的研究焦点,是经济学这门学科在已经探索完大部分与经济运作有关的重大问题后的必然现象。也有学者担心,这将使经济学只见树木不见森林。

第四编 论 证

【学习导引】

论证是由各种推理形式组成的复杂思维形式。本编内容主要讲述与论证相关的逻辑学基本规律以及论证的规则与各种论证方法等。在“逻辑的基本规律”这一章，学习的重点是同一律、矛盾律、排中律和充足理由律的内容和要求。在“论证”这一章，学习的重点是学会分析论证的组成结构，了解正确论证应当遵循的规则，学习证明的方法和反驳的方法等。

【论证概述】

☞ 逻辑的基本规律

逻辑的基本规律指人类思维活动所普遍遵循的基本规律，它们适用于概念、命题、推理和论证等所有思维形式。逻辑的基本规律有四条，即同一律、矛盾律、排中律和充足理由律。

逻辑的基本规律从不同方面体现了思维的确定性及其要求，归根到底，它们是客观事物本身所具有的相对确定性的反映，因此，人们的有效思维活动都必须遵守这些基本规律。思维的确定性，是指一个思维过程在特定条件下是有意义和有真假的，它是逻辑思维的最基本性质。在逻辑的基本规律中，同一律、矛盾律、排中律都是思维确定性的表现，并服务于思维确定性的实现，充足理由律则以思维确定性为前提条件。

☞ 什么是论证

论证就是根据一个或一些已知为真的命题确定另一个命题的真实性或虚假性的思维过程。论证包括证明和反驳两种形式。根据已知为真的命题确定另一命题的真实性的论证是证明；而根据已知为真的命题确定另一个命题的虚假性的论证是反驳。

例①“人民民主专政需要工人阶级的领导。因为只有工人阶级最有远见，大公无私，最富于革命的彻底性。整个革命历史证明，没有工人阶级的领导，革命就要失败，有了工人阶级的领导，革命就胜利了。在帝国主义时代，任何国家的任何别的阶级，都不能领导任何真正的革命达到胜利。中国的小资产阶级和民族资产阶级曾经多次领导过革命，都失败了，就是明证。”这段话的论证形式就是证明。

例②“革命的发生是由于人口太多的缘故吗？古今中外有过很多的革命，都是由于人口太多吗？中国几千年以来的很多次的革命，也是由于人口太多吗？美国一百七十四年以前的反英革命，也是由于人口太多吗？艾奇逊的历史知识等于零，他连美国独立宣言也没有读过。华盛顿杰斐逊们之所以举行反英革命，是因为英国人压迫和剥削美国人，而不是什么美国人口过剩。中国人民历次推翻自己的封建朝廷，是因为这些封建朝廷压迫和剥削人民，而不是什么人口过剩。俄国人所以举行二月革命和十月革命，是因为俄皇和俄国资产阶级的压迫和剥削，而不是什么人口过剩，俄国至今还是土地多过人口很远的。蒙古土地那么广大，人口那么稀少，照艾奇逊的道理是不能设想会发生革命的，但是却早已发生了。”这段话的论证形式就是反驳。

证明与反驳是论证过程中对立统一的两个方面。二者的主要区别在于：证明的目的在于确认一个命题为真，反驳的目的在于否定一个命题为真，即确定其为假。二者在实质上又是互相联系、互相依存的。证明了一个命题为真，实质上也就反驳了与之相矛盾的另一个命题；而反驳了一个命题，实质上也就证明了与之相矛盾的另一命题为真。所以，在具体的论证过程中，证明与反驳常常是交互使用的。一般来说，证明是立论，反驳是驳论，反驳实际上是用一个证明去推翻另一个证明，可以说，反驳是一种特殊的证明。当然，不管是证明还是反驳，它们都是一种主观的、理性的思维活动，它们都最终要以实践为基础而得到检验。

☞ 论证的组成要素

任何论证都是由论题、论据和论证方式三个要素构成的。

第一，论题。论题是论证中要确定其真实性或虚假性的命题。在证明中，论题是通过论证被确认为真的命题；在反驳中，被反驳的论题是被确定为假的命题。论题在论证中回答“论证什么”的问题。论证的根本目的是对论题的真或假予以确认。因此，论题是全部论证过程中的核心主题。上述例①中的“人民民主专政需要工人阶级的领导”和例②中的“革命的发生是由于人口太多的缘故”就是论题。

第二，论据。论据是被用来作为确定论题真实性或虚假性的根据的命题。论据回答的是“用什么来论证”的问题，因此，论据是全部论证过程的支柱。如例①中的“只有工人阶级最有远见，大公无私，最富于革命的彻底性。……中国的小资产阶级和民族资产阶级曾经多次领导过革命，都失败了，就是明证”和例②中的“华盛顿杰斐逊们之所以举行反英革命，是因为英国人压迫和剥削美国人，而不是什么美国人口过剩。……蒙古土地那么广大，人口那么稀少，照艾奇逊的道理是不能设想会发生革命的，但是却早已发生了”都是论据。

根据用作论据的命题是事实还是科学原理，论据可分为事实论据和理论论据。

例③热力学第二定律表明：一切可以实现的热机，都是从发热器（高温热源）中取得热量，其中一部分热量变成了有用的功，另一部分热量必须传递给冷却器（低温热源）。因此，第二类永动机是没有的。

例④吸烟的害处很大。实践告诉我们，吸烟时的高温可以使香烟热解的产物多达4000种，其中500种对人体有害。……烟尘颗粒中含有四十多种致癌物质，包括致癌能力极强的苯并芘等等。

其中，例③引用理论论据来证明论题，通常称为“讲道理”；例④引用事实论据来证明论题，通常称为“摆事实”。在实际论证中，人们经常把这两类论据结合起来使用，以增强论证的效果。

第三，论证方式。论证是要从论据的真实性推出论题的真实性或虚假性的，因此，仅有论题和论据，并不等于做出了论证。论证还必须有一个从论据推出论题的推演过程，也就是必须有一个论证方法。论证方式就是论证过程中所运用的推理形式，复杂的论证往往是通过运用多个甚至多种推理形式来完成的，因此，论证方式就是论证过程中所运用的推理形式的总和。例①中先后运用了三段论推理、假言推理和选言推理，例②中运用了归纳推理和演绎推理，这些推理形式的总和就是这个论证的论证方式。论证方式回答“如何论证”的问题，它揭示了论题和论据之间的逻辑联系，因而是论证中的纽带。

☞ 论证与推理的关系

论证的过程本身就是一个逻辑推理的过程，因此，论证与推理有着密切的联系：论证总要借助于推理来进行；没有推理，论据与论题之间的逻辑联系就无法揭示，论证也就无法实现。论证的各组成部分与推理的各组成部分之间存在着对应关系：论据相当于推理的前提；论证方式相当于推理形式；论题相当于推理的结论。

但是，论证与推理毕竟有所不同，二者之间的主要区别有这样一些：第一，二者的思维进程不同。论证是由未知到已知，表现为先提出论题，再用论据对论题进行论证，从而确定其真实性。推理则是由已知到未知，表现为先有前提，后得结论。第二，二者的逻辑结构不同。论证的结构往往比推理复杂，除了最简单的论证之外，论证通常是由一系列推理构成的，而且这些推理在形式上可以是各不相同的。第三，二者的要求不同。推理本身并不要求前提真实，它强调的只是前提与结论之间联系方式的逻辑性；而论证是由论据的真实性来断定论题的真实性。论证着重点在于论题和论据的真实性，尤其是论据的真实性。这也是推理和论证最根本的区别。

☞ 论证的作用

论证在认识领域中有着十分重要的作用，是人们广泛运用的思维方法之一。

第一，论证是探求真理的重要手段。论证依据事实和科学原理进行正确逻辑推论和论述，可以得出正确结论、发现真理。科学发展史上许多重大发现，都是人们根据一些现实情况，在正确的理论指导下，通过一定的逻辑论证而提出假说，再经过实践验证假说而实现的。例如哈维的血液循环理论的发现就运用了论证。在此以前，医学界认为血液通过心脏、动脉、微血管流遍全身就消耗完了，然后再产生新的血液。哈维论证指出：在半小时内通过心脏的血液等于人体的全部血液；如果通过心脏的血液流遍全身都消耗完的话，在半小时内决不会产生这么多血液；所以，血液只有在一个封闭的系统内进行循环才能解释这种现象。六十年之后，人们用显微镜观察到动物的血液循环流从而证实了哈维的这个理论。

第二，论证是深化和发展科学认识成果的重要途径。对于一些科学认识，可以通过论证不断地揭示其真理性，从而使其更为严谨和完备，使科学理论体系更深刻、更系统、更科学。例如，人们关于哥德巴赫猜想的论证就是一个逐渐深入的过程。1742 年，哥德巴赫发现一个大于 2 的偶数都是两个素数之和，验证了很多数都是如此，于是他猜想更大的数也应如此，但他不能证明这个猜想，便写信求教于大数学家欧拉，欧拉也证明不了。200多年来，这个数学难题吸引了许多数学家的注意。1962年人们证明了“1+5”，1963年证明了“1+4”，1965年证明了“1+3”，1966年陈景润证明了“1+2”。现在，全世界正向最后高峰“1+1”的证明进军。

第三，论证是宣传真理、揭露谬误、驳斥诡辩的重要工具。许多理论知识，就整个人类来说，其真实性早已得到论证并被实践检验为真。但是，其真实性对于某些个人来说，并非都是清楚明白的。要想使尚不了解其真实性的人既知其然，又知其所以然，这就需要运用论证，进行说服教育工作，以便做到以理服人。此外，许多错误的思想、荒谬的理论，尽管其虚假性已被实践所证实，但却不一定会被所有人认识其虚假性，还可能有人认为它是真的。造成这种情况有社会环境、民族习惯、个人素养等等多方面的因素，这就需要通过反驳来进行揭露谬误和辨明真理的工作。论证的这种作用在论辩过程中分别体现为对自己观点的辩护和对对方观点的反驳，尤其法庭辩护和辩论等实践场合中经常会运用到。

第一章　逻辑的基本规律

逻辑的基本规律也称形式逻辑的基本规律，是指人类思维活动所遵循的基本规律，而不是各种逻辑形式的特有规律和规则，它们普遍地适用于概念、命题、推理和论证等思维形式。逻辑的基本规律有四条，即同一律、矛盾律、排中律和充足理由律。

第一节　同一律

一、同一律的内容

同一律的内容是：在同一思维过程中，一个思想其自身是同一的。所谓同一思维过程，是指同一对象、同一时间、同一关系，这“三同一”也叫做“三节法”，是亚里士多德首先提出来的，它是对同一律作用范围的一种限定。

同一律的逻辑形式可以表示为:“A 是 A”。同一律也可以用符号表示为:“P → P”。(读作“如果 P,那么 P”)。

“三同一”只是要求在同一时间、同一关系下,从同一方面对同一对象的认识是同一的。如果时间变了,反映事物的概念和命题也发生变化,这种情况并不违反同一律。例如,“李大钊是民主主义者”与“李大钊是共产主义者”两个命题,反映了同一对象在不同时期不同发展阶段的不同特点,这并不违反同一律。此外,事物的属性是多方面的,如果从不同方面反映同一对象,那么形成的概念或命题等思维形式也不相同。例如,“人有百岁之童,三岁之翁”,这里的“百岁”“三岁”指年龄,而“童”“翁”指精神面貌,这也不违反同一律。如果把同一律理解为“A 在任何情况下都是 A”,则否认了事物以及反映事物的思想的发展变化,因而是形而上学的观点。

二、同一律的要求

同一律要求在同一思维过程中,一个思想必须保持同一。例如,在概念方面,它要求人们在使用概念时必须保持概念的内涵和外延的同一,不能任意变换。在命题方面,它要求人们在运用命题,进行推理、论证的过程中,必须保持命题的同一,不能随便转移。

第一,如果违反同一律的要求,在概念方面,就要犯“混淆概念”或“偷换概念”的逻辑错误。

例①“人是由古猿进化而来的;张三是人;所以,张三是由古猿进化而来的。”这里推得的结论是错误的,因为在第一个前提中,“人”所指的是人类整体,是一个集合概念,而到第二个前提中的“人”是一个普遍概念。也就是说,从作为不可分割的集合体的意义上看,人是由古猿进化而来的;但不能说张三由古猿进化而来。可见,前提中的两个“人”是不相同的概念,而结论却把它们当作同一概念使用,这就违反了同一律的要求,犯了“混淆概念”的错误。

例②我国十年动乱期间,一位领导在讲话中大放厥词:“什么是生产力?生产力的核心是劳动力的问题。劳动力就是人,人是男人和女人,而男人是女人生的,所以,解放生产力首先要解放女人。”此例中就犯了“偷换概念”的逻辑错误。这位领导故意将生产力中的“劳动力”偷换为“人”这个概念,再将“劳动力”中的“人”偷换为生理意义的“男人和女人”,从而推导出荒谬的结论。

第二,如果违反同一律的要求,在命题方面,就要犯“转移论题”或“混淆论题”的逻辑错误。

例①文学家鲁迅在一篇杂文中曾经谈论到一位不懂逻辑的排长。他写道："这排长天真……他以为不抵抗将军下台，'不抵抗'就一定跟着下台了。这是不懂逻辑：将军是一个人，而不抵抗是一种主义，人可以下台，主义却可以仍旧留在台上。"鲁迅提到的这位天真排长之所以错误，就在于他把"不抵抗将军下台"和"不抵抗主义下台"混为一谈，从而违反了同一律的要求，犯了"混淆论题"的逻辑错误。

例②某人在文章中写道："是什么原因，使得他刚刚四十岁就过早地出现了许多白发，前额上也刻上了明显的皱纹？是他工作过分劳累吗？"紧接着他写道："不！他从来都把从事科学研究当作一项光荣而神圣的事业，他把从事这一事业作为自己最大的乐趣，再累，他也是心甘情愿的。"这里犯了"转移论题"的逻辑错误，前面提出的是年少白发的"原因"，而后文没有回答原因，反而是陈述此人的事业心。

有一类违反同一律的错误被称为"稻草人谬误"，即指在论辩过程中，通过歪曲对方来反驳对方，或者通过把某种极端荒谬的观点强加给对方来丑化对方，这就像树起一个稻草人做靶子，自欺欺人地以为打倒了这个稻草人就是打倒了对方。[①]

例③无政府主义者故意把马克思主义的一个重要论点"人们的经济地位决定人们的意识"，歪曲为"吃饭决定思想体系"，并对这个荒谬的论点大加攻击。斯大林揭露了这一偷换论题的诡辩手法："请诸位先生们告诉我们吧：究竟何时、何地、在哪个行星上，有哪个马克思说过'吃饭决定思想体系'呢？为什么你们没有从马克思著作中引出一句话或一个字来证实你们的这种论调呢？诚然，马克思说过，人们的经济地位决定人们的意识，决定人们的思想，可是谁向你们说过吃饭和经济地位是同一种东西呢？难道你们不知道，像吃饭这样的生理现象是与人们的经济地位这种社会现象根本不同的吗？"

三、同一律的作用

同一律的主要作用是保证思维具有确定性。具体来说，其作用主要有以下几方面：第一，遵守同一律是正确认识事物的必要条件，如果我们不能在确定、同一的意义上使用概念和命题等思维形式，就无法形成对事物的正确认识；第二，遵守同一律有助于人们正确地交流思想，如果违反了同一律，就会造成概念混乱、思想模糊，从而无法有效地进行思想交流；第三，同一律是反驳谬误和揭

① 陈波．逻辑学是什么［M］．北京：北京大学出版社，2007：30.

露诡辩的有力武器，谬误和诡辩最主要的表现是思想模糊、概念混乱，掌握和运用同一律可以反驳谬误，揭穿诡辩；第四，在法律等实践工作中，遵守和运用同一律也具有极为重要的作用，例如，在立法工作中，同一律是保证立法严肃性的重要工具，在法律的解释中，也要求任何法律解释都要与法律自身含义保持同一，等等。

要正确地理解和运用同一律，应注意，同一律只是一条逻辑思维规律，而不是世界观，同一律不同于形而上学，因为同一律并不否认和排斥客观世界的发展变化。再者，同一律要求思想保持确定性，但它并不否认思想的发展变化。

第二节　矛盾律

一、矛盾律的内容

矛盾律的内容是：在同一思维过程中，两个互相否定的思想不能同真，必有一假。或者说，在同一时刻，某个事物不可能在同一方面既是这样又不是这样。矛盾律既适用于相互矛盾的思想，又适用于相互反对的思想。

矛盾律的逻辑形式可以表示为："A 不是非 A"。矛盾律也可以用符号表示为：$\neg(P \land \neg P)$。（读作"并非（P 并且非 P）"）。例如：①汉密尔顿是华盛顿的内阁成员；②汉密尔顿不是华盛顿的内阁成员。这两个命题在同一条件下不能同时成立，如果一个成立，另一个必不成立，反之亦然。

二、矛盾律的要求

矛盾律要求在同一思维过程中，两个互相否定的思想不能同真，必有一假。在概念思维形式方面，矛盾律要求一个概念不能既反映某对象又不反映某对象。在命题方面，它要求一个命题不能既断定某对象是什么又断定它不是什么，对互相矛盾或互相反对的命题不能同时承认它们都真，必须承认其中有一个是假的。如果违反矛盾律的要求，我们就称之为犯了"自相矛盾"的逻辑错误。

例①《韩非子》中的一个寓言故事描写了一个既卖矛又卖盾的楚国人，他吹嘘自己的矛是世界上最为锋利的，以至于"任何东西都能被它扎透"；他又炫耀自己的盾是世界上最为坚固的，以至于"没有任何东西能扎透它"。旁边有好事者问他："若以你的矛扎你的盾，其结果又如何呢？"这个卖矛又卖盾的楚国人只有张口结舌，无以为答。可见，之所以造成这个结果，原因在于他陈述的两个命题“任何东西都能被它扎透”和“没有任何东西能扎透它”构成了一对逻辑矛盾，因而犯了“自相矛盾”的逻辑错误。

例②一位工厂经理在全厂大会上宣布：“‘五一节’公休一天，倒休一天，共放两天假。大家都不要来，好好休息休息，理一理家务，改善改善生活。唯独机修车间还得照常上班，把各车间需要检修的设备，检修检修。”我们看到，该经理先说“……共放两天假。大家都不要来”，后面又说：“唯独机修车间还得照常上班……”在同一时间和地点针对全体职工所说的这两句话是矛盾的，即“所有的人都放假休息”与“有的人不放假休息”是矛盾的，因此这违反了矛盾律的要求，犯了“自相矛盾”的逻辑错误。

三、矛盾律的作用

矛盾律的主要作用是保证思维具有无矛盾性（首尾一贯性）。一个思想中如果包含逻辑矛盾，或者由它能必然推出逻辑矛盾。那么这个思想就是假的，不能成立的。矛盾律也广泛应用于人们的思维和实践活动中。

要正确理解和运用矛盾律应该注意：

第一，矛盾律并不否认客观事物的内在矛盾，它只排除思维中的逻辑矛盾。矛盾律是在同一思维过程中起作用的。如果在不同时间、不同方面、对不同对象做出两个相反的判断，并不构成逻辑矛盾，因而也不能说违反矛盾律的要求。总之，矛盾律的作用在于排除逻辑矛盾，而非辩证法所讲的客观矛盾。

第二，对于同一对象从不同方面揭示它的不同属性，也不是矛盾律的作用范围，因而也不构成逻辑矛盾。例如，毛泽东说：“为了同敌人作斗争，我们在一个长时间内形成了一个概念，就是说，在战略上我们要藐视一切敌人，在战术上我们要重视一切敌人。也就是说在整体上我们一定要藐视它，在一个一个的具体问题上我们一定要重视它。”毛泽东在这段话所说的“我们要藐视一切敌人”和“我们要重视一切敌人”，是对同一对象所做出的，但这是从不同方面（即从“战略上”和“战术上”，从“整体上”和“一个一个的具体问题上”）说的，因而不是两个相互矛盾的命题，不能说这违反矛盾律的要求。

第三，矛盾律并不否认修辞矛盾。例如，臧克家《有的人》一诗中说：“有的人活着，他已经死了；有的人死了，他还活着。”这里是运用修辞手法从生命同精神的对照入手，描写了“虽生犹死”和“虽死犹生”两种不同的人，因此这并非逻辑矛盾。

四、悖论

悖论是一种不能用普通逻辑方法加以消除的逻辑矛盾。在罗素重申悖论之后,悖论在数学中引起了人们广泛而系统的研究,给数学和数理逻辑的研究以巨大的推动。

例①“说谎者悖论”是逻辑史上最古老的悖论之一。公元前4世纪,麦加拉派的欧布里德斯把说谎者悖论表述为:对于“我正在说谎”这句话,从中可以引出这样一个问题,即“说自己正在说谎”这句话本身是不是谎话?如果他所说的“我正在说谎”是真话,那么他就正在说谎话,即“我正在说谎”这话就是假的,这就产生了自相矛盾;而如果他所说的“我正在说谎”是谎话,那么他就没有说谎,即“我正在说谎”这句话就是真的,这又产生了自相矛盾。

据说古希腊哲学家科斯的斐勒塔潜心研究这个悖论,结果把身体弄得瘦骨嶙峋,为了防止被风刮跑而不得不在身上带上铁球和石块,但最后还是因积劳成疾而一命呜呼。为提醒后人免蹈覆辙,他的墓碑上写道:

科斯的斐勒塔是我,
使我致死的是说谎者,
无数个不眠之夜造成了这个结果。①

例②罗素阐述的“理发师悖论”。据说,一个乡村理发师出了一个通告:本理发师只为本村所有不给自己理发的人理发。从中引出的问题是“该理发师给不给他自己理发?”如果他不给自己理发,他就属于该村不给自己理发的人,那么,按他的通告,他就得给自己理发,这就产生了自相矛盾;如果他给自己理发,他就不属于该村不给自己理发的人,按他的通告,他就不能给自己理发,这又产生了自相矛盾。

从上述例子可以看出,悖论是一种自相矛盾的永假命题。一般来说,悖论都是因为语句涉及自身或者因为语句的自我指涉而产生的。说谎者悖论的产生就是因为涉及“我”本身,而理发师悖论也是因为涉及理发师本人,所以,避免悖论的一个方法就是避免自我指涉的情况发生。

① 陈波:《逻辑学是什么》,北京大学出版社2007年第2版,第6页。

第三节　排中律

一、排中律的内容

排中律的内容是：在同一思维过程中，两个互相矛盾的思想不能同假，必有一真。或者说，对于任何事物在一定条件下的判断都要有明确的“是”或“非”，不存在中间状态。排中律的适用范围不包括互相反对的思想。

排中律的逻辑形式可以表示为：“A 或者非 A”。排中律也可以用符号表示为：“$P \vee \neg P$”（读作“p 或非 p”）。

二、排中律的要求

排中律要求：在同一思维过程中，两个互相矛盾的思想不能同假，必有一真。具体来说，在概念方面，排中律要求对任一对象，或者用 A 概念去反映它，或者用非 A 概念去反映它，二者必居其一。在命题方面，它要求人们对于同一对象所作的两个互相矛盾的断定，必须肯定其中有一个是真的，而不能同时承认两个互相矛盾的命题为假。

如果违反排中律的要求，一般会犯“模棱两可”的逻辑错误。“模棱两可”一词来自《旧唐书·苏味道传》。据说唐朝武则天统治时期有一位宰相，名叫苏味道。他对问题的正反两方面意见，从来都是不表示任何明确的态度。他曾对别人说：“处事不欲决断明白，若有错误，必贻咎谴。但模棱以持两端可矣。”为此，当时的人给他起了个外号叫“苏模棱”。可见，“模棱两可”即指对事物的认识含含糊糊，没有明确的态度或主张。

例①在一次关于有鬼还是无鬼的辩论赛后，某主持人总结说：“刚才大家讨论得很热烈、很好。但我个人认为，既不能说有鬼，也不能说无鬼，有没有鬼因人而异，信则有，不信则无。”表面看来主持人的话很有道理，但“有鬼”与“无鬼”是相互矛盾的概念，不可能同时都否定，可见主持人实际上犯了“模棱两可”的逻辑错误。

例②在一次学生工作会议上，教师们针对本学期有四门考试成绩不及格的学生提出不同的处理意见。有的教师认为，为了促进学风建设，必须对这类学生除名，而有的教师认为，除名不是好办法，要加强教育，不必除名。最后大家请教务主任谈谈意见，他说："还是听大家的吧，大家说怎么办，就怎么办。"教务主任对两种矛盾的意见不置可否，采取回避骑墙的态度，这也是犯了"模棱两可"的逻辑错误。

三、排中律的作用

排中律的主要作用在于保证思想的明确性，要正确地理解和运用排中律应注意以下几点：第一，排中律并不否认客观事物本身有可能存在两种以上的情况或某种中间状态；第二，排中律也不排除人们在认识过程中，由于对事物尚未做出断定而采取二不择一的态度；第三，对于"复杂问语"，人们可以不作肯定的回答，也不作否定的回答，这并不违反排中律的要求。

所谓"复杂问语"是指一种不正当的问语，它隐含着对方没有承认或根本不能接受的假设，回答不论是肯定还是否定，其结果都得承认这个错误的假设。

例①某法官问某被告人："你去E地之前在做什么？"这就是一个复杂问语，其假设是"该被告人曾去过E地"。无论被告人回答"做了什么"或"没做什么"，其结果都等于首先承认去过E地。在司法实践中，复杂问语有诱供之嫌，所以切记避免使用。

例②有一个外国记者在总理记者招待会上提出一个问题："中国是否会停止对美国的黑客攻击？"这里无论回答是或者否都间接承认所谓的"中国对美国的黑客攻击"。总理巧妙回答："黑客攻击问题，可以说是一个世界性的问题，中国本身就是主要的被黑客攻击的受害者，中方不仅不支持，而且反对黑客攻击行为。刚才你说的话我怎么有有罪推定的感觉啊？我想我们还是少一些没有根据的相互指责，多做一些维护网络安全的实事。"这就破解了对方的复杂问语。

四、排中律与矛盾律的关系

排中律与矛盾律二者具有联系。第一，这两条规律有着共同的客观基础，都是以客观事物质的规定性为客观依据，因此是对客观事物普遍性质的反映。第二，对于思维的作用来说，二者实质上是一致的，都展现了思维的确定性。

排中律与矛盾律二者也存在区别。第一，二者的适用范围不同。排中律适用于互相矛盾的思想而不适用于互相反对的思想；矛盾律既适用于互相矛盾的思想，也适用于互相反对的思想。第二，二者的要求不同。矛盾律要求对两个互相矛盾或互相反对的思想不能同时承认为真，必须指出有一个是假的；排中律则要求对两个互相矛盾的思想不能同时承认为假，必须指出有一个是真的。第三，违背二者的逻辑错误不同。违反矛盾律要求所犯的逻辑错误是“自相矛盾”；而违反排中律要求所犯的逻辑错误是“模棱两可”。第四，二者的具体作用不同。矛盾律的作用是排除思维中的逻辑矛盾，由真推假；排中律的作用是排除思维中的含糊不清，由假推真。

第四节　充足理由律

一、充足理由律的内容

充足理由律是指：任何一个合乎真理性的论断都应当是有充分根据的。也就是说，提出任何一个正确的论断都必须有根据，而且这个根据和论断有必然的联系，是论断成立的充足条件。

充足理由律的逻辑形式可为：B 真，因为 A 真，并且 A 能推出 B。充足理由律也可以用符号表示为：“$P \rightarrow Q$”，（读作“P 蕴含 Q”）。

充足理由律表明，任何事物都有其存在的充足理由，这个原理也被称为因果原理，它所体现的内容是客观事物的存在都有其充足根据。充足理由律是自然科学研究中思维活动所遵循的重要逻辑依据。

二、充足理由律的要求

充足理由律要求人们在论证等思维活动中必须为论题提供充足理由。具体来说，其要求是：（1）理由必须真实；（2）理由与论题之间有逻辑联系，即从理由能够推出论题。只有满足充足理由律的逻辑要求才能使论证具有论证性并因而具有说服力。

如果违反充足理由律的要求，其逻辑错误有两种：

第一，理由虚假，即用一个主观臆造的理由为根据。例如：“当今社会，所有的人都是自私的，你也活在这个现实的世界上，所以你不可能是不自私的。”这个推理的前提“当今社会，所有的人都是自私的”明显是虚假的，因而犯了理由虚假的逻辑错误。再比如：“宇宙在时间上是有开端的。因为，宇宙是上帝创造的，而上帝创造的东西在时间上是有一定开端的。”这个推理所依据的理由“宇宙是上帝创造的”不真实，因此，这一推理也犯了理由虚假的逻辑错误。

第二，推不出，即从理由不能必然推出结论。例如：“火星上肯定有生物。因为,火星上有许多条件和地球是相同的。”这个推理的理由“火星上有许多条件和地球是相同的”是真实的,但是由这一理由并不能必然推出“火星上和地球一样有生物”,因而这个推理犯了“推不出”的逻辑错误。再比如:“老陈的儿子今年没考上大学,准是进一家工厂当工人去了。”这一陈述的前后内容没有必然联系,尽管“考不上大学”这一前提是真实的,但是并不必然得出“去当工人”的结论,因此也犯了“推不出”的逻辑错误。

三、充足理由律的作用

充足理由律在现实生活中具有广泛的作用。第一,充足理由律是科学理论存在的必要条件。任何一个科学理论,其正确性一是要经得住实践的检验,二是要经得起逻辑的推敲。而充足理由律正是逻辑推理的基础,它保证了逻辑推理的正确性。无论什么推理,要想得出正确的结论,就必须前提真实,推理过程具有因果关系。同时,充足理由律也是证明和反驳的重要逻辑基础,理由不充足或理由和推断之间没有必然的因果联系,都会导致证明和反驳的无效。

例①据最近的统计,在需要同等学历的十个不同职业中,教师的平均工资五年前排列第九,而目前上升到第六;另外,目前教师的平均工资是其他上述职业的平均工资的86%,而五年前只是55%。因此,教师工资相对偏低的状况有了较大的改善,教师的相对生活水平有了很大的提高。请问,这一论证基于以下哪项假设?

Ⅰ.近五年来的通货膨胀率基本保持稳定。

Ⅱ.和其他职业一样,教师中的最高工资和最低工资的差别是很悬殊的。

Ⅲ.学历是确定工资标准的主要依据。

Ⅳ.工资是实际收入的主要部分。

A. 仅Ⅰ、Ⅲ。

B. 仅Ⅱ、Ⅳ。

C. 仅Ⅲ。

D. 仅Ⅳ。

答案D。Ⅰ是不需要假设的,即如果近五年来的通货膨胀率不稳定,也不影响题干段落推理的成立。Ⅱ是不需要假设的,即如果教师中的最高工资和最低工资的差别不大,也不影响推理的成立。Ⅲ是不需要假设的,即如果学历并不是确定工资标准的主要依据,不影响题干推理的成立。Ⅳ是必须假设的,因为,如果工资不是实际收入的主要部分，那么，即使教师工资相对偏低的状况有了较大的改善，教师的相对生活水平也不一定有很大的提高。

例②引进的美国大片《廊桥遗梦》，仅仅在某市放映了一周时间，各影剧院的总票房收入就达到八百万元。某市又引进了《泰坦尼克号》，准备连续放映10天，一千万元的票房收入应该能够突破。根据文中包括的信息，分析以上推断最可能隐含了以下哪项假设？

A. 很多人因为映期时间短没有看《廊桥遗梦》，这一次可以得到补偿。

B. 这一次各影剧院普遍更新了设备，音响效果比以前有很大改善。

C. 这两部片子都是艺术精品，预计每天的上座率、票价等非常类似。

D. 连续放映10天是以往比较少见的映期安排，可以吸引更多的观众。

答案C。题干中推理成立的假设就是要说明“《廊桥遗梦》票房收入好与《泰坦尼克号》票房收入好”两者之间有本质联系。如果两部影片在上座率、票价方面有明显差异，那么题干就很难对《泰坦尼克号》做出上述预计，因此其余选项皆不适当作为文中推理的假设。

例③清朝雍正年间，市面流通的铸币，其金属构成是铜六铅四，即六成为铜，四成为铅。不少商人出于谋利，纷纷融币取铜，使得市面的铸币产生匮乏，不少地方出现以物易物。但朝廷征于市民的赋税，须以铸币缴纳，不得代以实物或银子。市民只得以银子向官吏购兑铸币用以纳税，不少官吏因此大发了一笔。这种情况在雍正之前的明清两朝从未出现过。请问，从文中陈述可推出以下哪项结论？

Ⅰ. 上述铸币中所含铜的价值要高于该铸币的面值。

Ⅱ. 上述用银子购兑铸币的交易中，不少并不按朝廷规定的比价成交。

Ⅲ. 雍正以前明清两朝铸币的铜含量，均在六成以下。

A. 只有Ⅰ； B. 只有Ⅱ； C. 只有Ⅲ； D. 只有Ⅰ和Ⅱ； E. Ⅰ、Ⅱ和Ⅲ。

答案D。Ⅰ可以从题干陈述中推出。因为如果铸币中所含铜的价值不高于该铸币的面值，那么融币取铜就会无利可图，就不会出现商人纷纷融币取铜，从而造成市面铸币严重匮乏的现象。Ⅱ可以从题干陈述中推出。因为如果上述银子购兑铸币的交易都能严格按朝廷规定的比价成交，就不会有官吏通过交易大发一笔。Ⅲ不能从题干陈述中推出。铸币铜含量在六成以上有可能导致商人融币取铜，但不一定会导致商人纷纷融币取铜，例如，如果王法严明就可能避免这一现象。因此，不能由雍正以前明清两朝未见题干陈述的现象，就得出其铸币铜含量均在六成以下的结论。

第二章　论证

论证是根据一个或一些已知为真的命题确定另一个命题真实性或虚假性的思维过程。任何一个正确和有效的论证都必须遵守一定的规则。论证主要包括证明和反驳两种形式，根据所运用的不同推理形式，这两种论证形式可以区分出不同的论证方法。

第一节　论证的规则

任何一个正确的论证、有说服力的论证，必须遵守一定的规则，尤其是必须遵守逻辑的基本规则。由于论证由论题、论据、论证方式三个要素组成，因此，逻辑学对这三个要素都确定了相应的逻辑规则。

一、关于论题的规则

☞ 论题必须明确

论题明确是论证的先决条件。在一个论证中，如果论题不明确，就无法找到适当的论据和正确的方式来论证它。如果违反了这条规则，就会犯“论题含混”的逻辑错误。“论题含混”又称“论旨不明”，就是论题在论证中模糊不清。

例如，“青年人喜欢生活丰富多彩，比如经常跳跳舞，穿得艳一点、透一点，头发染得黄一点，我看这没有什么不可。社会在发展，时代在前进，旧的习惯总是要被新的所代替，人们的审美观念也在改变。资本主义的科学技术要学，难道生活方式就是一个‘禁区’吗？对这个问题应该用历史唯物主义的科学态度实事求是地进行分析。当然，我并不赞成我们的青年去学习外国人的生活方式，经常跳跳舞，穿得艳一点、透一点，头发染得黄一点，毕竟不符合我国的民族风俗习惯，所以我也不赞成青年们把这一套当作宝贝吸收过来，加以模仿。”从这段话中，很难让人把握作者想论证什么，有个什么样的主张。从逻辑上分析，这就违反了这条论证规则，犯了“论题含混”的错误。

☞ **论题必须保持同一**

论题必须保持同一，是指在整个论证过程中，论题应当自始至终保持自身的含义不变。违反这条规则所犯的逻辑错误叫“转移论题”。转移论题也叫“偷换论题”，是违反同一律的表现。

例如，“学习雷锋，为人民做奉献，应当做到坚持不懈。因为，我们现在进行的是社会主义的改革开放，搞的商品经济也是社会主义的商品经济，这就决定了在改革开放过程中必须坚持四项基本原则，因而也就决定了雷锋精神有着重要的地位和作用。所以，雷锋精神没有也不会过时。”这段话提出的论题是“学习雷锋应当做到坚持不懈”，可是论证的却是另一个论题，即“雷锋精神没有也不会过时”。这就犯了“转移论题”的逻辑错误。

“转移论题”的常见错误表现为“证明过多”和“证明过少”。“证明过多”是指实际论证的论题比原定论题断定的范围要宽。“证明过少”是指实际论证的论题比原定论题断定的范围要窄。

二、关于论据的规则

☞ 论据必须真实

论题的真实性要靠论据来证明，如果论据本身的真实性成了问题，就根本不可能确定论题的真假。违反这条规则就要犯“虚假理由”或“预期理由”的逻辑错误。

“虚假理由”是指用虚假的命题作论据。例如，在寓言故事《狼和小羊》中，狼要吃小羊，于是找出了两条理由：一是小羊把水弄脏了，二是小羊在半年前说过它的坏话。可怜的小羊反驳道：“你在上游，我在下游，怎么会弄脏你的水？半年前我还没有出生，又怎么会说你的坏话？”可见，狼的论证逻辑就犯了“虚假理由”的错误。

“预期理由”是指用尚未被确认为真的命题作论据，或者说是指在论证时以可能发生也可能不发生的预想情况为论据。例如，“这只股票还会继续上涨。因为可能有30%的股民会继续买进，说不定会有70%的股民要继续买进呢？”这一论证中的论据就是没有发生的可能情况，因此，结论也就是无效的。再比如，有人提出，“地球上出现的不明飞行物，肯定是外星球的宇宙人发射的。因为现代科学告诉我们，外星球可能存在着比地球人更高级的宇宙人。他们向地球发射宇宙飞行物是很自然的事。”这段论证中的论据“外星球存在着比地球人更高级的宇宙人”的真实性尚未被证实，它可能发生也可能不发生，因此作为论据是不能给论题以可靠支持的，因而其论证是无效的。

☞ **论据的真实性不应当靠论题的真实性来论证**

在论证中，论题的真实性或虚假性是从论据的真实性中推出来的，是依赖于论据来论证的。因此，论据的真实性只能由实践或其他已知为真的命题来证明，不能由论题本身来证明，否则就会犯“循环论证”的逻辑错误。“循环论证”也称“丐题”，即在证明论题的努力中，却又假定了所要寻求证明的论题。“循环论证”的特点是：在一个论证中，论题需要论据来证明，而论据又需要论题来证明，二者互相依赖。

例①，逻辑学家理查德•惠特利（Richard Whitley）记载的一个例子：“总的来说，允许每个人都有不加限制的言论自由必定总是对国家有利的；因为它非常有利于每个个体都毫无限制地享有表达其思想情感的自由，而这对社会共同体是有益的。”[①] 这个例子就犯了“循环论证”的错误。

例②，甲：耶稣是上帝的儿子。

乙：你是怎么知道的？

甲：因为《圣经》上是这样写的。

乙：《圣经》上写的就是可信的吗？

甲：《圣经》是上帝的儿子耶稣写的，当然可信。

其中，甲用论题“耶稣是上帝的儿子”的真实性去证明其论据“《圣经》上写的可信”的真实性，这就犯了“循环论证”的错误。

三、关于论证方式的规则

关于论证方式的规则只有一条：从论据应能推出论题。论题的真不仅依赖于论据的真，还依赖于论据与论题之间的逻辑联系。从论据能合乎逻辑地必然地推

① ［美］欧文·柯匹，卡尔·科恩．逻辑学导论［M］．张建军，潘天群等译．北京：中国人民大学出版社，2007：184.

出论题，这是要求论据必须是论题的充足理由，而且所用的推理形式必须遵守推理规则，否则的话，就会犯“推不出”的逻辑错误。“推不出”的逻辑错误有两类：一类是形式的，一类是非形式的。

☞ 形式的“推不出”错误

犯了形式方面的“推不出”错误，就是指在论证时违反了有关推理的规则和要求。

例①，“政治教师应在教学中贯彻思想政治教育，数学教师不是政治教师，所以，数学教师不必在教学中贯彻思想政治教育。”这一论证使用了三段论推理，但是，它违反了三段论的规则“在前提中不周延的项在结论中不得周延”，犯了“大项扩大”的错误，作为论证来说，也就是犯了“推不出”的错误。

例②，鲁迅在《论辩的魂灵》一文中揭露了顽固派的诡辩手法：“你说谎，卖国贼是说谎的，所以你是卖国贼。我骂卖国贼，所以我是爱国者。爱国者的话是最有价值的，所以我的话是不错的。我的话既然不错，你就是卖国贼无疑了。”这里，顽固派所进行的是一个典型的循环论证。循环论证也是一种典型的形式的“推不出”的逻辑错误，它通过论据去证明论题的真实性，然后又通过论题去证明论据的真实性。

☞ 非形式的“推不出”错误

这类错误是指结论的推出不是源于违背推理规则的要求，而是源于语言和心理等方面的因素。非形式的“推不出”错误主要有以下表现形式：

第一，论据与论题不相干。即指论据虽然真实，但论据的真实性与论题的真实性没有关系，从论据的真实性不能推出论题的真实性。

例如，《红楼梦》一书中，刘姥姥正在诉说雪天里的小姑娘抽柴火的事情，忽然听到有人说院里马棚失了火，等火救灭以后，宝玉忙问刘姥姥那女孩为什么雪天里抽柴火，贾母恶声恶气地说：“都怪刚才说抽柴火，惹出失火的事来了，你还问哩！别说抽柴火的事了，改说别的吧。”讲抽柴火的事情本与院里失火毫无关系，而贾母硬说是讲抽柴火惹出失火的事情，这就属于论据与论题不相干。

第二，论据不足。即指论据对于论题来说虽是必要的，但不是充分的。也就是说，除了这些论据以外，还必须提出其他论据，才能证明论题。

例如，某地发生一位女青年被害事件，公安人员在分析案情时发现：一位男青年与被害女青年谈过恋爱，二人分手后，男青年对女青年曾经心怀不满；在女青年被害的当天夜间，男青年一夜未在家。有公安人员根据这两个条件推断该男青年是凶手。另一位公安人员指出，虽然不能完全排除该男青年的嫌疑，但是仅仅据此条件就断定他是凶手，其证据是不充分的，这会犯“推不出”的逻辑错误。可见，后者的理解是适当的。

第三，以相对为绝对。即指在运用论据的时候，把一定条件下的真实命题当成了无条件的真实命题。

> 例如，鲁迅《且介亭杂文末编·半夏小集》中有这样一段对话：
>
> A：我们当你是一个可靠的好人，所以几种关于革命的事情，都没有瞒了你。你怎么竟向敌人告密去了？
>
> B：岂有此理！怎么是告密！我说出来，是因为他们问我呀。
>
> A：你不能推说不知道吗？
>
> B：什么话！我一生没有说过谎，我不是这种靠不住的人！

从逻辑的角度看，B 以“我一生没有说过谎”来证明他向敌人告密是应该的，犯的就是“以相对为绝对”的逻辑错误。因为“不说谎”只是在一般正常情况下的行为准则，如果在特殊的、例外的场合也照搬不变，那么，这不是幼稚无知，就是别有用心。

第四，以人为据。即指在论证中，当确定一个命题真伪时，既不根据严密的逻辑论证，也不根据其是否符合客观实际，而是以权威的某些言论为依据。

例如，意大利科学家伽利略在《关于托勒密和哥白尼的两大世界体系的对话》一书中讲述了一个故事：某位经院哲学家硬是不相信人的神经在大脑中会合这一科学结论，人们就让他通过观看人体解剖实验去认识这一事实。可是他却说：“您这样清楚明白地使我看到了这一切，假如在亚里士多德的著作里没有与此相反的说法，即神经是从心脏中产生出来的，那我一定会承认这是真理了。”无视明白无误的事实，以权威的错误言论为永恒的真理，这个经院哲学家所犯的就是“以人为据”的逻辑错误。

除了上述非形式的“推不出”错误之外，还存在诉诸无知、人身攻击、诉诸情感、诉诸同情、诉诸暴力、诉诸权威等各种非形式“推不出”错误。

当然，各种“推不出”的错误，本质上都是论据与论题不能构成一个合乎规则的论证方式的错误。它们或是犯了各种非形式错误，或是违反了各种形式的推理规则或规律，主要是违背了充足理由律的要求，因为正确的论证必须使论据成为论题的充足理由。

论证中关于论题、论据和论证方式的规则，是保证论证具有论证性和说服力的充分必要条件。论证是全部逻辑知识的综合运用。论题、论据的规则是人们在论证中正确运用概念、命题的保证；论证方式的规则是人们在论证中正确地进行推理的保证。所以，总体而言，正确、有效的论证是建立在有关概念、命题、推理的全部规则之上的，是遵守逻辑规律的结果。

第二节 证明的方法

根据所用推理形式的不同，证明的方法可分为演绎证明、归纳证明和类比证明；根据论据与论题是否直接发生联系，证明的方法可分为直接证明和间接证明。

一、演绎证明、归纳证明和类比证明

☞ 演绎证明

演绎证明，即运用演绎推理的形式，根据一般原理论证某一特殊论断的证明方式。演绎推理的各种形式，如对当关系推理、三段论、假言推理、选言推理、二难推理等等都可作为演绎证明的方式。

例如，承认社会主义国家仍然存在着矛盾，曾经是社会主义国家面临的一个重大的理论问题和实践问题。一般从理论上是这样论述这个问题的：唯物辩证法认为，对立统一规律是宇宙的根本规律。任何事物都存在着矛盾，社会主义社会也不例外。社会主义社会的基本矛盾，仍然是生产关系与生产力之间的矛盾和经济基础与上层建筑之间的矛盾，不过这种矛盾的性质不同于资本主义社会罢了。在社会主义条件下存在着两类不同性质的矛盾，即人民内部之间的矛盾和敌我之间的矛盾。从唯物辩证法关于一切事物都存在着矛盾的一般原理出发，证明社会主义社会这一特殊事物也必然存在着矛盾，这是演绎证明的典型例子。

演绎证明对建立科学理论体系有重要意义，尤其是建立科学理论体系的一种重要方法——公理法，与演绎证明关系密切。所谓公理法，就是以一些最基本的概念（初始概念）和最基本的判断（公理）为根据，依据基本推理规则，演绎推导出一系列定理和推论的证明方法。这种用公理法建立起来的科学体系被称为“公理系统”，古代的欧几里得几何学就是以公理法建立起来的，它依据不证自明的公理，层层演绎推导出一系列定理，从而构成一个完美的公理系统。

☞ 归纳证明

归纳证明,即用归纳推理的形式,根据一些个别或特殊性论断来论证一般原理的证明方式。归纳证明又可以分为完全归纳证明、枚举归纳证明和科学归纳证明。

例如,天才出自勤奋。古今中外大量的实例足以证明这一点。纪昌“学射”是勤,王冕“挂角”是勤,李白“铁杵磨成针”也是勤,鲁迅称自己的天才“是把别人喝咖啡的功夫都用在工作上”,爱迪生也说“天才中百分之九十九的是汗水”。可见,勤奋是产生天才的根本条件。这种运用枚举归纳法的证明就是枚举归纳证明。

再例如,地震前会发生反常现象,如猫儿离家、狗跑乱吠、老鼠出洞、鸡飞鸭叫、牛羊乱窜等。这是什么原因呢?有科学家经过研究认为,原因是在地震发生前,空气中产生带电粒子,这些带电粒子会造成动物血清素含量的增高,而血清素含量的增高,可以使动物神态颠倒,甚至作呕。因此,地震前动物会发生反常现象。这一论证过程就运用了科学归纳证明。

☞ 类比证明

类比证明,即运用类比推理的形式,根据特殊性论断来论证某一特殊性论断的证明方式。

例如,在人类社会中,人的自由是相对的、有条件的,离开这些条件,自由就变成不自由了。人们常说“海阔凭鱼跃,天高任鸟飞”,这句话是说“鱼儿”与“鸟儿”在广阔的天地中有充裕的遨游或翱翔的自由。但这决不意味着鱼和鸟就可以不受任何约束与限制了。鸟儿高翔,无一例外地要受空气、气候、引力自然条件的制约;鱼儿漫游,也无不受到水流、水质、气候等自然因素的限制。自然界如此,人类社会亦如此。人们在享受某种自由的时候,无不同时受到某种约束。你要自由地在大街上行走吗?你就得遵守交通规则。假若行人、车辆对红绿灯不屑一顾,你岂能有行走的自由?正如著名诗人歌德说的那样:“一个人只要宣称自己是自由的,就会同时感到他是受限制的。如果他敢于宣称自己是受限制的,他就会感到自己是自由的。”从总体来分析,作者在这段论证中用了类比证明,论证了“在人类社会中,人的自由是相对的、有条件的,离开这些条件、自由就变成不自由了”的论题。

演绎证明和完全归纳法证明是必然性的证明,科学归纳证明和枚举归纳证明是或然性的证明。类比证明同样具有或然性。因此,演绎证明与归纳证明或类比证明结合在一起使用,才能收到相得益彰、更加有力的证明效果。

二、直接证明和间接证明

☞ 直接证明

直接证明就是根据论据的真实直接确认论题真实的证明。直接证明的特点是从论题出发,为论题的真实提供直接的理由。直接证明是最重要、最常用的一种证明方法。

例如,科学技术现代化是我国社会主义现代化的关键。这是因为:只有科学技术现代化,才能造就我国社会主义现代化所需要的大批各级各类专门科学技术人才,才能造就亿万掌握现代生产技术的劳动者;只有科学技术现代化,才能用现代科学技术不断装备我国国民经济各部门;只有科学技术现代化,才能用现代科学技术装备我国国防。这就是一个直接证明,“科学技术现代化是我国社会主义现代化的关键”这个论题的真实,是根据三个真实的论据直接得到确认的。

☞ 间接证明

间接证明是通过确认与论题有关的其他命题的虚假来确认论题真实的证明。间接证明的特点是不直接证明论题,而是通过与论题相关的其他命题作为逻辑中介去间接地论证论题的真实。间接证明主要有反证法与选言证法两种。

第一,反证法。即先证明与原论题相矛盾的论断为假,然后根据排中律确定原论题为真的证明方法。其论证过程可以表示如下:

论题:P

反论题:非 P

论证“非 P”虚假

根据排中律,“非 P”虚假,故 P 真。

例如,社会主义制度是优越的。因为,如果社会主义制度不优越,那么,它就不会战胜旧制度。现在社会主义制度已经战胜了旧制度。可见,社会主义制度是优越的。这个论证所用的方法就是反证法。这个论证的论题是“社会主义制度是优越的”。为了论证这一论题,先假定一个反论题“社会主义制度不优越”。从这一反论题推出的判断是“它(社会主义制度)不会战胜旧制度”。但事实上社会主义制度已经战胜了旧制度,即“它不会战胜旧制度”是假的,这样也就可以进一步断定“社会主义制度不优越”是假的,亦即可以断定“社会主义制度是优越的”是真的。

运用反证法的关键是确定反论题假。一般来说,根据反论题推出的命题与确知的事实相矛盾,或者与已知的条件相矛盾,或者与公理、定理、定义相矛盾,这些都可以用以确定反论题假。反证法是一种非常有力的间接证明方法,应用范围很广。

第二,选言证法。即先论证与原论题相关的其他可能性不能成立,然后确定论题真的证明方法。其论证过程可以表示如下:

论题:P

或P或Q或R

非Q,非R

所以,P

例如,毛泽东在《人的正确思想是从哪里来的?》一文中有一段论述:“人的正确思想是从哪里来的?是从天上掉下来的吗?不是。是自己头脑里固有的吗?不是。人的正确思想,只能从社会实践中来,只能从社会的生产斗争、阶级斗争和科学实验这三项实践中来。”在这段话中,论题是“人的正确思想只能从社会实践中来”。为了论证这一论题,首先构造了选言命题“人的正确思想或者是从天上掉下来的,或者是人头脑里固有的,或者只能从社会实践中来”;然后,通过否定前两种说法,得以确定了论题的真实性。

选言证法也是一种常用的间接证明方法。在运用选言证法时要注意,选言前提务必穷尽一切可能,否则得出的结论就未必真实,证明也就不可靠了。

第三节 反驳的方法

反驳也是一种论证形式。与证明不同,反驳是根据已知为真的命题确定另一个命题虚假性的论证形式。根据所用推理形式的不同,反驳的方法可分为演绎反驳、归纳反驳与类比反驳。根据反驳是从正面还是从反面入手,反驳可分为直接反驳和间接反驳。根据反驳所针对的论证要素不同,反驳可分为反驳论题、反驳论据和反驳论证等方式。

一、演绎反驳、归纳反驳与类比反驳

☞ 演绎反驳

演绎反驳是运用有效的演绎推理形式,从一般原理出发,确定某一特殊命题的

虚假性的反驳。

例如,据说俄国文学家赫尔岑有一次外出做客,在主人演奏音乐时,他竟睡着了。待醒来以后,主人问他:“您不喜欢这些音乐吗?它们都是现在最流行的。”赫尔岑说:“难道流行的就都好吗?”主人说:“不好为什么会流行呢?”赫尔岑说:“那流行感冒呢?也是好的吗?”赫尔岑为驳斥“流行的都是好的”这一论题,运用了如下一个推理:“如果流行的都是好的,那么流行感冒也是好的了;并非流行感冒是好的;所以,并非流行的都是好的。”

演绎反驳的特点是:反驳的论题是特殊性判断,反驳的论据是一般性判断,思维进程则是依据一般性判断的真实性来确定特殊性判断的虚假性。

归谬法是演绎反驳中常用的逻辑方法。即为了反驳命题p,可以先假定p真,然后从这一假定推出一个明显荒谬的命题q,进而,从命题q假必然推出命题p真是荒谬的。

例如,列宁在驳斥经验批判主义者关于“物体是感觉的复合”的谬论时指出:“经验批判主义者对我们说,物体是感觉的复合。马赫像贝克莱一样,硬要我们相信:如果超出这一点,认为感觉是物体作用于我们感官的结果,那就是形而上学,就是没有意义的多余的假定等等。但头脑是物体,那么头脑也不过是感觉的复合。结果是,我(也无非是感觉的复合)依靠感觉的复合去感觉‘感觉的复合’。多妙的哲学!”在这里,列宁从“物体是感觉的复合”中引申出“我(也无非是感觉的复合)依靠感觉的复合去感觉‘感觉的复合’”这一显然荒谬的判断,从而证明“物体是感觉的复合”是荒谬的、不真实的。

再如,古希腊哲学家克拉底鲁宣称:“我们对任何事物所作的肯定或否定都是假的。”亚里士多德反驳说:“克拉底鲁的话等于说‘一切命题都是假的’,而如果一切命题都是假的,那么,这个‘一切命题都是假的’的命题也是假的。”可见,结论是荒谬的,因此,前提也是荒谬的,这就达到了反驳的目的。

归谬法与反证法不同。反证法用于证明,目的在于确定某一判断为真;归谬法用于反驳,目的在于确定某一判断为假。但二者之间又有联系,反证法是通过确定反论题为假,间接确定论题为真;而在确定反论题为假时,一般使用了归谬法,因此,反证法中一般包括了归谬法。

☞ 归纳反驳

归纳反驳就是运用归纳推理的形式,确定所反驳论题的虚假性或不能成立。

例如,有人说共产主义是渺茫的幻想,这是不符合实际的。就拿我国的情况来说吧，共产主义作为一种思想体系，从中国共产党诞生之日起，就指导着无产阶级和其他劳动人民进行斗争；共产主义作为一种运动，从党领导的新民主主义革命就开始了；共产主义作为一种社会制度，在我国已经建立了社会主义制度（即共产主义初始形态之制度）；所以，共产主义绝不是渺茫的幻想。可见，文中通过特殊的事例反驳了“共产主义是渺茫的幻想”的论题。

归纳反驳的特点是：驳题是一般性判断，驳据是特殊事实的判断，思维进程是依据特殊事实判断的真实性去确定一般性判断的虚假性。

☞ 类比反驳

类比反驳就是运用类比推理的形式，确定被反驳论题的虚假性或不能成立。

例如，晏婴要到楚国去，楚王知道了，就先和左右商量好，有意为难他。这天，晏婴来了，楚王大摆宴席招待他。正饮酒高兴的时候，楚兵缚了一个人来见楚王。楚王就问：“这个人是哪里来的？是干什么的？”楚兵回答说：“是齐国人，偷东西的。”楚王看了看晏婴说：“齐国人是喜欢偷东西的吗？”晏婴从容地站起来答道：“哪里，橘子生在淮南仍是橘子，移到淮北，就变成枳子，叶虽相似，味道可不同了，这是水土不同的缘故。现在这个齐人，在本国不偷东西，到了楚国就偷东西，不就是因为楚国这地方能使人偷东西的吗？”楚王一时语塞。可见，晏婴在此就运用了类比推理的形式来实施反驳。

类比反驳的主要特点是：在两个或两类具有某种共同性的事物或现象中，通过以某一个（或某一类）众所周知的事物或现象的荒谬性作类比，推出被类比的另一个（或另一类）事物现象的荒谬性，从而达到反驳的目的。

二、直接反驳与间接反驳

☞ 直接反驳

直接反驳是引用真实判断直接确定某判断的虚假性。

例如，有的人把自己不能成才的原因归咎于不利的环境，这是不对的。爱因斯坦在专利局工作时，只能偷偷地研究相对论；巴斯德赶走了纵横驰骋的老鼠，才在一个破阁楼上弄了间实验室；卢瑟福轰击原子核的简陋仪器，多是自己制造的；塞万提斯的名著《堂吉诃德》，是在楼梯脚边一张破桌上写成的……由此可见，不利的环境并不是不能成才的决定因素。这就是用真实的判断来直接反驳“把自己不能成才的原因归咎于不利的环境”的论题。

直接反驳的特点是：针对被反驳的论题、论据和论证方式，直接陈述事实或事理，正面论证被反驳的论题、论据的虚假性或论证方式不成立。

☞ 间接反驳

间接反驳是通过论证另一个与被反驳的判断具有矛盾关系或反对关系的判断的真实性，根据矛盾律，从而确定被反驳判断的虚假性。

例如，我国东汉著名哲学家王充反驳"人死为鬼"的错误观点，就是通过论证"人死不为鬼"来反驳"人死为鬼"的。他说："人之所以生者，精气也，死而精气灭，能为精气者，血脉也。""人死血脉竭，竭而精气灭，灭而形体朽，朽而成灰土，何为鬼？"这是一个间接反驳。王充要反驳的判断是"人死为鬼"，而他却去论证与其相矛盾的判断"人死不为鬼"是真实的，根据"两个相矛盾的判断不能同真"的原则，故推出"人死为鬼"的观点是错误的。

间接反驳与间接证明既有联系又有区别。其联系是：在间接反驳中有证明，在间接证明中有反驳。其区别是：在间接反驳中是通过证明其矛盾判断的真实性而进行的；在间接证明中是通过证明与之相矛盾的判断的虚假性而进行的。在反驳中，直接反驳和间接反驳相辅相成，因此往往结合运用。

三、反驳论题、反驳论据和反驳论证

反驳是特殊的证明，它的特殊性就在于证明自己观点的正确，并以此推翻对方的论证。在进行反驳时，可以将对方的论题、论据和论证方式作为反驳对象，以此为根据，就有反驳论题、反驳论据、反驳论证方式三种方法。

☞ 反驳论题

反驳论题，就是依据事实、原理，确定对方论题的虚假性，也可指出对方论题不清楚、不明确或没有保持同一等。论题是论敌的中心思想，驳倒了论敌的论题，也就驳倒了论敌的全部论证。反驳论题是反驳中运用得最广泛和最有效的一种。

例如，"从来的文艺作品都是写光明和黑暗并重，一半对一半。"这里包含着许多糊涂观念。文艺作品并不是从来都这样。许多小资产阶级作家并没找到光明，他们的作品就只暴露黑暗，被称为"暴露文学"，还有简直专门宣传悲观厌世的。相反地，苏联在社会主义建设时期的文学就是以写光明为主。他们也写工作中的缺点，也写反面的人物，但是这种描写只能成为整个光明的陪衬，并不是所谓"一半对一半"。这段论述列举了正反两方面的事例，从反驳对方的论题入手，对"从来的文艺作品都是写光明和黑暗并重,一半对一半”这一错误的论题进行了有力的反驳。

☞ 反驳论据

反驳论据就是依据事实、原理证明论敌的论据是虚假的反驳。论据是论题的支柱,驳倒了论敌的论据,论敌的论题也就失去了依据。反驳论据也是有力的一种方法。

例如,康有为在提出“祭祀孔子要用膝拜礼”的理由时说:“因为要跪拜才生这膝盖的,不然,留此膝何为?”鲁迅对此加以驳斥:“人生膝盖大有用处,走路需要膝盖曲折,坐下来需要膝盖弯曲……并非只是为了跪拜的。”这里,鲁迅针对康有为论证时的论据予以驳斥,指出其论据的不真实性。

☞ 反驳论证方式

反驳论证方式就是确定对方的论题与论据之间没有必然联系,由论据推不出论题。如果一个论证的论证方式不正确,那么,其论题就没有得到真正的证明。

例如,有人对“某动物是昆虫”作了如下证明:“昆虫都有六只脚,某动物有六只脚,所以,某动物是昆虫。”这一论证中,可能两个论据都是真实的,但论据与论题之间并没有必然的逻辑联系,所以论题的真实性由论据推不出来。我们反驳这个证明,只需指出它的证明方式违反了三段论的规则就行了。

应当注意:反驳了论证方式,并不等于驳倒了论题,它只表明对方的论题没有得到证明。例如,“偶数能被 2 整除;7 不是偶数;所以,7 不能被 2 整除”。这一论证的论证方式错了,犯了“大项扩大”的错误,但其论题并未被驳倒,论题“7 不能被 2 整除”仍是真实的判断。

综上所述,反驳论题是直接有力的反驳。反驳论据和反驳论证方式都可以使对方论题失去依据而不能成立,但并不能直接驳倒论题。这三种反驳都是有效的反驳方法,根据具体情况选择其中一种,都能实现反驳的目的。

【思考题】

一、如何理解逻辑的基本规律,具体有哪些规律?

二、同一律有哪些要求?

三、矛盾律有哪些要求?什么是悖论?

四、排中律有哪些要求？排中律与矛盾律二者有什么关系？

五、充足理由律有哪些要求？

六、如何理解论证，论证与推理是什么关系？

七、正确和有效的论证应遵循哪些规则？

八、证明有哪些方法？阐述其各自的含义。

九、反驳有哪些方法？阐述其各自的含义。

【练习题】

一、结合逻辑基本规律的知识，请指出下述论证是否正确。

1. 一位律师辩护时说："被告曾立过三等功，根据刑法规定，凡立功者可减轻或免予处罚，请法庭考虑。"

2. 有记者问道："有人说，我国刑法宽了，松了，对打击犯罪分子不利，这种说法对吗？"发言人回答："这种说法不够全面。我们并不主张重刑主义。我们运用刑法的根本目的是为了教育犯罪分子、改造犯罪分子。该严的我们就要严，该宽的我们就要宽。"

3. 晚报4月7日《谈北京》栏目刊登王诚所写《塔》一文，其中写到："北京的塔多建在中轴线西侧。"一位读者读后说："北京的塔都建在中轴线西侧吗？未必一定。"

4. 一个人要想推迟衰老的到来，保持一定时期的青春永在，就要不断地进行锻炼和运动。

5. 蟹肥季节，恰逢柿红之时，有人说蟹不能与柿子同食，这并没有科学根据。因为两者所含营养成分大致相同，两者相遇不会产生有毒物质。但柿子含有大量的单宁酸，与蟹肉一同进入胃肠道时，会刺激肠壁收敛导致肠液分泌减少，消化功能降低。加上蟹与柿子均属寒性，同食易诱发胃肠疾患，故蟹与柿子可以同食也是不对的。

6. 鲁迅在《论辩的魂灵》中写道："你说甲生疮，甲是中国人，你就是说中国人生疮了。既然中国人生疮，你是中国人，就是你也生疮了。既然你也生疮，你就和甲一样，而你只说甲生疮；则竟无自知之明，你的话还有什么价值？倘你没有生疮，是说诳也。卖国贼是说诳的，所以你是卖国贼。我骂卖国贼，所以我是爱国者。爱国者的话是最有价值的，所以我的话是不错的，我的话既然不错，你就是卖国贼无疑了？"

二、识别下列论证的结构。

1. 马铃薯的营养价值很高：它们含有丰富的钾、铁、镁、维生素B和C以及复合糖，比大豆有更好的蛋白质，99.9%脱脂。

2. 英国丘吉尔首相在第二次世界大战中面临困境时曾说："我是乐天派，没有其他事情对我更有用了。"

3. 据《大公网》报道，南京古生物研究所研究员、"南京猿人"骨化石的发现者之一许汉奎，以"南京直立人"的出土和研究为题，推论人类不但起源于东亚，更可能是起源于江苏和安徽两地。许汉奎介绍，灵长类是哺乳动物中最高级的动物，是人类最早的祖先。目前中国发现的最早的灵长类骨化石在安徽潜山，距今6000多万年。后来在江苏溧阳发现距今4500万年的"中华曙猿"，比埃及古猿要早1000多万年。在江苏泗洪又出现距今1500万年至1000万年的晚期猿，它有30到40厘米高，形状和猴子差不多，没有尾巴。在安徽繁昌又发现240万年前的石器，说明当时已进入猿人时期。从"南京直立人"起，开始出现"智人"，即具有智慧人的特征。安徽巢县有20万年前的"早期智人"，江苏镇江、泗洪又出现3万年到4万年前的"晚期智人"。由此，可推论出：人类不但起源于东亚，更可能是起源于江苏和安徽两地。

4. "东部沿海地区率先发展视野要宽、思路要新、起点要高，落实科学发展观要走在前面，建设和谐社会要走在前面，改革开放和制度创新要走在前面"。此语的潜台词就是：沿海地区"视野不广，思路守旧，又不配合中央建设和谐社会的路线，也不敢在改革开放和制度创新走在前头"。

5. 据英国《每日邮报》《每日快报》《独立报》报道，金发女郎的魅力往往令许多现代男子心动，然而据研究者发现，"金发"基因其实最早起源于10 000年前的冰河时代末期，当时的欧洲穴居人由于打猎伤亡，造成男性奇缺，"物以稀为贵"，一些原始女性为了增加对男性的性吸引力，开始发生基因变异，进化成金发碧眼的美女。

科学家通过研究发现，直到10 000年至11 000年前，地球上的原始人一律都是黑头发和黑眼睛，由于当时非洲地区的人类仍以野果为主要食物，但在北欧地方生活的人类为了生存，必须进行更多的狩猎活动。而由于这些狩猎活动通常由男性进行，很多男性都因此死亡，使北欧地区形成了男少女多的独特现象。

由于男性缺少，女性们的性竞争就显得非常激烈。正是在那时，一些女性的头发渐渐变浅，成为金黄色，这导致金发女郎显得"与众不同"，使她们对男性配偶更具有吸引力。当金发女郎和黑发男性发生性关系后，金发基因就代代遗传下来，导致欧洲大陆的金发男女从此就越来越多。加拿大人类学家彼得·弗洛斯特说:“金发女郎的出现,是早期欧洲女性面临性选择压力的结果。”

然而,另一项研究却警告称,地球上的金发基因也许将会在200年内彻底绝种,因为携带金发基因的人种已经越来越少。世卫组织科学家预言称,地球上最后一个金发女郎将可能在2202年出生于芬兰。

附　录

附录一　练习题参考答案

绪　　论

一、请指出下列各句中“逻辑”一词的含义。

1、5、指客观事物的规律。2、6、指某种特殊的理论、观点或看问题的方法。3、指思维的规律、规则。4、指逻辑学这门科学。

二、请写出下列语言表述的逻辑形式。

1. 所有 S 都是 P。

2. 如果 p，那么 q。

3. 所有 M 都是 P，有的 S 是 M，所以，有的 S 是 P。

三、请举例说明下列逻辑形式。

答案略。

第一编

一、请指出下列各段文字中横线标注语词所表达概念的内涵和外延。

1. “公司”概念的内涵是“依法设立的，由法定数额的股东所组成的以盈利为目的的企业法人”；“公司”概念的外延是“有限责任公司和无限责任公司”。

2. “纳税人”的内涵：“税法规定的直接负有纳税义务的单位和个人。”“纳税人”的外延：“法人和自然人。”

3. “人们通过某种社会关系联结起来进行共同活动和情感交流的集体”表达了“社会群体”的内涵；“首属群体和次属群体”表达了“社会群体”的外延。“个人参与社会生活的基础群体”表达了“首属群体”的内涵；“家庭、邻里、游戏伙伴群等”表达了“首属群体”的外延。“用来表示与首属群体相对应的各种群体”表达了“次属群体”的内涵；“学校、军队、政党等”表达了“次属群体”的外延。

4. “不为公众所知悉，能为权利人带来经济利益，具有实用性并经权利人采取保密措施的技术信息和经营信息”表达了“商业秘密”的内涵。

5. “古代遗留下来的建筑物或其他具有研究、纪念意义的地方”表达了“古迹”的内涵。

6. “个人或者集体对其科学、技术和文化等知识领域内创造的智力成果所享有的专有权”表达了“知识产权”的内涵；“工业设计、文学艺术、理论著作等专有权”表达了“知识产权”的外延。

二、判断下列概念属于单独和普遍、集合和非集合、正和负等哪种类别。

集合概念：1, 2, 5, 9, 10； 非集合概念：3, 4, 6, 7, 8

正概念：1, 2, 3, 4, 6, 7, 9, 10； 负概念：5, 8

三、判断下列语句中横线标注的语词表达的是集合概念还是非集合概念。

1. 集合概念。
2. 非集合概念。
3. 集合概念。
4. 非集合概念。
5. 集合概念。
6. 集合概念。
7. 集合概念。

四、用欧拉图表示下列概念之间的关系。

1. A体育爱好者 B学生 C大学生。

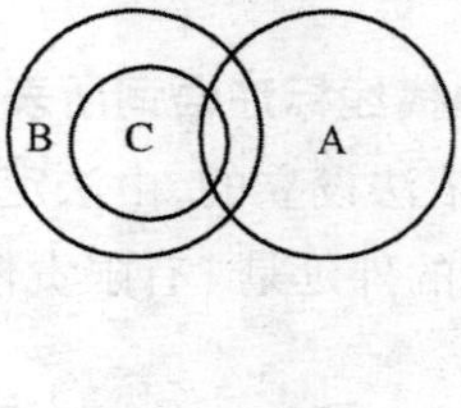

2. A 政治学家　B 历史学家　C 文学家　D 学者

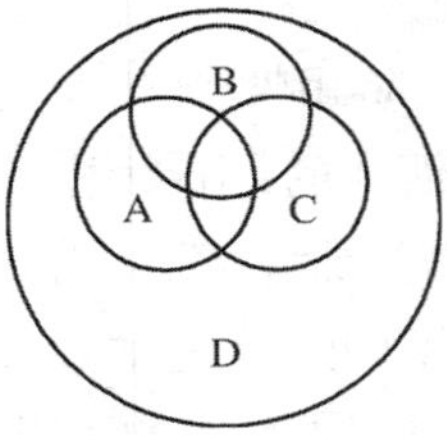

五、判断下述定义是否正确并说明原因。

1. 不正确,犯有“定义过宽”的错误。定义项“人与人之间的社会关系”的外延比被定义项“生产关系”的外延大。

2. 不正确,犯有“定义过窄”的错误。定义项“研究太阳系的科学”比被定义项“天文学”外延小。

3. 不正确,犯有“循环定义”的错误。“原因”与“结果”这两种现象相互定义。

4. 不正确,犯有“同语反复”的错误。

5. 不正确,定义项使用了含混的语词,犯有“定义含混”的错误。

6. 不正确,定义项使用了负概念“没有自由散漫作风的人”。

六、请对下列概念各进行一次限制和概括。

原概念	限制	概括
诗歌	抒情诗	文学作品
自然科学	物理学	科学
民族文化	汉族文化	文化
高等学校	师范大学	学校
国有企业	大型国企	企业
汽车	小轿车	交通工具
教师	中学教师	脑力劳动者
概念	普通概念	思维形式

七、请指出下面概念的外延划分上存在的逻辑错误。

1. 犯了“划分标准不同一”的逻辑错误,子项外延之间存在相容关系,犯了“子项相容”的错误。

2.“生产”“销售”和“各项业务”是属种关系的概念,犯了“越级划分”的错误。“没有受到影响”的应当限制为“各项其他业务”。

3. 违反了划分的多个规则。“货币性资产”属于“流动资产”的子类；“非流动性资产”是相对于“流动资产”而言的；作为划分,还遗漏了“其他资产”“长期投资”等,犯了“划分标准不同一”“子项相容”“划分不全”的逻辑错误。

4. 兔子不是家禽,犯了“多出子项”的逻辑错误。

5. 犯了“划分标准不同一”“子项相容”的逻辑错误。

6. 划分出来的子项具有交叉关系,如“德国的观众”与“欧洲音乐节的同行”。犯了“划分标准不同一”“子项相容”的逻辑错误。

第二编

一、请指出下列语句是何种性质命题,并说明其主谓项的周延性情况。

1. 单称肯定命题。主项“中华民族”周延,谓项“勤劳勇敢的”不周延。

2. 全称肯定命题。主项“学生”周延,谓项“会玩电脑”不周延。

3. 全称肯定命题,即“我们应该批评这种观点”。主项“我们”周延,谓项“应该批评这种观点”不周延。

4. 全称肯定命题,即“任何人都是会犯错误的”。主项“人”周延,谓项“会犯错误的”不周延。

5. 特称肯定命题。主项“干部”不周延,谓项“不称职的”不周延。

6. 全称肯定命题。主项“人”周延,谓项“应当享受改革发展的成果”不周延。

7. 全称否定命题。主项“贫富差距过大的社会”周延,谓项“稳定的社会”周延。

8. 全称肯定命题。主项“每个社会成员的生活水准和发展能力”周延,谓项“能够随着社会发展进程的推进而不断地得以提升的”不周延。

9. 特称肯定命题。主项“我们看得见的星星”不周延,谓项“恒星”不周延。

二、根据命题之间的逻辑对当关系,由已知下列命题的真假,断定同素材的其他三种命题的真假。

1. 已知命题为 A 命题, A 命题真,可推知 E 命题假, I 命题真, O 命题假。

2. 已知命题为 E 命题, E 命题假,可推知 A 命题可真可假, I 命题真, O 命题可真可假。

3. 已知命题为 I 命题，I 命题真，可推知 A 命题可真可假，E 命题假，O 命题真。

4. 已知命题为 O 命题，O 命题假，可推知 E 命题假，I 命题真，A 命题真。

三、根据性质命题间的逻辑对当关系，选择相应的真命题来驳斥下列假命题。

1. 有的价格昂贵的商品不是质量好的商品。
2. 有些领导能当劳动模范。
3. 所有犯罪行为都是违法行为。
4. 金庸的作品有的不是经典。
5. 这个班所有学生都是学小语种的。

四、从对称性和传递性两方面分析下列关系命题中的关系项各表示了何种关系。

1. 非对称，非传递
2. 对称，传递
3. 反对称，反传递
4. 反对称，反传递
5. 对称，传递
6. 反对称，传递

五、请判断下列命题是何种模态命题，并写出它们的逻辑形式。

1. 必然命题；$\Box p$。
2. 不是模态命题，实然命题。
3. 必然命题；$\Box p$。
4. 或然命题；$\Diamond p$。
5. 或然命题；$\Diamond p$。
6. 或然命题；$\neg\Diamond p$。

六、请找出下列文本中的规范模态命题，并指出它们是哪种规范模态命题。

（一）中包含允许命题和禁止命题；（二）是允许命题；（三）是禁止命题；倒数第二句为必须命题；倒数第一句为允许命题。

七、请写出下列复合命题的逻辑形式。

1. $p \lor q \lor r$；
2. $p \land q \land r$；
3. $\neg p \land \neg q \land \neg r$；
4. $\neg(p \land q \land r)$；
5. $\neg(p \lor q) \rightarrow r$；或者 $p \lor q \lor r$。
6. $p \rightarrow (\neg q \rightarrow \neg r)$；

7. $(p \to q) \land (\neg p \to r)$;

8. $\neg(p \lor q \lor r) \land (p \lor q \lor r \to s)$; 或者 $(\neg p \land \neg q \land \neg r) \land (p \lor q \lor r \to s)$。

9. $(p \land q) \dot{\lor} (\neg p \land \neg q)$

10. $(p \lor q) \land (r \lor s) \leftarrow t$; 或者: $t \to (p \lor q) \land (r \lor s)$。

八、请写出下列命题的负命题及其等值命题的逻辑形式。

1. 并非甲和乙都是北京人; 等值于“甲或乙不是北京人”;

$\neg(p \land q) \leftrightarrow \neg p \lor \neg q$。

2. 并非(或者甲是北京人,或者乙是北京人); 等值于“甲不是北京人,并且乙不是北京人”; $\neg(p \lor q) \leftrightarrow \neg p \land \neg q$。

3. 并非(你要么喝茶,要么喝咖啡); 等值于“你既喝茶又喝咖啡,或者既不喝茶又不喝咖啡”; $\neg(p \dot{\lor} q) \leftrightarrow (\neg p \land \neg q) \lor (p \land q)$。

4. 并非如果小王的业务技能强,那么,他的服务水平高; 等值于“小王的业务技能强,但是,服务水平不高”; $\neg(p \to q) \leftrightarrow p \land \neg q$。

5. 并非一个人没有一定的生活经历,或者缺乏一定的文字表达能力,他也可能写出好作品。等值于“如果一个人没有一定的生活经历,或者缺乏一定的文字表达能力,他就不可能写出好作品; 或者,只有一个人有一定的生活经历,并且具备一定的文字表达能力,他才可能写出好作品。”

$\neg((\neg p \lor \neg q) \land r) \leftrightarrow \neg(\neg p \lor \neg q) \lor \neg r \leftrightarrow \neg p \lor \neg q \to \neg r$

$\leftrightarrow \neg(p \land q) \to \neg r \leftrightarrow p \land q \leftarrow r$。

九、请运用真值表方法,判定下列命题是不是等值命题。

这四个命题的形式可表示为: 1. $\neg p \to \neg q$; 2. $p \leftarrow q$; 3. $p \lor \neg q$; 4. $\neg(q \land \neg p)$。

它们的真值表如下:

p	q	$\neg p$	$\neg q$	$q \land \neg p$	$\neg p \to \neg q$	$p \leftarrow q$	$p \lor \neg q$	$\neg(q \land \neg p)$
1	1	0	0	0	1	1	1	1
1	0	0	1	0	1	1	1	1
0	1	1	0	1	0	0	0	0
0	0	1	1	0	1	1	1	1

从上述真值表可看出,这四个命题是等值的:

$(\neg p \to \neg q) \leftrightarrow (p \leftarrow q) \leftrightarrow (p \lor \neg q) \leftrightarrow \neg(q \land \neg p)$。

十、请利用真值表法判定 $(p \to q) \wedge \neg q \to \neg p$ 是否为重言式。

p	q	$\neg p$	$\neg q$	$(p \to q) \wedge \neg q$	$(p \to q) \wedge \neg q \to \neg p$
1	1	0	0	0	1
1	0	0	1	0	1
0	1	1	0	0	1
0	0	1	1	1	1

根据真值表,可以判断该命题为重言式。

第三编

一、根据性质命题变形推理的规则,请判定下列推理是否有效。

1. 推理有效。其过程是先换质,再换位。$SAP \to SE\overline{P} \to \overline{P}ES$。
2. 推理无效。
3. 推理有效。其过程是先换质,再换位。$SAP \to SE\overline{P} \to \overline{P}ES$。
4. 推理有效。其过程是先换位,再换质。$SIP \to PIS \to PO\overline{S}$。
5. 推理(1)有效。其过程是换质。$SIP \to SO\overline{P}$。推理(2)有效。其过程是换位。$SIP \to PIS$。推理(3)无效。
6. 推理无效。
7. 推理无效。
8. 推理无效。

二、分析下列三段论的结构,请指出它们的大前提、小前提、结论以及大项、小项和中项;写出它们的逻辑形式,并说明是第几格?什么式?并且,请用三段论的规则检验它们是否是有效的推理。

1. 第一格 AEE 式。无效,违反三段论规则 2 和第 1 格“小前提必肯定”规则。
2. 第三格 AAI 式。有效。
3. 第二格 AAA 式。无效,违反三段论规则 1 和第 2 格“前提中必有一否定;结论必否定”规则。
4. 第四格 AEE 式。有效。

5. 第三格 AAI 式。有效。

6. 第一格 AAA 式。有效。

7. 第一格 AEE 式。无效，违反三段论规则 2 和第 1 格“小前提必肯定”的规则。

三、请在下列三段论推理的前提与结论中填入适当的符号，使之成为有效的三段论，并说明理由。

1.（P） E （M）
  S A （M）
  ————————
  S （E） P

2.（M） A P
 （M） I （S）
  ————————
  S I P

3.（P） A （M）
  S （O） M
  ————————
  S E P

4. P （I） M
 （M） A （S）
  ————————
  S I P

5. M O P
 （M） A （S）
  ————————
  S O P

6.（P） A （M）
  S O M
  ————————
  S O P

第一题的大前提还可以是（M）E（P），结论是 SOP。第二题的小前提可以是（S）I（M）。第 3 题的小前提可以是 S（E）M。第 4 题的大前提可以是 P（A）M。

四、请补充下列省略三段论中的省略部分，并说明其完整的推理形式是否有效。

1. 省略大前提“学生要刻苦读书”，此三段论前提真实，但违反三段论“在前提中不周延的项，在结论中也不得周延”规则，该三段论推理形式无效。

2. 省略大前提“凡犯过错误的人都不值得信任”，该推理前提虚假，推理形式有效。

3. 省略大前提“拥有不受约束一手遮天的大权（的人）是乐于并善于弄权（的人）”，该三段论推理有效。

4. 省略小前提“邓小平理论是科学理论”，该三段论推理有效。

5. 省略结论“理论文章也需要遵守逻辑规范”，该三段论推理有效。

6. 省略小前提“作为马克思主义精髓的辩证唯物主义和历史唯物主义的基本

原理是从实践中产生又经过实践检验的真理”，该三段论推理有效。

7. 省略结论“我们这个地区不需要做好防洪工作”，此三段论违反“在前提中不周延的项，在结论中也不得周延”规则，该三段论推理形式无效。

8. 省略大前提“违约行为是要承担违约责任的”，该三段论推理有效。

9. 省略小前提“我也是一个选手”，该三段论推理有效。

10. 省略大前提可以是：①“（凡是）抢劫行为是持有凶器的”；这个前提是假的，虽然推理形式有效；②“（凡是）持有凶器的行为是抢劫行为”，这个前提也是假的，并且，以此为前提进行推理，违反“在前提中不周延的项，在结论中不得周延”规则，推理形式无效；③“有的抢劫行为是持有凶器的”；这个前提是真的，但是，以这个前提进行推理，违反“在前提中不周延的项，在结论中不得周延”的规则，推理形式无效；④“有的持有凶器的行为是抢劫行为”，这个前提是真的，但是，推理形式无效，理由同③。所以，不管是以①、②、③还是④为大前提，所进行的三段论推理或者是推理形式无效，或者前提是假的。

五、下列各段文字中是否包含有三段论推理？如果有，请指出并分析其是否是有效三段论。

1. 包含的三段论是：任何科学真理都是不怕批评的，马克思主义、毛泽东思想和邓小平理论都是科学真理，所以，它们是不怕批评的。该三段论推理是可靠的三段论，即前提真并且形式有效的三段论。

2. 包含的三段论是：凡有水生化石的地层都是地质史上的古海洋地区，喜马拉雅山脉地区有水生化石，所以，喜马拉雅山脉是地质史上的古海洋地区。该三段论推理是可靠的。

3. 包含的三段论是：①凡是超过群众觉悟程度企图“拔苗助长”的总是错误的，命令主义超过了群众的觉悟程度，害了急性病，所以命令主义是错误的。②凡是落后于群众的觉悟程度又违反了领导群众前进一步原则的，总是错误的。尾巴主义落后于群众的觉悟程度，害了慢性病，所以，尾巴主义也是错误的。这两个三段论推理都是可靠的推理。

4. 包含的三段论是：①凡是高管层缺乏对中国市场足够了解的经理人的企业是对市场反应慢的企业，日资手机企业高管层缺乏对中国市场足够了解的经理人，所以，日资手机企业是对市场反应慢的企业；②凡是部件采购主要依赖（日本）进口的企业是生产成本高的企业，日资手机企业是部件采购主要依赖（日本）进口的企业，所以，日资手机企业是生产成本高的企业。③凡是对市场反应慢并且生产成本高的企业在（中国）市场的劣势会被拉大，日资手机企业是对市场反应慢并且生产成本高的企业，所以，日资手机企业在（中国）市场的劣势会被拉大。这三个三段论推理都是可靠的。

5. 包含的三段论是：①行政事业单位无房职工和住房未达到规定面积标准的职工，均可申领购房补贴资金。老张是行政事业单位无房职工，所以，老张可申领购房补贴资金。② 1998 年 12 月 31 日（含）前参加工作的职工可以领取无房一次性补贴，老张是 1998 年 12 月 31 日（含）前参加工作的职工，所以，老张可以领取无房一次性补贴。这两个三段论推理都是可靠的。

六、请运用复合命题的推理规则，判定下列推理形式是否有效。

1. 无效；$p \vee q \vee r$, $p \wedge q$ 为前提，推不出结论$\neg r$。

2. 无效；$\neg p \rightarrow \neg q$, p 为前提，推不出结论 q。

3. 无效；$p \leftarrow q$, $\neg q$ 为前提，推不出结论$\neg p$。

4. 有效；$\neg(p \wedge q)$, p 为前提，可得结论$\neg q$。

5. 有效；$p \vee q$, $p \rightarrow r$, $q \rightarrow s$, $\neg r$ 为前提，可得出结论 s。

6. 此题包含三个推理：第一个无效，$p \leftarrow q$, p 为前提得不出结论 q；第二个无效，$p \rightarrow q$, q 为前提得不出 p；第三个无效，$\neg p \rightarrow \neg q$, p 为前提得不出 q。

七、请运用复合命题综合推理解决下面的问题。

1. 设 p 表示“A 是作案人”；q 表示“B 是作案人”；r 表示“C 是作案人”；s 表示“D 是作案人”；t 表示“E 是作案人”；u 表示“F 是作案人”。则给定的前提可分别写作：① $p \dot{\vee} q$；② $r \rightarrow q$；③ $s \rightarrow p$；④ $t \wedge u \rightarrow r$；⑤ $s \wedge u$。

推理过程：

① $p \dot{\vee} q$	引入前提
② $r \rightarrow q$	引入前提
③ $s \rightarrow p$	引入前提
④ $t \wedge u \rightarrow r$	引入前提
⑤ $s \wedge u$	引入前提
⑥ s	⑤联言分解式
⑦ p	③⑥构成充分条件假言推理肯定前件式
⑧ $\neg q$	①⑦构成不相容选言推理肯定否定式
⑨ $\neg r$	②⑧构成充分条件假言推理否定后件式
⑩ $\neg(t \wedge u)$	④⑨构成充分条件假言推理否定后件式
⑪ $\neg t \vee \neg u$	⑩负命题的等值转换
⑫ u	⑤联言分解式

⑬ $\neg\neg u$　　　　⑫负命题等值性质

⑭ $\neg t$　　　　⑪⑬相容选言推理否定肯定式

⑮ $p \wedge \neg q \wedge \neg r \wedge s \wedge \neg t \wedge u$　　　　⑥⑦⑧⑨⑫⑭联言组合式

根据结论可知：A 是作案人；B 不是作案人；C 不是作案人；D 是作案人；E 不是作案人；F 是作案人。

2. 设 p、q、r、s、u、v、w 分别表示命题"R 被挑选""S 被挑选""T 被挑选""U 被挑选""X 被挑选""Y 被挑选""Z 被挑选"。则已知前提分别为：① $p \to r$，② $q \to s$，③ $u \wedge v \to \neg r$，④ $u \wedge v$。

推理过程：

① $p \to r$　　　　引入前提

② $q \to s$　　　　引入前提

③ $u \wedge v \to \neg r$　　　　引入前提

④ $u \wedge v$　　　　引入前提

⑤ $\neg r$　　　　③④充分条件假言推理肯定前件式

⑥ $\neg p$　　　　①⑤充分条件假言推理否定后件式

⑦ $\neg s$　　　　假设

⑧ $\neg q$　　　　②⑦充分条件假言推理否定后件式

⑨ $\neg r \wedge \neg p \wedge \neg s \wedge \neg q$　　　　⑤⑥⑦⑧联言组合式

⑩ s　　　　由于必须选 4 人，而假设$\neg s$将导致选择不足 4 人，与前提矛盾，因此假设不成立

即侦查员 U 必须被挑选。

八、请利用模态命题的逻辑对当关系，判断下列推理是否有效？

1. $\Diamond p \to \neg\Box\neg p$；有效。

2. $\neg\Diamond\neg p \to \Box p$；有效。

3. $\Box p \to \Diamond p$；有效。

4. $\neg\Diamond p \to \Diamond\neg p$；有效。

九、命题"禁止吸烟"为真，根据规范命题对当关系，请判定下列命题的真假。

（1）真；（2）假；（3）真；（4）真。

十、请辨别下列段落运用了何种推理，并说明其前提对结论的支持程度。

1. 简单枚举法。前提对结论的支持程度不强。

2. 简单枚举法。犯了典型的"轻率概括"错误。

3. 完全归纳推理。前提完全支持结论。

4. 简单枚举归纳推理。犯了典型的“轻率概括”错误。

5. 这是个溯因推理。前提对结论(假设)提供了一定程度的支持,这个假设可以作为进一步研究的起点。

6. 类比推理。犯了“机械类比”错误。

7. 类比推理。前提对结论提供了一定的程度的支持。

8. 概率统计的推理。《管理者》的调查对象是从杂志的读者中选出的,样本不具有代表性,因此,这个统计推理犯了“斜线统计”的错误。

9. 类比推理。前提对结论提供了一定程度的支持。

10. 概率统计的推理。由于没有进行分层抽样,因此前提对结论的支持程度不强,犯了“斜线统计”的错误。

十一、请辨别下列段落运用了何种探求因果联系的逻辑方法。

1. 求同法。

2. 求异法。

3. 求同求异共用法。

4. 共变法。

5. 剩余法。

6. 求同法。

7. 求同求异共用法。

8. 求异法。

9. 共变法。

10. 剩余法。

十二、根据假说的有关知识,回答下列问题。

主流经济学的假说是:“人类的行为都是合理且自私的,因此会导致个人与社会整体福利水平的最大化”。这是就著名的“经济人”或者“理性人”假说。

行为经济学的竞争性假说是:“人类行为不只是自私的,它还会受到社会价值观的制约,而做出不会导致利益最大化的行为”。

拉宾以“追求公平性的心理已在很多市场中起了作用,特别是在劳动力市场中”作为反例,试图反驳主流经济学的“理性人”假说,并且为自己的假说提供证据。

根据“行为经济学”理论,拉宾从理论上解释了许多“主流经济学”不能解释的现象,例如,缺乏创意现象以及社会生活中一些不理性的行为。

虽然拉宾的理论(假说)在经济学界引起争论,但是,学术的进步就是在这种争论中不断前进的。

第四编

一、结合逻辑基本规律的知识，请指出下述论证是否正确。

1. “立过三等功”是指个人历史上的荣誉，后面的“立功”是指被告在本次案件中的立功表现，律师在此“偷换概念”，违背了同一律的要求。

2. 犯了“转移论题”的逻辑错误，违背了同一律的要求。

3. 读者犯了“转移论题”的逻辑错误，违背了同一律的要求。

4. “一定时期”和“永在”自相矛盾，违背了矛盾律的要求。

5. 犯了“模棱两可”的逻辑错误，违背了排中律的要求。

6. 第一，在“你说甲生疮，甲是中国人，你就是说中国人生疮了”这个三段论中包含有“小项扩大”错误，违反了“从论据应能推出论题”的规则，犯有“推不出”的错误。第二，在“既然你也生疮，你就和甲一样，而你只说甲生疮；则竟无自知之明，你的话还有什么价值”中违反了“从论据应能推出论题”的规则。因为由“你只说甲生疮”不能确定“你的话还有什么价值（即你的话没有价值）”。犯有“推不出”的错误。第三，在“倘你没有生疮，是说诳也。卖国贼是说诳的，所以你是卖国贼”这个三段论中包含有“中项不周延”的错误，因而违反了“从论据应能推出论题”的规则，犯有“推不出”的错误。第四，在“我骂卖国贼，所以我是爱国者”中，违反了“从论据应能推出论题”的规则。因为由“我骂卖国贼”不能确定“我是爱国者”，因而也犯有“推不出”错误。接着，由“爱国者的话是最有价值的”也不能确定“我的话是不错的”，这里同样违反了“从论据应能推出论题”的规则，犯有“推不出”的错误。

二、识别下列论证的结构。

1. 马铃薯的营养价值很高①：它们含有丰富的②钾、③铁、④镁、⑤维生素 B 和 C 以及⑥复合糖，⑦比大豆有更好的蛋白质，⑧ 99.9% 脱脂。①为结论，②—⑧是前提，其中，②—⑧组合起来推理。

2. 英国丘吉尔首相在第二次世界大战中面临困境时曾说：“①我是乐天派，②没有其他事情对我更有用了”。①为前提，②为结论。

3. 据《大公网》报道，南京古生物研究所研究员、“南京猿人”骨化石的发现者之一许汉奎，以“南京直立人”的出土和研究为题，推论人类不但起源于东亚，更可能是起源于江苏和安徽两地①。许汉奎介绍，灵长类是哺乳动物中最高级的动物，是人类最早的祖先。②目前中国发现的最早的灵长类骨化石在安徽潜山，距今6000多万年。③后来在江苏溧阳发现距今4500万年的“中华曙猿”，比埃及古猿要早1000多万年。④在江苏泗洪又出现距今1500万年至1000万年的晚期猿，它有30到40厘米高，形状和猴子差不多，没有尾巴。⑤在安徽繁昌又发现240万年前的石器，说明当时已进入猿人时期。从“南京直立人”起，开始出现“智人”，即具有智慧人的特征。⑥安徽巢县有20万年前的“早期智人”，江苏镇江、泗洪又出现3万年到4万年前的“晚期智人”。由此，可推论出：人类不但起源于东亚，更可能是起源于江苏和安徽两地。②到⑥为前提，组合起来推出结论①。

4.“东部沿海地区率先发展①视野要宽、②思路要新、起点要高，落实科学发展观要走在前面，③建设和谐社会要走在前面，④改革开放和制度创新要走在前面”。此语的潜台词就是：沿海地区“⑤视野不广，⑥思路守旧，⑦又不配合中央建设和谐社会的路线，⑧也不敢在改革开放和制度创新走在前头”。结论⑤⑥⑦⑧分别是从①②③④推出来的。

5. 据英国《每日邮报》《每日快报》《独立报》报道，金发女郎的魅力往往令许多现代男子心动，然而据研究者发现，①“金发”基因其实最早起源于10 000年前的冰河时代末期，当时的欧洲穴居人由于打猎伤亡，造成男性奇缺，“物以稀为贵”，②一些原始女性为了增加对男性的性吸引力，开始发生基因变异，进化成金发碧眼的美女。

科学家通过研究发现，③直到10 000年至11 000年前，地球上的原始人一律都是黑头发和黑眼睛，④由于当时非洲地区的人类仍以野果为主要食物，但在北欧地方生活的人类为了生存，必须进行更多的狩猎活动。而由于这些狩猎活动通常由男性进行，很多男性都因此死亡，使北欧地区形成了男少女多的独特现象。

由于男性缺少，女性们的性竞争就显得非常激烈。正是在那时，⑤一些女性的头发渐渐变浅，成为金黄色，这导致金发女郎显得“与众不同”，使她们对男性配偶更具有吸引力。当金发女郎和黑发男性发生性关系后，金发基因就代代遗传下来，导致欧洲大陆的金发男女从此就越来越多。⑥加拿大人类学家彼得·弗洛斯特说：“金发女郎的出现，是早期欧洲女性面临性选择压力的结果。”

然而，另一项研究却警告称，地球上的金发基因也许将会在200年内彻底绝种，因为携带金发基因的人种已经越来越少。世卫组织科学家预言称，地球上最后一个金发女郎将可能在2202年出生于芬兰。

⑤是整个论证的结论，①②③④⑥为一组前提共同推出结论⑤。

附录二　公务员资格考试逻辑试题及解析选编

一、类比推理题（给出一对相关的词，要求在备选答案中找出一对与之在逻辑关系上最为贴近或相似的词）

1. 电子：商务

A. 技术：竞争　　B. 经济：信息

C. 鉴定：事故　　D. 董事长：股东

【解析】答案B。电子和商务合在一起构成新名词，是偏正结构，电子商务是商务的一种。B项经济和信息也构成偏正结构，经济信息是信息的一种。本题易误选A项，竞争既可以是名词也可以是动词。

2. 超声波：机械波

A. 极限：常数　　B. 轮船：船

C. 一次方程式：线形方程　　D. 斡旋：调解

【解析】答案B。相关词为属种关系。超声波是指频率为20千赫～50兆赫左右的电磁波，它是一种机械波。轮船是船的一种，所以B项为正确答案。

3. 得主：失主

A. 白灾：黑灾　　B. 软武器：硬武器

C. 数据：非数据　　D. 远程：近程

【解析】答案C。题干两个词语是矛盾关系。矛盾关系是指在同一个属概念下的两个概念的外延互相排斥，其相加之和等于该属概念的外延。只有C项是矛盾关系。其他三项是反对关系。在同一个属概念下的两个概念的外延互相排斥，如果两者的外延之和小于属概念的外延，就称之为反对关系。

4. 车辆：车

A. 花：花卉　　B. 山脉：山

C. 解放军：战士　　D. 书籍：报纸

【解析】答案B。题干两词语是集合名词和非集合名词。B项词语间的关系与题干一致,为正确答案。A项词语的先后顺序和题干不一致。

5. 生态：原生态

A. 金三角：珠三角　　B. 海内：天涯

C. 公交：巴士　　D. 缩水：布缩水

【解析】答案A。题干中,生态通常是指生物在一定的自然环境下生存和发展的状态,也指生物的生理和生活习性;原生态可以定义为没有被特殊雕琢,存在于民间原始的、散发着乡土气息的表演形态。A项中,金三角指位于东南亚泰国、缅甸和老挝三国边境地区的一个三角形地带。珠三角位于广东省东部沿海,是西江、北江和东江入海时冲击沉淀成的一个三角洲。因此,A项与题干规律相同,虽然前后项有两字相同,实质上却没有关联,故A项正确。

6. 未婚：无权

A. 国家：不丹　　B. 非法：无理

C. 无锡：非党员　　D. 不倒翁：不健康

【解析】答案B。题干中,未婚和无权是否定词和名词构成的词组,B项也是否定词和名词构成的词组,与题干词语关系一致,故正确答案应为B项。

7. 白居易："在天愿作比翼鸟,在地愿为连理枝。"

A. 曾巩："明月不谙离恨苦,斜光到晓穿朱户。"

B. 张若虚："春江潮水连海平,海上明月共潮生。"

C. 岳飞："莫等闲,白了少年头,空悲切。"

D. 王实甫："枯藤老树昏鸦,小桥流水人家,断肠人在天涯。"

【解析】答案B。AD的作者不对,C是词牌,不是诗。

8. 报纸：新闻

A. 电影：电影院　　B. 报刊亭：报纸

C. 杂志：广告　　D. 信封：信纸

【解析】答案C。相关词为内容及其载体的关系。题干中的新闻以报纸为传播媒介,报纸是新闻的载体,符合题干关系的只有C。广告以杂志为传播媒介,杂志是广告的载体。

9. 位置：高度

A. 卧室：厨房　　B. 室内：墙壁

C. 苏打：漂白　　D. 网球：排球

【解析】答案B。位置指物体某一时刻在空间的所在处,是没有具体数量规定的认识对象(一般空间)。高度是指自平均海平面至一个平面、一个点或者可以视为一个点的物体的垂直距离，是有具体数量规定的认识对象（具体空间）。位置和高度存在内容和表现形式的关系，只有室内和墙壁同属于这种关系，故B项为正确答案。

10. 双杠：单杠

A. 阑尾：心脏　　B. 毫米：口径

C. 南宋：北宋　　D. 纪念：周年

【解析】答案C。相关词为同一类属下并列的关系。题干中双杠和单杠都是体操工具，功能相近。C项南宋和北宋是宋朝两朝，故选择C项。A项阑尾不属于人体有用器官，故排除。

11. 班门弄斧　对于　（　　），相当于　（　　）　对于　五谷丰登。

A. 贻笑大方　风调雨顺　　B. 无妄之灾　国富民强

C. 无奇不有　国泰民安　　D. 东施效颦　天从人愿

【解析】答案A。班门弄斧后不免贻笑大方，风调雨顺后自然五谷丰登，是承接关系，所以答案为A项。

12. 电子政务　对于　纸张，相当于　（　　）　对于　（　　）

A. 电子邮件　信封　　B. 网络歌手　歌迷

C. 网上购物　现金　　D. 电脑游戏　软件

【解析】答案C，略。

13. 打折：促销：竞争

A. 京剧：艺术：美感　　B. 娱乐：游戏：健康

C. 日食：天体：宇宙　　D. 奖金：奖励：激励

【解析】答案D，略。

14. 图书：印刷厂：出版社

A. 桌椅：家具厂：木材厂　　B. 水果：经销商：种植户

C. 房子：建筑商：开发商　　D. 电影：制片人：剧作家

【解析】答案C，略。

二、演绎推理题

1. 数字控制具有精准性，也具有高效性；不仅适用于简单的批量工作，而且适用于复杂的单件工作；不仅讲标准、讲程序，而且讲规范、讲信用，一旦操作违反了设计的路线，数控就会自动作出反应，"命令"正处于工作状态的各环节戛然而止。制度则是规范行为、统一方向、提高效率的。管理靠制度，制度如数控。由此得出（　　）

A. 管者，拘束之意也，具有刚性，是一种硬约束。

B. 制度是管的要义所在。

C. 没有制度，就导致各行其是，远离甚至背离预先设定的目标。

D. 没有制度，就失去了成员需要共同遵守的办事规程或行动准则。

【解析】答案 C。根据题干可知，管理靠制度，制度如数控，而数控讲程序、讲规范，所以没有制度，就会导致各行其是，远离甚至背离预先设定的目标，C 项为正确答案。D 项表述虽然正确，但是不需要推理即可得出的，所以排除。

2. 由 9 个人组成的投票体，民主地决定各种议案，议案获得通过需要 5 票或 5 票以上。此时每个人的权力均等。一旦其中出现 5 个或 5 个以上的人结盟，那么其余的人实际上已被出局。若 9 个人形成 4 个联盟，人数分别为 3、3、2、1，每个联盟的权力不再相等。由此推出结论（ ）

A. 人数分别为 3、3、2 的权力相等，人数为 1 的联盟的权力为 0。

B. 若 9 个人形成 3 个联盟，这 3 个联盟的人数分别为 4、3、2。

C. 若 9 个人形成 3 个联盟，各联盟所拥有的权力均等。

D. 人数分别为 3、3、2 的权力相等，人数为 1 的联盟的权力为 1。

【解析】答案 A。因为人数为 1 的联盟与其他任何一个联盟组合，对选票的结果都没有实质的影响，所以其权力为零。A 项为正确答案。

3. 已知：（1）如果甲和乙是肇事者，丙就不是肇事者；（2）如果丁是肇事者，那么乙就是肇事者；（3）甲和丙都是肇事者。由此推出（ ）

A. 乙和丁都是肇事者。　　B. 乙和丁都不是肇事者。

C. 乙是肇事者，丁不是肇事者。　　D. 乙不是肇事者，丁是肇事者。

【解析】答案 B。根据（1）（3）可知丙是肇事者，且甲是肇事者，那么甲和乙不能都是肇事者，则乙不是肇事者，排除 A、C 两项。再根据（2）推断出丁不是肇事者，所以正确答案为 B 项。

4. 美国《科学》杂志公布了 2007 年度科学研究十大突破之一是：通过对人大脑的研究，科学家提出，记忆力和想象力均植根于人类大脑的海马区，该区是大脑重要的记忆中心。由此推断（ ）

A. 大脑的记忆也许能重新梳理过去的经历。

B. 大脑的记忆也许能产生关于未来的想象。

C. 科学发现人类大脑的重要记忆中心。

D. 科学发现挑战人类智力的记忆程序。

【解析】答案 C。题干阐述了科学家发现了记忆力和想象力位于人类大脑的海马区，该区是大脑重要的记忆中心，因此科学家发现人类大脑的重要记忆中心，所以正确答案为C项。

5. 人类基因组测序完成后，生物学家便一直在绘制碱基上的小差异，即单核苷酸多态性，这些小差异成为2007年十余个研究项目的关键内容。在这些被称为广泛关联基因组研究中，研究人员对数千名患病或无病个体的DNA进行了对比，以确定哪些小的基因差异会给人类带来疾病风险。由此推断不出的是（　　）

A. 今后更多的人将会拥有自己部分或全部的基因组。

B. 今后更多的人将更准确地了解自己存在患何种疾病的风险。

C. 发现人类基因组个体差异。

D. 发现人类基因组集合体差异。

【解析】答案D。题干中没有提到基因集体差异的对比研究，所以推不出D项。

6. 已知：（1）只要甲被录取，乙就不被录取；（2）只要乙不被录取，甲就被录取；（3）甲被录取。已知这三个判断只有一个真，两个假。由此推出（　　）

A. 甲、乙都被录取。　　B. 甲、乙都未被录取。

C. 甲被录取，乙未被录取。　　D. 甲未被录取，乙被录取。

【解析】答案D。设（1）是真的，即只要甲被录取，乙就不被录取为真，则可知其逆反命题为只要乙被录取，甲不被录取为真，因为1真2假，则（2）（3）均假，则（3）可知甲未被录取，由（1）真（2）假无法得出甲未被录取的情况下，乙是否被录取。所以（1）必为假。设（2）是真的，即只要乙未被录取，则甲被录取为真，可知其逆反命题为只要甲未被录取，乙则被录取为真，（3）假可知甲未被录取，则乙被录取。设（3）是真的，即甲被录取是真的，（1）（2）均假，无法得出乙是否被录取的情况。所以正确答案为D项。

7. 科学家们运用有关原理，在其他情况保持不变的条件下，根据心肌梗死病情发展越厉害，头发中的含钙量就相应的越加减少的事实，即头发含钙量的减少状况与心肌梗死病情的发展之间有定量的共变关系，得出了结论：通过对头发中含钙量的分析，是可以预断心肌梗死病情的发展状况的。这一结论的得出运用了（　　）。

A. 演绎推理　　B. 归纳推理

C. 类比推理　　D. 求因果联系的逻辑方法

【解析】答案D。这是探求因果关系的逻辑方法之一——共变法。

8. 某市体委对该市业余体育运动爱好者的一项调查显示：所有的桥牌爱好者都爱好围棋，有围棋爱好者爱好武术；所有的武术爱好者都不爱好健身操，有桥牌爱好者同时爱好健身操。如果上述结论都是真的，则以下哪项不可能为真？（　　）

A. 所有的围棋爱好者也都爱好桥牌。

B. 有的桥牌爱好者爱好武术。

C. 健身操爱好者都爱好围棋。

D. 围棋爱好者都爱好健身操。

【**解析**】答案 D。本题属于概念之间的关系型题目，要应用图示法，所以围棋爱好者有一部分爱好武术，但是武术爱好者都不爱好健身操，所以围棋爱好者不可能都爱好健身操。否则就会发生冲突。

9. 有三户人家，每家有一孩子，他们的名字是：小萍（女）、小红（女）、小虎。孩子的爸爸是老王、老张和老陈；妈妈是刘蓉、李玲和方丽。对于这三家人，已知：（1）老王家和李玲家的孩子都参加了少女舞蹈队；（2）老张的女儿不是小红；（3）老陈和方丽不是一家人。根据以上条件，确定以下哪项是正确的？（　　）

A. 老王、刘蓉和小萍是一家。　B. 老张、李玲和小红是一家。

C. 老王、方丽和小红是一家。　D. 老陈、方丽和小虎是一家。

【**解析**】答案 C。由（1）可以知道老王家和李玲家的都是女儿，由（2）可以知道老张的女儿是小萍，老王家的是小红，由（3）可以知道老陈的是儿子小虎，而且方丽是老王的妻子，由此可以推出刘蓉是老陈的妻子，所以得出：老王、方丽和小红是一家；李玲、老张和小萍是一家，老陈、刘蓉和小虎是一家。

10. 股民购买股票的目的就是盈利。股民购买股票后，股票价格上涨，就会盈利，否则，就会亏损。一般情况下，盈利或者亏损达到 10% 就应该抛出，以避免那些不可预测的突然变化所引起的损失。在股市上，有经验的股民往往会选择跟庄战术来买卖股票。即大股东买进的时候，他们也买进，大股东抛出的时候，他们就抛出。因为大股东有可能掌握更多上市公司和市场行情方面的信息。这些天，天虹公司的股票一直在下跌，但是大股东们却一直在大量购进这只股票。

以上事实最能支持以下哪种预测？（　　）

A. 天虹公司的股票价格会继续下降，但速度会放慢。

B. 天虹公司的股票价格会在短期内大幅度上涨。

C. 股民盲目跟庄不是一个好的盈利方法。

D. 最近大股东对天虹公司股价变动判断失误，有可能造成巨大经济损失。

【解析】答案B。根据题意可知，股民往往会选择跟从大股东来买卖股票，天虹公司的大股东们一直在大量购进这只股票，那么股民可能也会选择购进天虹公司的股票，故接下来的一段时间内天虹公司的股票价格会在短期内大幅度上涨，即B项。

11. 某矿山发生了一起严重的安全事故。关于事故原因，甲乙丙丁四位负责人有如下断定：

甲：如果造成事故的直接原因是设备故障，那么肯定有人违反操作规程。

乙：确实有人违反操作规程，但造成事故的直接原因不是设备故障。

丙：造成事故的直接原因确实是设备故障，但并没有人违反操作规程。

丁：造成事故的直接原因是设备故障。

如果上述断定只有一个人的断定为真，那么以下断定都不可能为真，除了（　　）

A. 甲的断定为真，有人违反了操作规程。

B. 甲的断定为真，但没有人违反操作规程。

C. 乙的断定为真。

D. 丙的断定为真。

【解析】答案C。甲的话是假设性的，暂时不考虑。乙的观点与丙、丁都是相矛盾的，根据题意可知只有一个人的话为真，那么必然是乙为真，故正确答案为C项。

12. 有的地质学家认为，如果地球的未勘探地区中单位面积的平均石油储藏量能和已勘探地区一样的话，那么，目前关于地下未开采的能源含量的正确估计因此要乘上一万倍，由此可得出结论，全球的石油需求至少可以在未来五个世纪中得到满足，即便此种需求每年呈加速上升的趋势。

为使上述论证成立，以下哪项是必须假设的？（　　）

A. 地球上未勘探地区的总面积是已勘探地区的一万倍。

B. 在未来至少五个世纪中，世界人口的增长率不会超过对石油需求的增长率。

C. 新技术将使未来对石油的勘探和开采比现在更为可行。

D. 地球上未勘探地区中储藏的石油可以被勘测和开采出来。

【解析】答案D。前提假设型题目。题干的结论是：全球的石油需求，至少可以在未来五个世纪中得到满足，即使此种需求每年呈加速上升的趋势。其根据是：根据地质学家的观点，目前包括未勘探地区在内的地下未开采的能源含量比原来估计的要多一万倍。要使这一论证成立，有一个条件必须满足，即地球上未勘探地区中储藏的石油事实上可以被勘测和开采出来。D项正是断定了这一点。

13. 用蒸馏麦芽渣提取的酒精作为汽油的替代品进入市场，使得粮食市场和能源市场发生了前所未有的直接联系。到1995年，谷物作为酒精的价值已经超过了作为粮食的价值。西方国家已经或正在考虑用从谷物提取的酒精来替代一部分进口石油。

如果上述断定为真，对于那些已经用从谷物提取的酒精来替代一部分进口石油的西方国家，以下哪项最可能是1995年后进口石油价格下跌的后果？（　　）

A. 一些谷物从能源市场转入粮食市场。

B. 一些谷物从粮食市场转入能源市。

C. 谷物的价格面临下跌的压力。

D. 谷物的价格出现上浮。

【解析】答案C。推断结论型题目。对于那些已经用从谷物提取的酒精来替代一部分进口石油的西方国家，如果进口石油价格下跌，则意味着从谷物提取的酒精的价格也降低了，而酒精价格的下跌，显然可能导致作为酒精原料的谷物价格的下跌。因此，作为1995年后进口石油价格下跌的可能后果是谷物的价格面临下跌的压力。这正是C项所断定的。

14. 孩子出生后的第一年在托儿所里度过，会引发孩子的紧张不安。在我们的研究中，有464名12～13岁的儿童接受了特异情景测试法的测验，该项测验意在测试儿童1岁时的状况与对母亲的依附心理之间的关系。其结果：有41.5%曾在托儿所看护的儿童和25.7%曾在家看护的儿童被认为紧张不安，过于依附母亲。

以下哪项如果为真，最没有可能对上述研究的推断提出质疑？（　　）

A. 出生后第一年在家看护的孩子多数是由祖父母或外祖父母看护的，并形成浓厚的亲情。

B. 这项研究的主持者被证实曾经在自己的幼儿时期受到过长时间来自托儿所阿姨的冷落。

C. 针对孩子母亲的另一部分研究发现：由于孩子在家里表现出过度的依附心理，父母因此希望将其送入托儿所予以矫正。

D. 研究中所测试的孩子并不是从托儿所看护和在家看护两种情况下随机抽取的。因此，这两组样本儿童的家庭很可能有系统性的差异存在。

【解析】答案A。削弱质疑型题目，需要注意的是这道题要求选出的是"最没有可能对上述研究的推断提出质疑"的一项。题干的结论是：孩子出生后的第一年在托儿所度过，会引发孩子的紧张不安。其根据是：表现出紧张不安和依附母亲的被测度儿童，在1岁时曾由托儿所看护的儿童中所占的比例要高于1岁时曾在家中看护的儿童。B项能构成质疑，因为由此可以怀疑，题干中研究者的推断是否带上了研究者本人的个人偏向和主观色彩。C项能构成质疑，因为由此可以得出至少有一部分孩子，不是由于去了托儿所才有了依附心理，而是表现出了过度的依附心理才被送进托儿所。D项能构成质疑，因为如果两组进行比较的儿童本身可能存在系统性的差异，那么，他们是否较易紧张不安，完全可能由此种差异造成，而并非因为1岁时是否由托儿所看护。与上述各项相比，A项显然最不可能构成质疑。削弱质疑型考题一般要求从备选项中找到最能反驳或削弱题干的选项。解答该种试题时，考生可以直接去寻找最能削弱题干的选项。一般来说，削弱题干有两种方式：一是截断题干中的论据与论题的逻辑联系，例如当题干中表达的是"如果p那么q"这样的充分条件关系时，就要找到"p但并不q"这样的选项来削弱它；二是弱化题干中的论据，即寻找的选项能够将题干中论据的支持作用减弱，从而使题干中的论题得不到充分的论证。

15. 在玉米地中套种的小麦有可能得小麦黄叶病，这种病是由于光照不足造成的，一旦光照充足，比如减少玉米植株数量，或者玉米收割后，症状很快就会消失，且不会影响产量。而小麦锈病是由花斑锈菌引起，如果在病症初起时不及时恰当应对，就会使小麦植株很快枯死。由于小麦锈病和小麦黄叶病初期症状很难区分，所以，在玉米地中套种小麦，必须高度注意小麦锈病的定期筛查和预防。

以下哪项最可能是上述论证所假设的？（　　）

A. 小麦黄叶病不会诱发小麦锈病。

B. 花斑锈菌不会因为充足光照而失去对小麦的侵害力。

C. 小麦锈病如果及时恰当处理，就不会使小麦减产。

D. 科学家一直没有找到有效遏制小麦锈病的药物。

【解析】答案B。前提假设型题目。这道题的关注点是为什么必须高度注意小麦锈病，而不是小麦黄叶病。是因为小麦黄叶病会在阳光充足的时候症状消失，且不会影响产量。那么要支持论断就要求小麦锈病不会因为阳光的再次充足而症状消失，即引起小麦锈病的花斑锈菌不会因为充足光照而失去对小麦的侵害力，故B项为正确答案。

16. 世界卫生组织在全球范围内进行了一项有关献血对健康影响的跟踪调查。调查对象分为三组。第一组对象中均有二次以上的献血记录，其中最多的达数十次；第二组中的对象均仅有一次献血记录；第三组对象均从未献过血。调查结果显示，被调查对象中癌症和心脏病的发病率，第一组分别为0.3%和0.5%，第二组分别为0.7%和0.9%，第三组分别为1.2%和2.7%。一些专家依此得出结论，献血有利于减少患癌症和心脏病的风险。这两种病已经不仅在发达国家而且在发展中国家成为威胁中老年人生命的主要杀手。因此，献血利己利人，一举两得。

以下哪项如果为真，将削弱以上结论？(　　)

Ⅰ. 60岁以上的调查对象，在第一组中占60%，在第二组中占70%，在第三组中占80%。

Ⅱ. 献血者在献血前要经过严格的体检，一般具有较好的体质。

Ⅲ. 调查对象的人数，第一组为1700人，第二组为3000人，第三组为7000人。

A. 只有Ⅰ和Ⅱ　　B. 只有Ⅱ和Ⅲ

C. 只有Ⅰ和Ⅲ　　D. 只有Ⅰ

【解析】答案A。削弱质疑型题目。题干的结论是：献血利己利人，一举两得。其根据是：世界卫生组织在全球范围内进行了一项有关献血对健康的影响的跟踪调查。Ⅰ能削弱题干结论，因为在三个组中，60岁以上的被调查对象，呈10%递增，题干又断定，癌症和心脏病是威胁中老年人生命的主要杀手，因此，有理由认为，三个组的癌症和心脏发病率的递增，与其中中老年人比例的递增有关，而并非说明了献血有利于减少患癌症和心脏病的风险。Ⅱ能削弱题干的结论，因为如果献血者一般有较好的体质，则献血记录较高的调查对象，一般患癌症和心脏病的可能性就较小，因此，并非是献血减少了他们患癌症和心脏病的风险。Ⅲ不能削弱题干，因为题干中进行比较的数据是百分比，被比较各组的绝对人数的一定差别，不影响这种比较的说服力。

17. 在向南方雪灾受灾地区的捐款活动中，某慈善组织收到一笔10 000元的匿名捐款，该组织经过调查，发现是甲、乙、丙、丁四个人当中的某一个捐的。慈善组织成员对他们进行求证时，发现他们的说法互相矛盾。

甲说：对不起，这钱不是我捐的。

乙说：我估计这钱肯定是丁捐的。

丙说：乙的收入最高，肯定是乙捐的。

丁说：乙的说法没有任何根据。

假定四人中只有一个说了真话，那么到底谁是真正的捐款者呢？（ ）

A. 甲 B. 乙 C. 丙 D. 丁

【解析】答案 A。由条件知道乙与丁的说法矛盾，其中必有一真一假，而四人中只有一个说了真话，其他三人说的都是假话，所以甲和丙说的都是假话，由甲的话“这钱不是我捐的”是假话，推知这钱是甲捐的，故正确答案为 A 项。

18. 去年以来，包括广州在内的全国多个主要城市的房地产价格出现不同幅度的增长，有些城市甚至创出近期新高。这也是自去年国家出台一系列调控措施后，房地产价格再次出现上涨。这也使社会舆论再次就经济是否过热展开了争论。在此背景下，有人认为，国家去年出台的宏观调控措施未达到预期效果。

以下哪项能最有力地反驳上述结论？（ ）

A. 如果国家不出台一系列宏观调控措施，房地产价格可能上升得更高。

B. 国家去年出台的调控措施对房价的影响需要一个过程，不可能取得立竿见影的效果。

C. 从有关部门近期对房地产供求关系的调研情况来看，今年上半年，房地产供应数量有所下降。

D. 国家已对房地产价格开放，既然房地产价格主要受市场供求关系影响，宏观调控不可能出台国家规定价格。

【解析】答案 A。题干结论为因为房价不断上涨，甚至创新高，则国家去年出台的宏观调控措施未达到预期效果。A 项“如果国家不出台一系列宏观调控措施，房地产价格可能上升得更高”，说明国家去年出台的宏观调控措施还是取得了效果，所以反驳了题干结论。

19. 近年来，为避免煤矿安全事故的发生，很多煤矿都加强了对安全生产的重视程度。公开资料显示：2000 年以前，中国煤矿事故每年死亡上升上万人。从 2000 年开始，每年事故死亡人数开始控制在 7 000 人以下，2003 年事故死亡人数为 6 434 人；2004 年死亡 6 027 人；2005 年死亡 5 986 人；2006 年全国煤矿共发生死亡事故 4 746 人。因此我们得出结论，只要煤矿主对安全生产给予足够的重视，就能有效地遏制矿难事故的发生。

以下哪项最能削弱上述结论？（ ）

A. 近年来，煤矿主对安全生产的设施建设、资金投入、宣传教育等管理手段并没有真正落到实处。

B. 近年来，煤矿安全引起有关部门的高度重视，国家对安全生产的资金投入不断加大。

C. 近年来，国家强行关闭了大量没有安全保障的非法小煤矿。

D. 近年来，一些地质条件好、安全性高的煤矿先后开工。

【解析】答案C。题干结论为"只要煤矿主对安全生产给予足够的重视，就能有效地遏制矿难事故的发生。"而得出结论的原因是中国煤矿事故大幅减少，那么只要证明煤矿事故的减少有其他的直接原因就能最有力地削弱题干的结论，C项"近年来，国家强行关闭了大量没有安全保障的非法小煤矿"说明煤矿事故大幅减少是由于国家强行关闭了大量没有安全保障的非法小煤矿，而不是煤矿主对安全生产给予足够的重视，因此削弱了题干。

20. 2008年以来，索马里附近海域先后发生累计逾120起的海盗劫船事件。海盗何以猖獗？甲乙丙丁四人有断定如下：

甲：海盗猖獗的主因是被劫船只的船主通常都愿支付高额赎金。

乙：如果海盗猖獗的主因是被劫船主愿支付高额赎金，那么肯定会助长了海盗的气焰。

丙：确实助长了海盗的气焰，但其主因并非被劫船主都愿支付高额赎金。

丁：海盗猖獗主要是被劫船主愿支付高额赎金，但其嚣张气焰并非都由此生成。

如果上述断定只有一个人的断定为真，那么以下断定都不可能为真，除了(　　)。

A. 甲　　B. 乙　　C. 丙　　D. 丁

【解析】答案C。A、B、D三项都说海盗猖獗的主因是被劫船只的船主通常都愿支付高额赎金，只有C项否定这一点，而题目说只有一个人的断定为真，所以推知C应为正确答案。

21. 下列干部中：有三个人是到基层锻炼过的，四个是山东人，两个是济南人，五个是研究生学历。以上情况涉及了开现场会的所有人员，其中济南人不是研究生学历。那么，开现场会的全部人数是(　　)。

A. 最少5人，最多12人　　B. 最少7人，最多12人

C. 最少5人，最多14人　　D. 最少7人，最多14人

【解析】答案B。如题干所述，济南人属于山东人，济南人不是研究生学历。当人数最多时，则所有身份都属于不同的人，即基层锻炼的3个人＋山东(包括济

南）的 4 个人 + 研究生的 5 个人 =14 个人；当人数最少时，济南 2 个人 + 研究生的 5 个人 =7 个人，所以 B 项为正确答案。

22. 关于确定一项突击性任务的人选，甲、乙、丙三位推荐人的意见分别是：

甲：不是选派小张，就是选派小王

乙：如果不选派小张，就不选派小王

丙：只要不选派小王，就不选派小张

以下几项中，同时满足甲、乙、丙三人意见的方案是（　　）

A. 两人都选派。　　B. 两人都不选派。

C. 选小张，不选小王。　　D. 选小王，不选小张。

【解析】答案 A。本题可以采用排除法。B 项不符合甲的说法，排除；C 项不符合丙的说法，排除；D 项不符合乙的说法，排除。所以 A 项为正确答案。

附录三　工程硕士专业学位研究生入学资格考试（GCT）逻辑试题及解析选编

1. 缺少睡眠已经成为影响公共安全的一大隐患。交通部的调查显示，有 37% 的人说他们曾在方向盘后面打盹或睡着了，因疲劳驾驶而导致的交通事故大约是酒后驾车所导致的交通事故的 1.5 倍。因此，我们今天需要做的不是加重对酒后驾车的惩罚力度，而是制定与驾驶者睡眠相关的法律。

如果以下陈述为真，哪一项对上述论证的削弱程度最小？（　　）

A. 目前，世界上没有任何一个国家制定了驾驶者睡眠相关的法律。

B. 目前，人们还没有找到能够判定疲劳驾驶的科学标准和法定标准。

C. 酒后驾车导致的死亡人数与疲劳驾驶导致的死亡人员几乎持平。

D. 加重对酒后驾车的惩罚与制定关于驾驶者睡眠的法律同等重要。

【解析】答案 C。题干的结论是应当制定与驾驶者睡眠相关的法律，论据是疲劳驾驶严重影响交通安全。C 项能质疑题干论据中数据（1.5 倍）的准确性，看来是在削弱题干，实际其倾向是加强题干。其余选项都能在不同程度上削弱题干。

2. 有人说：读万卷书不如行万里路，行万里路不如阅人无数，阅人无数不如名师指路，名师指路不如自己领悟。

以下各项都构成对上述观点的质疑，除了（ ）

A. 阅人无数自会遇到名师指路。

B. 书中自有乾坤，读万卷书如同行万里路。

C. 若无名师指路，仅凭万卷书和行万里路，自己仍无法领悟。

D. 行万里路，游历大千世界，必定阅人无数。

【解析】答案 C。选项 A、B 和 D 指出了名师指路、读万卷书、行万里路、阅人无数之间没有等级之分，与题干不符。

3. 爱因斯坦发表狭义相对论时，有人问他：预计公众会有什么反应？他答道：很简单，如果我的理论是正确的，那么，德国人会说我是德国人，法国人会说我是欧洲人，美国人会说我是世界公民；如果我的理论不正确，那么，美国人会说我是欧洲人，法国人会说我是德国人，德国人会说我是犹太人。

如果爱因斯坦的话是真的，以下哪项陈述一定为真？（ ）

A. 有人会说爱因斯坦是德国人。

B. 有人会说爱因斯坦是世界公民。

C. 有人会说爱因斯坦是犹太人。

D. 德国人会说爱因斯坦是欧洲人。

【解析】答案 A。如果爱因斯坦的话是真的，那么若他的理论正确，则德国人会说他是德国人，若他的理论不正确，则法国人会说他是德国人。即不管正确与否，都会有人说他是德国人。

4. 因对微博的无知，某局长和某主任在微博上泄露个人隐私，暴露其不道德行为，受到有关部门的查处。有网友对他们的行为冷嘲热讽，感慨道：知识改变命运，没有知识也改变命运。

以下哪项陈述最接近该网友所表达的意思？（ ）

A. 无论是否有知识，都会改变命运。

B. “知识就是力量” 这一说法过于夸张，实际上，权力和金钱才是力量。

C. 有知识导致命运由不好向好的方面改变，没有知识导致命运由好向坏的方向改变。

D “命运” 的本义就是先天注定，它不会因有无知识而改变。

【解析】答案C。根据题干信息,“知识改变命运,没有知识也改变命运”是对某局长和某主任整个经历的描述。前半句“知识改变命运”指的是他们由普通人成为领导人的过程,后半句“没有知识也改变命运”指的是他们对微博无知,因暴露隐私而遭到查处。与选项C的意思相近,故正确答案为C。

5.《与贸易有关的知识产权协定》规定,不得仅仅因为成员国本国法律禁止某些发明的商业性实施就不授予那些发明专利权。已知A国是《与贸易有关的知识产权协定》的成员国,以下哪一项陈述与上述规定不一致?(　　)

A. 从A国法律禁止一项发明的商业性实施推不出不能授予该项发明专利权。

B. 从A国法律允许授予一项发明专利权推不出允许该项发明的商业性实施。

C. 在A国,一种窃听装置的商业性实施是被法律禁止的,因此不允许授予其专利权。

D. 在A国,一种改进枪支瞄准的发明被授予了专利权,但该发明的商业性实施被禁止。

【解析】答案C。根据题意可知,虽然本国法律禁止某些发明的商业性实施,但还是可以授予其发明专利权的。选项C与其是不一致的,故正确答案为C。

6. 经济学家:中国外汇储备在过去10年的快速增长是中国经济成功的标志之一。没有外汇储备的增长,就没有中国目前的国际影响力。但是,不进行外汇储备投资,就不会有外汇储备的增长。外汇储备投资面临风险是正常的,只要投资寻求收益,就要承担风险。

以下哪项陈述能从这位经济学家的论述中合逻辑地推出?(　　)

A. 如果能够承担风险,就会有外汇储备的增长。

B. 如果不进行外汇储备投资,就不用承担风险。

C. 只要进行外汇储备投资,中国就能具有国际影响力。

D. 中国具有目前的国际影响力,是因为中国承担了投资风险。

【解析】答案D。由题干信息可知,没有外汇储备的增长→没有中国目前的国际影响力,不进行外汇储备投资→不会有外汇储备的增长,外汇储备投资→面临投资风险。一个命题与其逆否命题等价,故而可推出中国目前有国际影响力→外汇储备的增长→外汇储备投资→面临投资风险,即中国目前有国际影响力,肯定承担了投资风险。故正确答案为D。

7. 山西醋产业协会某前副会长称，在市面上销售的山西老陈醋中，只有5%是不加添加剂的真正意义上的山西老陈醋，中国调味品协会某副会长就此事件接受记者采访时说："只要是按国家标准添加添加剂，都没有安全问题。有些企业强调自己未加添加剂，这对按正常标准加添加剂的企业来说是不公平的。"以下哪项陈述能够从该调味品协会副会长的话中逻辑地推出？(　　)

A. 为了保证公平性，企业或者不应该生产高于国家标准的产品，或者要对产品质量高于国家标准的事实秘而不宣。

B. 要想促进行业的技术创新，就应当提高行业的国家标准。

C. 某个行业的国家标准定得太高，不利于该行业的良性发展。

D. 如果不按国家标准加添加剂，就会有安全问题。

【解析】答案A。依题设知：按照国家标准添加→没有安全问题，高于国家标准时强调自己未添加→不公平，则可推出，公平→高于国家标准时不应强调自己未添加。即为了保证公平性，企业或者不应该生产高于国家标准的产品，或者产品高于国家标准时不应强调自己未添加。正确答案为A。

8. 借债者的信用等级越低，其借债的成本越高，债主的收益率也越高。2011年8月5日，标普将美国主权信用评级从AAA降为AA+。按照常理，投资者出于避险需求应当减持美国国债，从而推动其价格走低，收益率上升。然而，8月8日美国国债价格上涨，收益率降低，最新10年期美国国债收益率降至2.34%，创今年以来新低。

如果以下哪项陈述为真，能够最好地解释上述违反常理的现象？(　　)

A. 8月5日晚间，美国财政部回应称，标普进行评级计算时有2万亿美元的误差。

B. 与欧盟、日本以及其他国家的债权相比，美国国债依然是相对安全和流动性最高的投资品。

C. 美国主权信用评级下调后，俄罗斯开始减持美国国债，而中国仍增持美国国债。

D. 欧盟为打破标普等三家美国评级机构的垄断地位，计划建立一家欧洲的信用评级机构。

【解析】答案B。选项A指出标普的评级有误，美国信用应该不变，选项C指出美国国债可能会增持，收益率会降低，都一定程度上解释了题设中反常理的现象；选项D属于无关选项；选项B指出尽管美国信用等级降低，但美国国债还是相对安全和流动性高的投资品，仍然会有客户增持美国国债，从而导致收益率降低，从根本上解释了反常理的现象，是最好的解释，故正确答案为 B。

9. 有网友对达芬奇家具造假事件的网上评论说："中国人仇富，居然有那么多人为骗子说话，只因为他们骗的是富人，我敢断定，那些骂富人的人，每天都在梦想成为富人。如果他们有机会成为富人，未必就比他们所骂的人干净。况且，并非所有的富人都为富不仁，至少我周围有的富人不是，我看到他们辛勤工作且有慈悲心怀。"

根据该网友的说法，不能合逻辑地确定以下哪项陈述的真假？（　　）

A. 有的仇富者是中国人。

B. 有的富人并非为富不仁。

C. 那些每天都在梦想成为富人的人却在骂富人。

D. 有的辛勤工作且有慈悲心怀的人是富人。

【解析】答案 C。由"中国人仇富"可推出"有的仇富者是中国人"，选项 A 为真；由"并非所有的富人都为富不仁"可推出"有的富人并非为富不仁"，选项 B 也为真；根据"至少我周围有的富人不是，我看到他们辛勤工作且有慈悲心怀"可推出"有的辛勤工作且有慈悲心怀的人是富人"。只有选项 C 是不能确定真假的，即为正确答案。

10. 天津许云鹤一案：许云鹤在驾车行驶途中，遇王老太翻越马路中心护栏，后王老太倒地受伤，许云鹤把她扶起。王老太坚称是许将她撞伤。经司法鉴定，许的车没有碰到她。法院一审认为，许见到王老太时离她仅四、五米远，她摔倒定然是由于受到许的车惊吓，判决许承担 40% 的责任，赔偿王老太 108 606 元。

以下哪项陈述最好地指出了该案一审中的纰漏之处？（　　）

A. 法院推理悖于常理：王老太违章翻越马路护栏，应该预期机动车道上有车，而受惊吓通常是看到未预期的事物。

B. 该判决违背传统道德：像南京彭宇案一样，会使大众不敢向受伤者伸出援助之手。

C. 该判决没有弄清事实，证据严重不足，有可能王老太先摔倒，许才开车过来。

D. 该判决颠倒了原因和结果。

【解析】答案 A。一审认为"许见到王老太时离她仅四、五米远，她摔倒定然是由于许的车惊吓"。选项 B 提到的道德与依法审案无关；选项 C 与一审并不冲突，不管许是王老太摔倒前或后开车过来，她都可能是受车的惊吓而摔倒；选项 D 表述不充分；选项 A 指出，王老太应该对许的车有预期，不会是受惊吓摔倒的，一审判决有误。综上知，正确答案为 A。

11. 巴勒斯坦准备在 2011 年 9 月申请加入联合国，已经争取到 140 个国家的支持。如果美国在安理会动用否决权，阻止巴勒斯坦进入联合国，会在整个阿拉伯世界引燃反美情绪；则如果美国不动用否决权，则会得罪以色列并使奥巴马失去一部分支持以色列的选民。

如果以上陈述为真，以下哪项陈述一定为真？（　　）

A. 美国在安理会动用否决权，阻止巴勒斯坦进入联合国。

B. 美国不会得罪以色列，却会在整个阿拉伯世界引燃反美情绪。

C. 美国会在阿拉伯世界引燃反美情绪，或者奥巴马失去一部分支持以色列的选民。

D. 即使美国动用否决权，联合国大会仍打算投票表决，让巴勒斯坦成为具有国家地位的观察员。

【解析】答案 C。根据题意，美国动用否决权→在整个阿拉伯世界引燃反美情绪；美国不动用否决权→奥巴马失去一部分支持以色列的选民。即选项 C 中给出的选言命题为真，两个选言支中至少有一个为真，正确答案为 C。

12. 平均而言，今天受过教育的人的读书时间明显少于 50 年前受过教育的人的读书时间。但是，现在每年的销售书册数却比 50 年前增加了很多。

以下各项陈述都有助于解释上述现象，除了（　　）

A. 今天受过教育的人比 50 年前受过教育的人的数量大大增加。

B. 与现在相比，50 年前的人们更喜欢从图书馆借阅图书。

C. 与现在相比，50 年前的人更喜欢通过大量藏书来显示其良好的教育和品位。

D. 现在的书往往比 50 年前的书更薄，也更容易读。

【解析】答案 C。选项 A 说明 50 年前的人更喜欢买书，现在每年的售书册数应该比 50 年前少，与题干的现象冲突，故正确答案为 C。

13. 我国农村的宅基地属集体所有，农民只能使用，不能买卖、出租和继承。宅基地制度保证了农民的生存权益。农民在宅基地上建造的房屋是农民的资产。如果允许农民出卖自己的房屋，则实际上允许出让宅基地的使用权。如果宅基地的使用权被别人买走，则会损害农民的生存权益。但如果不允许农民出卖自己的房屋，则侵害了农民的资产权益。

如果以上陈述为真，以下哪项陈述一定为真？（　　）

A. 农民在宅基地上建造的房屋没有产权证。

B. 如果农民工在城市里购买了住房，则不应当再在农村老家占有宅基地。

C. 如果不损害农民的生存权益，则会侵害农民的资产权益。

D. 对绝大多数农民工而言，农村老家的宅基地和责任田是他们最后的生存保障。

【解析】答案 C。题干运用了两难推理，即允许农民出卖自己的房屋→损害农民生存权益，不允许出卖房屋→侵害农民资产权益，故而或者损害农民生存权益，或者侵害农民资产权益。正确答案为 C。

14. 哲学家：在 18 世纪，某篇关于运动是绝对的论文断言，一个物体在一段时间内的位置变化可以不参照任何其他物体的位置而测得。不过，一位颇受尊敬的物理学家声称，这篇论文是不连贯的。既然一篇不连贯的论文不能认为是对实在的描述，故运动不可能是绝对的。

这个哲学家的论证使用了下面哪一种论证方法或技巧？（　　）

A. 使用专业术语来说服别人。

B. 依赖某个专家的权威来支持一个前提。

C. 使用实验结果来说明所提到的位置变化是合理的。

D. 观察到某物在实验条件下是某种情况，推出该物在任何情况下也是这种情况。

【解析】答案 B。题干得出结论所采用的论据是一个物理学家的观点，显然这是依赖某个专家的权威来支持一个前提。故正确答案为 B。

15. 在某个班级中，L 同学比 X 同学个子矮，Y 同学比 L 同学个子矮，但 M 同学比 Y 同学个子矮，所以，Y 同学比 J 同学个子矮。

必须增加以下哪一项陈述做前提，才能合逻辑地推出上述结论？（　　）

A. J 同学比 L 同学个子高

B. X 同学比 J 同学个子高

C. L 同学比 J 同学个子高

D. J 同学比 M 同学个子高

【解析】答案 A。如果用“<”替代“个子矮”，那么题设的条件可写为：$M<Y<L<X$。若要得出结论：$Y<J$，选项 A 是合适的前提，即 $L<J$，又 $Y<L$，则根据关系的传递性可知，$Y<J$。

16～20 题基于以下共同的题干：

一个委员会工作两年，每年都由 4 人组成，其中 2 名成员来自下面 4 位法官：F、G、H、I，另外 2 名成员来自下面 3 位科学家：V、Y、Z。每一年，该委员会有 1

名成员做主席。在第一年做主席的成员在第二年必须退出该委员会。在第二年做主席的人在第一年必须是该委员会的成员。该委员会成员必须满足下面的条件：

G 和 V 不能在同一年成为该委员会的成员。

H 和 Y 不能在同一年成为该委员会的成员。

每一年，I 和 V 中有且只有一位做该委员会的成员。

16. 下面哪项列出了能够在第一年成为该委员会成员的名单？(　　)

A. F, G, V, Z　　B. F, H, V, Z

C. H, I, Y, Z　　D. G, H, I, Z

【解析】答案 B。选项 A 中的名单违背了条件"G 和 V 不能在同一年成为该委员会的成员"；选项 D 中的名单违背了条件"2 名成员来自下面 4 位法官：F, G, H 和 I"；选项 C 中的名单违背了条件"H 和 Y 不能在同一年成为该委员会的成员"。故而采用排除法知，正确答案为 B。

17. 如果 V 在第一年做该委员会主席，下面哪一项列出了在第二年必须做该委员会成员的两个人？(　　)

A. G 和 Y　　B. V 和 Y

C. H 和 I　　D. I 和 Y

【解析】答案 D。由"V 在第一年做该委员会主席""在第一年做主席的成员在第二年必须退出该委员会"和"2 名成员来自下面 3 位科学家：V, Y 和 Z"知，第二年的成员有 Y 和 Z。又"每一年，I 和 V 中有且只有一位做该委员会的成员"可知，第二年的成员还有 I。综上知，第二年的成员有 I, Y 和 Z，另外一名不确定。故正确答案为 D。

18. 如果 H 在第一年做主席，下面哪一位能够在第二年做主席？(　　)

A. F　　B. G　　C. Y　　D. I

【解析】答案 A。根据"H 在第一年做主席"和"H 和 Y 不能在同一年成为该委员会的成员"可知，Y 不会是第一年的成员。又"2 名成员来自下面 3 位科学家：V, Y 和 Z"可知，第一年的成员有"V 和 Z"。再根据"G 和 V 不能在同一年成为该委员会的成员"和"每一年，I 和 V 中有且只有一位做该委员会的成员"可知，G 和 I 也不会出现在第一年。又"第二年做主席的人在第一年必须是该委员会的成员"，故而 Y, G 和 I 都不会是第二年的主席。根据排除法知，正确答案为 A。

19. 如果 F 在某一年是该委员会成员，下面任何一位都可以在那一年是该委员会成员，除了(　　)

A. I　　B. H　　C. G　　D. V

【解析】答案C。如果F和G是该委员会的成员，则根据“G和V不能在同一年成为该委员会的成员”知，V不能是该年的成员。又“每一年，I和V中有且只有一位做该委员会的成员”和“2名成员来自下面3位科学家：V，Y和Z”，故I，Y和Z是该年的成员。即该年由F，G，I，Y和Z共5名委员组成，这与题设的条件“每年都由4人组成”矛盾。故而G不能与F是同一年的成员，正确答案为C。

20. 下面哪项一定为真？(　　)

A. H在第一年是该委员会成员。

B. F在第二年是该委员会成员。

C. I在两年之内都是该委员会成员。

D. Z在第二年是该委员会成员。

【解析】答案D。如果Z不是第二年的成员，则根据“2名成员来自下面3位科学家：V，Y和Z”可知，第二年的成员中有V和Y。又根据“G和V不能在同一年成为该委员会的成员”，“每一年，I和V中有且只有一位做该委员会的成员”和“H和Y不能在同一年成为该委员会的成员”可知，4位法官中只有F可以是该年的成员，这与题设是相矛盾的。故Z是第二年的成员，即正确答案为D。

参 考 文 献

[1] 陈波．逻辑学导论[M]．北京：中国人民大学出版社，2006.
[2] 陈波．逻辑学是什么[M]．北京：北京大学出版社，2007.
[3] 何向东．逻辑学教程[M]．北京：高等教育出版社，2004.
[4] 黄华新等．新逻辑学[M]．杭州：浙江大学出版社，1999.
[5] 姜全吉．逻辑学[M]．北京：高等教育出版社，2004.
[6] 金岳霖．形式逻辑[M]．北京：人民出版社，1979.
[7] 李衍华．咬文嚼字的逻辑[M]．北京：北京大学出版社，2005.
[8] [美]欧文·柯匹，卡尔·科恩．逻辑学导论[M]．张建军，潘天群等译．北京：中国人民大学出版社，2007.
[9] [美]帕特里克·赫尔利．简明逻辑学导论[M]．陈波，宋文淦，熊立文，谷振诣译．北京：世界图书出版公司，2010.
[10] 彭漪涟，余式厚．趣味逻辑学[M]．北京：中国青年出版社，1981.
[11] 吴家国．普通逻辑原理[M]．北京：高等教育出版社，1989.
[12] 吴家国等．普通逻辑[M]．上海：上海人民出版社，2011.
[13] 徐德清．趣味逻辑[M]．上海：上海古籍出版社，2002.
[14] 雍琦．实用司法逻辑学[M]．北京：法律出版社，1999.
[15] 张祥斌．趣味逻辑思维训练300题[M]．北京：中国人口出版社，2010.
[16] 中国人民大学哲学系逻辑教研室．逻辑学[M]．北京：中国人民大学出版社，1995.

后　记

本书尽力运用通俗平实的语言和贴近现实生活的实例，诠释普通逻辑学的基本理论知识，从而提高读者正确表达思想的能力和解决具体问题的能力。为了便于读者学习，在每一编的起始都设有“学习导引”，在每一编的结尾则附有巩固所学的“思考题”和“练习题”，在书后设置了供读者学习参考印证的习题答案和解析。为了适应部分读者的考试需要，本书选编了一些公务员资格考试和工程硕士入学考试等更为注重考查逻辑思维能力的试题、解析和答题技巧，希望这些有助于满足逻辑学爱好者的需要。

全书的编写由孟伟、唐明贵共同完成。我们二人长期担任我校逻辑学专业课程的教学，积累了较为丰富的教学经验，此书也是我们二人教学经验成果的总结。此外，在书稿的最初形成过程中，尤其是在论证部分，丁祖豪教授提供了重要的原始文本，在此表示衷心的感谢。在日常教学与本书编写的过程中，我们也吸收了众多逻辑学界同仁的研究成果，有的成果可能未能明示，在此也致以谢意和歉意。本书出版得到聊城大学“国家级特色专业建设点：思想政治教育专业”和“山东省应用型人才培养特色名校专业建设项目”的资助，在此也感谢教务处和政管学院的赵长林、邵怀领、唐明贵、于学强、赵磊、王敬华、刘子平等领导和老师的支持。此外，也要感谢陪伴我们一路走过的同学们，他们的倾听以及有益的建议也是书稿成型的动力。最后还要衷心感谢本书责任编辑唐允女士，她的专业背景帮助我纠正了一些专业问题，没有她的认真负责和专业精神，本书的内容和形式定会逊色不少。

逻辑学家哥德尔有一句名言：“世界的意义就在于事实与愿望的分离。”我想这姑且也代表了我们对这本教材的看法，或许也是我们对自身工作缺失与不足的一种冠冕堂皇的借口。不管怎样，本书中定然存在诸多不足甚至讹误，我们会不断在今后教学中查漏补缺、弥补本书的不足，同时也希望读者多提宝贵建议，帮助我们去缩小这种“分离”，不断去提升这本书的存在意义。